구약 강해시리즈 (3)

돌아온 사랑

호세아서 하

Hosea

돌아온 사랑 - 호세아서 하

이중수 글
처음 찍은날 · 2019년 7월 2일
처음 펴낸날 · 2019년 7월 5일
펴낸이 · 오명진
펴낸곳 · 양들의식탁
출판등록 · 제2015-00018호
주소 · 서울 서초구 강남대로 455, B710호(서초동 강남태영데시앙루브)
전화 · (02)939-5757
보급 · 비전북 전화 (031)907-3927 팩스 080-907-9193
이메일 · jsleemar22@gmail.com(이중수), boseokdugae@hanmail.net(오명진)

ISBN 979-11-90206-01-3 04230
ISBN 979-11-960446-9-5 04230 (세트)

이 도서의 국립중앙도서관 출판예정도서목록(CIP)은 서지정보유통지원시스템 홈페이지(http://seoji.nl.go.kr)와
국가자료공동목록시스템(http://www.nl.go.kr/kolisnet)에서 이용하실 수 있습니다.(CIP제어번호: CIP2019024698)

구약 강해시리즈 (3)

돌아온 사랑

호세아서 하

Hosea

양들의식탁

차례

21장

하나님은 우리를 치실까요?

$$Hosea \quad 호세아$$

"너희가 기브아에서 뿔나팔을 불며 라마에서 나팔을 불며
벧아웬에서 외치기를 베냐민아 네 뒤를 쫓는다 할지어다"
(호 5:8).

경고를 받는 것은 큰 축복입니다. 경고가 없으면 재난을 막
을 수가 없습니다. 비록 불가항력적인 재난이라도 경고가 있으면
피해를 줄일 수 있습니다. 하나님께서는 죄가 이스라엘 전역에
서 자행되고 있었으므로 전국적으로 경고의 나팔을 불게 하셨습
니다. 경고가 주어지는 까닭은 사람들이 위험을 의식하지 못하기
때문입니다. 이스라엘은 깊은 죄에 빠져서 하나님의 심판을 목
첩에 두고 있는데도 이를 모르고 마냥 부패한 방식대로 살았습니

다. 부패는 하루아침에 생기지 않습니다. 부패는 시간이 지나야 완연하게 드러납니다. 그런데 부패가 조금씩 진행되는 동안 사람들은 점차 익숙해져서 나중에 가속이 붙어도 차이를 모릅니다.

이스라엘은 거의 이백 년 동안 우상 숭배와 사회적 불의 속에서 살아왔습니다. 그래서 국가적인 재앙이 닥친다고는 생각하지 않았습니다. 그러나 하나님께서는 호세아 선지자에게 적군이 진격 중임을 알리는 나팔을 이스라엘 전역에서 불게 하셨습니다.

하나님께서는 경고 나팔을 특별히 기브아와 라마와 벧아웬에서 불라고 하셨는데 이곳들은 한때 이스라엘의 종교 센터였습니다. 기브아(기브온)는 솔로몬이 제물을 바치고 하나님의 계시를 꿈으로 받은 곳이었고(왕상 3:4-5), 라마에서는 사무엘이 백성을 다스렸으며(삼상 7:17), 벧아웬(벧엘)은 하나님께서 야곱에게 나타나셨던 곳이었습니다(창 28:10-22). 그러나 이곳들은 모두 바알 종교의 놀이터가 되었습니다. 이런 현상은 고대 이스라엘 나라에만 일어난 것이 아닙니다. 현대 사회에서도 현실로 자주 드러나고 있습니다.

본인은 70년대 초에 암스텔담을 방문하고 큰 충격을 받았습니다. 큰 교회들이 텅텅 비다시피 하였고 광장에는 마약 중독자들이 널브러져 있었습니다. 번화가 주변에는 길마다 섹스 숍과 각국의 여행자들을 호객하는 홍등가로 물들어 있었습니다. 화란 개혁주의 신앙의 본거지가 퇴폐 문화의 중심지로 둔갑한 것입니다. 영국에도 이미 오래 전부터 상당수의 도시 교회당들이 아파트나 모슬렘 사원으로 바뀌기 시작하였습니다. 우리나라 교회당들이

상점이나 오피스텔 등으로 바뀐다고 생각해 보십시오. 상상하기도 싫은 일이지만 교회가 부패하고 교인수가 줄어들면 얼마든지 일어날 수 있는 일입니다.

사람들은 지금도 노아의 홍수 때처럼 "먹고 마시고 장가들고 시집가고"(마 24:38) 하면서 계속 삽니다. 사람들은 세상이 썩었다고 하면서도 항상 그랬기 때문에 앞으로도 늘 그렇게 살 것으로 여깁니다. 지구 온난화와 공해로 심각한 위기가 계속되고 있음에도 사람들은 대재앙이 그리 쉽게 일어날 것으로 보지 않습니다. 사람들은 인류가 멸망한다고 해도 죄악 된 삶을 청산할 마음이 없습니다. 그래서 경고가 필요합니다.

2001년 9월 11일의 쌍둥이 타워(Twin Tower) 테러 사건은 미국인들이 전혀 예상치 못했던 일이었습니다. 일부 정보기관에서 테러의 가능성을 예기했다고는 하지만 그 정도로 큰 사건이 될 줄은 누구도 알지 못하였습니다. 그래서 아무도 경고를 받지 못하였습니다. 그러나 하나님께서는 위기를 미리 경고하시고 미래에 발생할 일들까지 예고하십니다.

"벌하는 날에 에브라임이 황폐할 것이라 내가 이스라엘 지파 중에서 반드시 있을 일을 보았노라"(5:9).

이스라엘은 침략을 당하고 국가가 황폐하게 될 것이었습니다. 하나님께서는 이스라엘뿐만 아니라 남부 유다도 심판을 받을 것이라고 하셨습니다. 그들은 경계표를 옮기는 자들과 같이 하나님께서 정해 주신 영역을 넘어갔습니다.

> "유다 지도자들은 경계표를 옮기는 자 같으니 내가 나의
> 진노를 그들에게 물 같이 부으리라"(5:10).

경계표는 가나안 땅을 분할할 때 세운 것으로서 신성시되었습니다. 그래서 경계표를 무시하고 옮기면 저주를 받는다고 율법에서 경고했습니다(신 19:14; 27:17). 경계표의 이동은 하나님께서 정하신 영역을 넘어서는 것이므로 죄가 됩니다. 남부 유다의 지도자들은 북이스라엘을 침범했을 뿐만 아니라 백성이 바알 경배의 영역으로 들어가는 위험을 좌시하며 오히려 이를 방조하였습니다.

하나님께서는 지금도 세상을 향해 나팔을 붑니다. 그중에서 가장 큰 경고와 예고는 예수님의 재림이며 마지막 심판입니다. 교회는 주의 백성과 세상을 향하여 마지막 경고의 나팔을 불어야 할 책임이 있습니다. 경고가 있는 것은 아직도 하나님의 진노의 심판에서 벗어날 기회가 있다는 뜻입니다. 이런 의미에서 하나님의 경고는 큰 축복입니다. 영적 회복의 기회가 완전히 닫힌 것이 아니기 때문입니다. 경고의 나팔 소리가 들릴 때 우리가 옮겨서는 안 될 경계표가 무엇인지를 찾아내어 속히 회개하고 주께로 돌아서야 합니다. 경고의 경적은 언젠가는 끊어질 때가 오기 때문입니다.

그럼 어떤 형태로 경고가 그칠까요? 개인적으로는 죽음일 수

있고 교회적으로는 하나님의 소명의 촛대가 옮겨지는 때일 수 있습니다. 그리고 세상 전체로 보면 예수님의 재림이 발생하는 때입니다. 그때는 모든 기회의 문이 닫힙니다. 하나님께서는 경고와 심판의 실례들을 인류 역사에서 여러 번 보여 주셨습니다. 노아의 홍수와 소돔과 고모라가 대표적인 실례입니다. 그리고 이스라엘이 패망한 역사도 하나님의 경고와 심판의 확실성을 입증합니다. 가나안 복지로 들어가지 못했던 출애굽 세대도 하나님의 경고를 무시했던 결과가 어떤 것인지를 분명히 가리킵니다. 오늘날 부패한 하나님의 백성들과 교회들도 하나님의 경고를 듣지 않으면 심판을 면할 수 없습니다.

하나님의 심판은 좀이나 맹수의 공격과 같습니다(5:12, 14). 아무리 멀쩡한 가옥이나 비싼 옷이라도 흰개미(termite)나 좀이 쓸면 버리게 되듯이, 하나님의 심판은 우리의 삶을 무용하게 하고 맹수처럼 갑자기 달려들어 생명을 끊어버립니다.

그릇된 처방책

"에브라임이 자기의 병을 깨달으며 유다가 자기의 상처를 깨달았고 에브라임은 앗수르로 가서 야렙 왕에게 사람을 보내었으나 그가 능히 너희를 고치지 못하겠고 너희 상처를 낫게 하지 못하리라"(5:13).

발등에 불이 떨어져야 정신을 차린다는 말이 있습니다. 에브라임(북이스라엘)과 남부 유다의 곤경은 너무도 절박하여 백성이 스스로 위기가 왔다고 깨닫기 시작할 정도였습니다. 그들은 국내적으로는 계속되는 정치적 불안정과 극도로 부패한 사회의 폐습들로 인해 삶의 기반이 붕괴 직전임을 의식하였고 국외적으로는 앗수르의 침략이 조만간 있을 것으로 예상하였습니다. 이러한 위기의식은 호세아 선지자의 경고를 들어서가 아니고 더 이상 지탱할 수 없는 현실에 대한 본능적인 자각이었습니다. 그래서 그들이 생각해 낸 자구책은 하나님의 도움을 받으려고 하기보다는 국제 외교를 통해 국난을 해결하려는 것이었습니다.

사람들은 방심하면서 살다가도 9.11 사태와 같은 국가 안보를 위협하는 중대 사건이 터지거나 IMF와 같은 경제 위기가 오면 경각심을 일으킵니다. 또는 암에 걸려 건강에 대한 자신감이 무너지거나 사업의 실패로 갑자기 생활고에 직면할 때 정신을 차리게 됩니다. 이때가 "자기의 상처를 깨닫는"(5:13) 때입니다.

그런데 준비 없이 위기를 맞으면 당황하여 그릇된 결정을 내리기 쉽습니다. 사람들은 하나님을 믿기보다는 사람을 더 믿습니다. 이스라엘과 유다는 문제의 핵심을 보지 못하고 외면적인 현실 상황에 마음이 사로잡혔습니다. 그들은 강대국들로 둘러쳐 있었고 주변 국가들도 호전적이었습니다. 그래서 세력 있는 강대국과 좋은 관계를 맺으면 안전할 것으로 여겼습니다. 이스라엘은 앗수르에 손을 내밀었습니다. 그러나 잔인한 앗수르 제국에 추파를 던지는 것은 매우 위험하고 어리석은 짓이었습니다. 앗수르

왕의 팔에 안기는 것은 고양이에게 생선을 맡기는 것과 같았습니다.

그들에게 필요한 것은 앗수르가 아니고 하나님의 도움이었습니다. 그들이 급히 화해해야 할 대상은 앗수르 왕이 아니고 그들을 항상 구해 주셨던 여호와 하나님이었습니다. 그들이 당장 해결해야 하는 것은 더러운 우상 숭배를 내던지는 것이었지 이방 종교를 믿는 앗수르와 조약을 맺는 것이 아니었습니다. 앗수르가 위협을 하는 것은 이스라엘이 여호와를 버리고 우상 숭배를 했기 때문에 하나님께서 징벌의 도구로 사용하시는 것에 불과하였습니다. 이스라엘은 이 점을 전혀 깨닫지 못하고 평소의 방식대로 앗수르에 조공을 바치고 충성을 맹세하면 모든 문제가 풀린다고 낙관하였습니다.

지금도 사람들은 돈이면 다 해결된다고 믿습니다. 그러나 하나님께서 사용하시는 심판의 도구들은 돈에 넘어가지 않습니다. 앗수르는 하나님께서 이스라엘을 징계하기 위해서 사용하는 진노의 막대기므로 자신의 소명에 충실할 수밖에 없었습니다. 앗수르의 소명은 이스라엘을 멸망시키는 것이었습니다. 이것은 무엇을 의미합니까? 이방 나라를 사용하여 자기 백성을 심판하신다는 것은 하나님 자신이 이스라엘의 대적자가 되셨다는 뜻입니다. 그래서 하나님이 사자처럼 그들을 움켜가실 것이라고 하였습니다. 이스라엘은 하나님이 자기들을 대항하신다는 사실에 눈멀었습니다. 하나님이 우리의 대적이 될 수 있습니다. 우리 주변에 있는 위협적인 존재들은 대체로 우리가 하나님을 떠났기 때문에 나타나는 증상들에 지나지 않습니다.

문제는 우리 자신들입니다. 하나님께로 돌아가지 않는 것이 문제입니다. 하나님 대신 다른 우상들을 섬기는 것이 우리가 불행한 원인입니다. 하나님께서는 우리가 죄를 뉘우치도록 앗수르의 막대기를 사용하시고 고난의 잔을 맛보게 하십니다. 이것들은 우리가 하나님께로 마음을 돌이키게 하는 은혜의 수단들입니다. 하나님께서는 우리가 발등에 불이 떨어져야 정신을 차린다는 것을 아시고 그때까지 얼굴을 숨기십니다.

"그들이 그 죄를 뉘우치고 내 얼굴을 구하기까지 내가 내 곳으로 돌아가리라 그들이 고난 받을 때에 나를 간절히 구하리라"(5:15).

하나님께서는 문을 열어 두셨습니다. 이스라엘이 고통을 받도록 허락하시고 "내 곳으로 돌아가리라"고 하셨습니다. 이것은 하나님께서 자신의 임재를 철수하신다는 뜻입니다. 그러나 영영 돌아오시지 않는 것이 아니고 백성이 회개할 때까지 기다리신다고 하셨습니다. 그러니까 하나님의 철수는 다시 돌아오기 위한 일시적인 조치였습니다. 이것은 하나님의 진노가 거두어질 수 있음을 뜻합니다(시 78:38). 그러나 이스라엘은 먼저 재난의 원인이 자신들의 우상 숭배임을 깨닫고 하나님을 간절히 찾아야 했습니다.

고통은 우리 자신들을 냉정히 바라보게 합니다. 하나님의 철수는 보호의 손길이 떠난 것이므로 위험하고 괴로운 시기로 들어

갔다는 뜻입니다. 그러나 하나님께서는 앞으로 있을 영원한 사랑의 동행을 위해 잠시 진노하시고 물러가셨을 뿐입니다. 하나님은 인애 하신 하늘 아버지이십니다. 그러므로 그분의 자비와 용서를 믿고 하나님을 찾으면 회복될 수 있습니다.

사랑의 하나님과 진노의 하나님

사람들은 하나님의 모습을 자기 나름대로 그리며 정의합니다. 말하자면, 하나님이면 이런저런 일은 해서는 안 되고 또 어떤 일은 이렇게 저렇게 해야 한다는 것입니다. 어떤 여성도가 남편의 취직이 될듯 말듯하면서 자꾸 시간만 끄니까 생활고도 심각해지고 답답하여 견딜 수 없는 지경에 이르렀습니다. 그런데 드디어 취직이 되는 줄 알았던 곳에서 불합격 통지를 받았습니다. 그때 기도하면서 '하나님 그러시면 안 돼요!' 라고 말했답니다.

어떤 사람은 하나님은 모든 사람을 무조건 다 구원해야 한다고 보고, 또 어떤 사람은 악인들에게는 구원의 기회를 주어서는 안 된다고 봅니다. 혹은 악인들은 세상에서 당장 벌을 받아야 한다고 주장하기도 합니다. 무신론자들은 세상의 악이 대부분 그대로 넘어가고 온갖 고통과 불의가 종식되지 않기 때문에 하나님은 존재하지 않는다는 결론을 내립니다.

신자들 가운데도 구약의 하나님은 싫지만, 신약의 예수님은 좋다고 말하는 분들도 있습니다. 그 이유는 구약의 하나님은 잔인하여 아이들까지도 다 죽이고 전쟁을 너무 좋아한다는 것입니다. 그러니까 구약의 하나님은 진노의 하나님이고 신약의 하나님은 사랑의 주님이라는 것입니다.

그럼 우리는 하나님을 어떻게 보아야 할까요? 하나님에 대한 아이디어는 인간의 기호나 논리에 따라 만들어져서는 안 됩니다. 타종교가 가진 신관(神觀)은 사람의 생각에서 나온 것입니다. 그래서 문화나 사고방식에 따라 갖가지 형태의 신관들이 형성됩니다. 반면, 성경의 신관은 사람이 만든 것이 아니고 하나님의 계시에 의한 것입니다. 하나님께서는 이스라엘 역사를 통해서 자신을 알리셨습니다. 즉, 여호와 하나님은 세상을 지은 창조주며, 자기 백성을 악으로부터 구출하는 구원자라는 것입니다. 또한, 많은 사람을 고통과 죽음으로부터 해방하기 위해 그리스도를 보내시고 마침내 온 세상을 새롭게 재창조하실 것이라고 알렸습니다.

우리는 성경을 읽어 보고서 비로소 하나님이 어떤 분인지를 알게 됩니다. 크리스천의 신관은 성경에 나타난 하나님의 자기 계시에 바탕을 둔 것입니다. 그래서 인간이 자기 나름의 기호나 선택에 따라 하나님의 어떤 부분은 밀어내고 또 어떤 부분은 수용하는 취사선택을 할 수 없습니다. 우리는 교인이 된 이후에도 하나님에 대한 편견과 선입견을 품고 있는 경우가 적지 않습니다. 그래서 자신의 잘못된 신관을 버리고 올바른 성경적 신관을 갖도록 힘써야 합니다. 우리의 잘못된 신관 중의 하나는 하나님은 사랑이시므로 진노를 하시는 것은 모순된 속성이라고 보는 것입니다.

하나님의 진노는 하나님의 속성이 아닙니다.

우리는 하나님의 진노를 하나님의 속성으로 생각하기 쉽습니다. 그러나 진노는 하나님의 불변의 속성이 아닙니다. 하나님은 죄에 대한 반응으로 진노하시는 분이지 원래부터 진노를 속성으로 가지신 분이 아닙니다. 그래서 성경은 "하나님은 사랑"(요일 4:8)이시라고 하였지 '하나님은 진노'라고 말하지 않았습니다. 진노가 하나님의 속성이 아니기 때문입니다.

그럼 하나님의 진노는 어디서 나온 것일까요? 이것은 하나님의 불변의 속성에서 나온 것이 아니고 죄에 대한 하나님의 부정적 반응입니다. 속성은 상황에 따라 변하지 않습니다. 예를 들어 하나님의 사랑의 속성은 어떤 경우에도 불변입니다. 그러나 하나님의 진노는 외적 상황에 대한 반응이기 때문에 진노를 하시는 때가 있고 진노를 그치시는 때가 있습니다. 한편, 하나님의 진노는 인간들처럼 개인적인 악감에서 비롯되지 않습니다. 하나님께서는 화를 내셔도 죄를 짓지 않습니다. 인간들은 일반적으로 화를 낼 때 자제하지 못하고 죄를 짓습니다. 하나님의 진노는 인위적이거나 무분별한 분노가 아닙니다. 하나님의 진노는 예고 없는 인간의 분노처럼 성질이 폭발하는 것이 아니며 즉흥적인 역정도 아닙니다. 이런 의미에서 하나님의 진노는 완전한 진노입니다.

하나님께서는 자기 백성에게 사랑도 하시고 진노도 하실까요?

"여호와께서 자기 백성에게 노를 발하시고 그들 위에 손을 들어 그들을 치신지라"(사 5:25)

"오직 너희 형제 이스라엘 온 족속은 여호와께서 치신 불로 말미암아 슬퍼할 것이니라"(레 10:6).

성경에는 이처럼 하나님께서 자기 백성을 치셨다는 표현이 나오기 때문에 우리도 그런 말을 자주 하는 편입니다. 그런데 생각해 보면 사랑의 하나님께서 왜 자기 백성을 치시는지 잘 이해할 수 없습니다. 아무리 죄를 지어도 사랑의 하나님이신데 그냥 용서하시고 넘어가시면 되지 않을까요? 이것이 만인 구원론을 주장하는 사람들의 논리입니다.

이스라엘 백성은 하나님의 언약 백성이었습니다. 하나님께서는 그들을 보호하고 사랑하시겠다고 약속하셨습니다. 그래서 그들을 애굽에서 구출하셨고 광야를 거쳐 가나안 땅에 들어가게 하셨습니다. 그런데 어느 날 하나님은 갑자기 자기 백성을 향해 좀과 썩게 하는 것과 사자로 돌변하여 그들을 공격하셨습니다. 이것은 얼핏 보면 있을 수 없는 일입니다. 사랑의 하나님이시라면 어떻게 그런 일을 하실 수 있단 말입니까? 사랑의 하나님이시라면 오히려 이스라엘의 원수들을 썩게 하고 사자처럼 공격하여 찢어야 마땅하지 않겠습니까? 남부 유다는 바벨론으로 잡혀가고 예루살렘이 황폐되었을 때 이렇게 부르짖었습니다.

"하나님이여 주께서 어찌하여 우리를 영원히 버리시나이

까 어찌하여 주께서 기르시는 양을 향하여 진노의 연기를 뿜으시나이까"(시 74:1).

성경은 분명히 하나님께서 자기 백성에게 진노하신다고 말합니다. 이스라엘 백성이 출애굽 때의 하나님의 "기이한 일"(시 78:11-12)을 잊고 광야에서 하나님을 신뢰하지 않고 불평했을 때 하나님께서 크게 진노하셨습니다.

"그러므로 여호와께서 듣고 노하셨으며 야곱에게 불 같이 노하셨고 또한 이스라엘에게 진노가 불타 올랐으니 이는 하나님을 믿지 아니하며 그의 구원을 의지하지 아니한 때 문이로다"(시 78:21-22).

하나님의 진노는 그분의 사랑과 모순되지 않습니다. 거룩하신 하나님께서는 자기 백성의 죄를 간과할 수 없으므로 진노하십니다. 그리고 사랑하시기 때문에 자녀를 징계하시고, 자녀로 인정하시기 때문에 채찍질하십니다(히 12:6). 하나님께서는 사랑 때문에 자녀들에게 진노를 못 하시는 분이 아니고, 오히려 사랑하시기 때문에 진노하십니다. 우리는 사랑과 진노가 병행될 수 없는 것으로 여깁니다. 인간의 진노는 온전한 사랑의 표현이 아닙니다. 그러나 하나님의 진노는 완전하고 영원한 사랑의 동기에서 나온 것입니다. 이것이 인간의 분노와 다른 점입니다.

그럼 우리가 혹 죄를 짓거나 불순종하여 하나님의 징계를 받는다면 어떻게 생각해야 하겠습니까? 먼저 내 죄를 인정하고 용서를 빌어야 할 것입니다. 그리고 내가 받는 징계가 하나님께서 나를 미워하시기 때문이 아니라 불변의 사랑의 속성에서 비롯된 사랑의 채찍이라고 생각해야 합니다. 그리고 치유와 회복을 통해 하나님과 더욱 가까운 관계로 들어가는 복된 새길이라고 여기고 오히려 하나님께 감사할 수 있다면 큰 은혜를 받을 것입니다. 우리 모두 이러한 은혜로 넘치는 성도들이 되시기를 기원합니다.

22장

진노 속에 담긴 사랑

호세아 5:14-15

"내가 에브라임에게는 사자 같고 유다 족속에게는 젊은 사자 같으니 바로 내가 움켜갈지라 내가 탈취하여 갈지라도 건져낼 자가 없으리라 그들이 죄를 뉘우치고 내 얼굴을 구하기까지 내가 내 곳으로 돌아가리라 그들이 고난 받을 때에 나를 간절히 구하리라"(호 5:14-15).

본 강해는 앞장에서 다룬 하나님의 징계에 대한 후속 메시지로서 하나의 연속된 주제입니다.

우리는 부패하고 불의한 세상을 볼 때 하나님께서 그들을 속히 심판해 주시기를 빕니다. 그러나 이런 소원은 넉넉히 이해할 수 있지만 하나님의 심판 프로그램에 맞지 않습니다. 하나님께서는 먼저 자기 백성을 필요에 따라 심판하시고 그다음에 세상을 한꺼번에 몰아서 종결적으로 심판하십니다. 그 까닭은 한 사람이라도 회개하여 멸망하지 않고 구원을 받게 하려는 것입니다.

예수님의 재림이 더딘 까닭도 죄인들이 하나님께로 돌아올 기회를 넉넉히 주기 위한 것입니다(벧후 3:9; 사 46:22). 물론 하나님께서는 때때로 현세에서 세상을 심판하기도 하십니다. 그래서 노아의 홍수도 있었고 소돔과 고모라가 망하기도 했습니다. 그러나 이것들은 앞으로 있게 될 대 심판에 대한 전조며 경고였습니다. 그래서 신자들은 주님의 재림 때 있게 될 세상 심판에 대해서는 온전히 하나님의 심판 계획에 맡기고 각 성도와 교회에 대한 하나님의 현재의 심판에 관심을 더 두어야 합니다(히 10:30).

하나님의 심판에는 원칙이 있습니다.

• 하나님의 심판에는 우선순위가 있습니다.

하나님께서는 예루살렘 성전의 부패와 백성의 우상 숭배를 벌하기 위해서 먼저 그들의 성전을 정죄하고 바벨론에 의해 시온성이 무너지게 하셨습니다(겔 9:6; 렘 25:29). 북이스라엘의 경우도 마찬가지였습니다. 그들은 우상 숭배를 일삼고 하나님과의 언약을 지키지 않다가 결국 앗수르에 의해 패망되었습니다. 신약 시대에도 "하나님의 집"(벧전 4:17)인 교회에서부터 하나님의 심판이 시작되었습니다(벧전 4:17). 예를 들어 하나님께서는 성령을 속였던 아나니아와 삽비라의 목숨을 끊으셨고 주의 성찬을 불경한 자세로 대했던 고린도 교회를 징계하셨습니다(고전 11:3). 히브리 교회에도 하나님의 징계가 있었습니다(히 12: 5-13). 이처럼 하나님의 심판은 자기 백성의 정화를 위해서 개별 성도와 믿음의 공동체에서 먼저 일어납니다.

• 하나님께서는 오래 기다리시며 여러 번 경고하신 후에 심
판하십니다.

하나님께서는 자비하셔서 죄인들을 오래 참고 기다리십니다.
"이스라엘과 유다 백성의 죄악이 심히 중하여 그 땅에 피가 가득
하며 그 성읍에 불법이 찼"(겔 9:9)을 때까지 하나님께서는 오래
참으셨습니다. 하나님께서는 많은 선지자를 통해 쉬지 않고 백성
의 죄를 지적하며 심판을 경고하셨습니다. 그러나 죄의 분량이
채워져서 더 내버려 둘 수 없는 때가 오면 무서운 심판을 내리십
니다(렘 44:4-6). 하나님께서는 진노의 심판을 위해 죄악을 쌓아두
시고 반드시 처리하십니다(벧후 3:7; 계 6:11; 비교. 롬 2:4-5). 하나님
은 거룩하신 분이기에 죄인을 무한정 내버려 두시지 않습니다.

하나님은 처음에는 고양이 걸음으로 오십니다. 죄를 짓는 백
성이 놀라기라도 할까 봐 조심스럽게 접근하시며 부드럽게 타이
르십니다. 그러나 끝까지 듣지 않으면 갑자기 사자로 돌변하시고
무서운 얼굴로 안색을 바꾸십니다. 하나님의 심판은 오랫동안 우
리를 지켜보시고 난 후의 부득이한 조치이기에 이유 없는 분노가
아닙니다. 하나님의 진노는 불끈 성질을 내듯이 폭발하지 않습니
다. 하나님께서는 진노하시기 전에 항상 여러 차례 경고하십니
다. 그러나 거듭된 경고가 무시되고 죄악이 넘치면 하나님의 격
렬한 진노가 임합니다. 그래서 히브리서는 "우리 하나님은 소멸
하는 불"(히 12:29)이라고 하였고 살아 계신 하나님의 손에 빠져들

어 가는 것이 무서운 일이라고 경고하였습니다(히 10:31).

하나님은 음행을 일삼는 아내 때문에 날마다 훌쩍이며 탄식만 하는 무력하고 연약한 남편이 아닙니다. 하나님의 사랑은 죽음보다 강한 사랑이며 자기 백성을 돌이키는 데 필요한 조치는 무엇이라도 취하는 불굴의 사랑입니다. 하나님은 말씀으로 자기 백성을 견책하시고 경고하십니다. 그러나 끝까지 돌아오지 않으면 자기 백성을 야수처럼 공격하실 수 있습니다. 이것은 얼마나 무서운 일입니까! 우리는 사랑과 진노를 병행시킬 수 없습니다. 그러나 하나님께서는 거룩한 사랑의 속성을 가지셨기에 사랑하는 자녀들을 죄악의 악습에서 구출하기 위해 완전한 진노로 임하십니다.

• 하나님께서는 자신의 거룩이 무시될 때 진노하십니다.
하나님의 진노는 자신의 공의와 거룩이 침해될 때마다 드러납니다. 하나님의 진노는 거룩하신 하나님의 본성에 비춘 타협할 수 없는 필연적인 반응입니다(출 32:10). 하나님의 진노는 거룩하지 못한 것들을 인정할 수 없다는 하나님의 선언이며 상처받은 거룩한 사랑의 호소입니다. 우리가 이러한 하나님의 진노의 성격을 이해하지 못하면 왜 하나님의 아들이 십자가에 못 박혀야 했는지를 깨달을 수 없습니다. 호세아가 외도하는 자기 아내에 대해서 강한 징계 조치를 취하였듯이(3:3) 하나님께서도 자기 백성의 탈선을 바로잡기 위해 징계의 채찍을 가하십니다. 하나님께서는 자기 백성이 우상 숭배에 빠지는 것을 방관하시지 않습니다.

하나님은 사랑이십니다. 그러나 하나님의 완전한 사랑을 멸시하면 하나님의 완전한 진노를 불러일으킵니다. 하나님께서 어찌 공연히 자기 백성을 치시겠습니까? 이유 없이 자식을 때리는 부모가 어디 있겠습니까? 징계는 사랑하는 자식에게 내리는 교정의 매질입니다(히 12:6).

> "주께서 그 사랑하시는 자를 징계하시고 그가 받아들이시는 아들마다 채찍질하심이라…징계는 다 받는 것이거늘 너희에게 없으면 사생아요 친아들이 아니니라"(히 12:6, 8).

하나님께서는 불필요한 징계는 한 가지라도 내리시지 않습니다. 하나님은 자녀들에게 불의를 행하신 적이 없습니다. 하나님께서 우리에게 단 한 번이라도 죄를 지으신 적이 있었습니까? 죄와 잘못이 있다면 모두 우리의 것입니다. 하나님의 진노는 우리가 계속해서 하나님의 사랑에 등을 돌리고 세상 신들을 쫓을 때 내립니다.

• 하나님의 심판에는 선한 목적이 있습니다.

하나님의 징계의 심판은 죄인들로 하여금 죄를 그치고 회개하는 길을 열어 줍니다. 이러한 하늘 아버지의 선한 뜻을 깨닫고 징계를 달게 받으면 가장 효과적인 회개의 수단이 됩니다. 하나님께서는 우리가 한 번 지나가면 되돌아올 수 없는 바람과 같은 존재라는 사실을 기억하십니다. 그래서 거듭 참으시면서 비록 징계하셔도 진노를 다 쏟아붓지 않으십니다. 우리를 향한 하나님의 진노에는 항상 자비가 담겨 있습니다.

"오직 하나님은 긍휼하시므로 죄악을 덮어 주시어 멸망
시키지 아니하시고 그의 진노를 여러 번 돌이키시며 그의
모든 분을 다 쏟아 내지 아니하셨으니 그들은 육체이며
가고 다시 돌아오지 못하는 바람임을 기억하셨음이라"(시
78:38-39).

신자는 징계를 받으면서 하늘 아버지는 죄와 악을 용납하시지
않는다는 사실을 뼈아프게 통감합니다. 그래서 자신의 잘못을 반
복하지 않으려는 새로운 각오와 함께 영적으로 깨어 있으려는 자
세를 갖추게 됩니다. 이 같은 자세는 의와 평강의 열매를 맺습니
다(히 12:11). 말라기 선지자도 이스라엘이 하나님으로부터 받는
심판을 은을 연단하여 깨끗하게 하는 것과 같은 신령한 목적을
가진 것이라고 하였습니다(말 3:3). 하나님의 단련의 심판은 하나
님의 거룩한 사랑의 표출입니다. 하나님은 죄로 물든 더러운 백
성을 원치 않으십니다. 그래서 "내가 거룩하니 너희도 거룩"(벧전
1:16) 해야 한다고 하셨고, 성령의 전이 된 우리 몸으로 하나님께
영광을 돌리라고 하였습니다(고전 6:19-20).

우리는 진노의 하나님을 싫어하고 두려워합니다. 하나님께
서 인간들을 사랑만 해주시면 얼마나 좋을까요? 죄가 있어도 그
저 너그럽게 다 용서하는 것이 신령한 일이 아닐까요? 그러나 무
조건적인 용서나 공의가 없는 용서는 맹목적입니다. 악과 거짓을

눈감아 주는 것은 참된 사랑이 아닙니다. 하나님의 사랑은 눈먼 사랑이 아니고 모든 불의와 죄에 대해서 진노하시는 순결한 사랑입니다(골 3:5-6; 롬 1:18). 그런데 하나님께서는 죄인들을 불쌍히 여기십니다. 그래서 그들을 구원할 수 있는 길을 여셨습니다. 하나님께서는 독생자 예수를 세상에 보내시고 십자가 위에서 모든 인류의 죄를 대신하여 하나님의 진노의 심판을 받게 하셨습니다. 예수님은 하나님과 죄인 사이를 화해시키고 하나님의 진노를 죄인들에게서 거두게 하는 화목 제물이 되셨습니다. 그 결과 주 예수의 십자가 대속을 믿는 자들은 하나님의 자녀가 되어 비록 죄를 지어도 다시 십자가의 피로써 씻음을 받을 수 있습니다.

그런데 우리의 문제는 이스라엘 백성처럼 자신의 상처를 치료받기 위해서 하나님이 아닌 이방 왕을 찾는 것입니다. 우리가 하나님의 진노를 피하고 죄의 상처를 치유받는 길은 오직 한 길뿐입니다. 그것은 십자가 아래로 가는 것입니다. 주님의 대속의 피는 우리의 모든 죄를 말끔히 씻겨 줍니다. 하나님께서는 주님의 십자가를 치유의 문으로 열어 두시고 우리를 기다리십니다. 예수 그리스도의 속죄 피를 믿고 하나님께 나아가면 다시 주님과 아름다운 교제를 하며 새 생명의 기쁨과 능력을 체험할 수 있습니다. 비록 우리가 하나님의 경고를 무시하고 때를 놓쳐 고난을 받을 때라도 주님을 간절히 찾으면 회복을 받고 다시 살 수 있습니다. 하나님께서는 자비하셔서 죄인이 죽는 것을 원치 않으시기에 심판 중에서라도 은혜를 베푸십니다.

"나의 삶을 두고 맹세하노니 나는 악인이 죽는 것을 기뻐
하지 아니하고 악인이 그의 길에서 돌이켜 떠나 사는 것
을 기뻐하노라 이스라엘 족속아 돌이키고 돌이키라 너희
악한 길에서 떠나라 어찌 죽고자 하느냐"(겔 33:11).

이같은 말씀에 비추어 볼 때 자녀들에 대한 하나님의 사랑을
의심할 수 없습니다. 그런데 실제로 죄를 지어 하나님의 징계를
받는 경우를 보면 하나님의 진노만 느끼고 징계를 통한 치유나
새로운 관계를 향한 하나님의 선한 뜻은 잘 생각하지 않는 경향
이 있습니다. 교인이 하나님의 징계를 받으면 죄책감과 함께 영
적 침체를 경험합니다. 우울해지면 동기부여가 일어나지 않고 현
실 감각이 둔화되어 정상적인 삶의 적응이 어렵습니다. 남을 원
망하기도 하고 자신을 탓하기도 하다가 신앙 자체에 회의를 느끼
기도 합니다. 하나님이 리얼하지 않고 자신의 구원마저 확신할
수 없습니다. 죄의 값은 언제나 비싼 대가를 요구합니다.

그럼 어떻게 해야 교인으로서 죄로 인한 징계를 받을 때 영적
침체에서 속히 벗어날 수 있을까요? 특별한 비결은 없습니다. 신
속한 회복은 누구나 원하지만 시간이 지나야 합니다. 인간은 기
계가 아닙니다. 프로그램대로 움직일 수 없습니다. 인간은 정신
과 감정을 가진 존재입니다. 인간마다 외적 환경에 대한 반응과
내적 심리의 민감성에 차이가 있습니다. 그래서 일정 공식을 놓
고 그대로 하면 된다고 말할 수 없습니다. 물론 성경의 원칙적인
가르침에 기반된 권면을 따라야 합니다. 그러나 일단 죄에 빠진

후에 징계를 받는 상황에서 성경의 교훈을 따르려고 하면 잘 되지 않습니다. 회복을 위한 길은 문제가 생기기 전부터 알아두어야 합니다.

> "모든 성경은 하나님의 감동으로 된 것으로 교훈과 책망과 바르게 함과 의로 교육하기에 유익하니 이는 하나님의 사람으로 온전하게 하며 모든 선한 일을 행할 능력을 갖추게 하려 함이라"(딤후 3:16-17).

이 말씀은 성경의 권위를 강조할 때 자주 인용됩니다. 성경은 하나님의 말씀으로서 교인들의 거룩한 삶을 인도하고 지도하는 경전이라는 것입니다. 교인이라면 이 사실을 다 믿습니다. 그런데 중요한 것은 성경의 목적이 "모든 선한 일을 행할 능력을 갖추게 하려함"이라고 했습니다. 그러니까 성경이 능력을 행할 준비를 하게 한다는 말입니다. 준비는 미리 하는 것입니다. 준비가 되어 있지 않으면 능력을 행할 수가 없습니다.

왜 호세아서에서 하나님이 이스라엘의 죄악을 누누히 지적하시고 지루하고 지겨울 정도로 하신 말씀 또 하시는 것일까요? 성경의 본문을 전체로 다루는 강해자의 큰 어려움의 하나는 본문이 반복될 때에 이것을 청중이 지겨워하지 않도록 어떻게 전달하느냐는 것입니다. 청중은 언제나 싫은 소리 듣고싶어 하지 않습니다. 구약의 많은 선지자들이 왜 인기가 없었을까요? 하나님의 반복된 책망과 훈계와 죄의 지적을 백성에게 날마다 전했기 때문입니다.

아이들은 어머니가 하는 말을 간섭으로 보고 잔소리로 여깁니다. 한 말 또 하기 때문에 짜증을 내고 듣지 않습니다. 해서는 안되는 일이 있고 또한 반드시 해야 할 일들이 있기에 아이들을 위해서 하는 말이지만 아이들은 어머니의 말을 지겨워합니다. 마음에 반항심이 있기에 어머니의 통제에서 벗어나려고 합니다. 자기가 다 알아서 할 테니 잔소리 좀 하지 말라는 것입니다. 부모는 자녀들이 철이 날 때까지 속을 썩지 않을 수 없습니다.

성경에는 영적 반항아들에게는 잔소리로 들리는 듣기 싫은 말씀이 많이 있습니다. 그러나 잔소리 같은 말씀 속에는 보석처럼 빛나는 하나님의 용서와 사랑의 메시지가 박혀 있습니다. 하나님의 사랑을 깊이 아는 것이 후일에 당할 징계에 대비해서 회복되는 능력을 갖추는 길입니다.

우리는 하나님의 사랑을 우상 숭배의 문맥과 별도로 이해할 수 없습니다. 불순종의 죄악의 현장을 떠나서 하나님의 용서를 이해할 수 없습니다. 하나님의 사랑과 용서의 깊이를 알려면 하나님의 백성이 거쳐온 거역의 역사를 알아야 합니다. 하나님께서 우상 숭배에 빠진 언약 백성을 얼마나 오래 가르치시고 참으시면서 책망과 설득과 타이름과 징계를 통하여 그 큰 사랑과 용서를 베푸셨는지를 눈으로 보고 또 보면서 익히고 또 익혀야 합니다. 이것은 반복을 의미합니다. 하나님의 말씀을 듣고 또 들어야 합니다. 듣기 싫은 잔소리 같은 말씀이 많아도 후일 징계를 받을 때 준비된 자로서 서려면 책망과 비판과 심판의 메시지 속에 담긴 하나님의 애끓는 사랑과 무한한 용서의 심연을 드려다 보아야 합니다. 하나님의 사랑과 용서를 굳게 확신하고 뇌리에 깊이 새겨 두는 것이 후일 내가 하나님의 진노를 당하는 죄를 범했을 때 하루라도 사망의 골짜기에서 빨리 구출되는 길입니다.

하나님은 이스라엘 백성에게 귀에 못이 박이도록 그들의 우상 숭배를 지적하시고 돌아서라고 호소하셨습니다. 회개하지 않으면 반드시 심판하시겠다고 경고하셨습니다. 백성은 듣지 않았습니다. 그런데도 하나님께서는 선지자들을 통해 하나님의 사랑과 용서를 전하셨습니다. 우리는 주님이 싫어하시는 일을 거의 습관적으로 행하고 하나님의 자녀로서 행해서는 안 될 일을 알면서도 행할 때가 있습니다. 그러다가 징계를 받으면 하나님을 싫어하고 신앙 생활에 활기를 잃습니다. 영적 침체에 빠져 구원의 확신이 없고 하나님을 의식하지 못합니다. 성령의 음성도 들리지 않고 성경은 들추어보기도 싫습니다.

그럴 때 내가 살아나려면 평소에 하나님의 사랑과 용서에 대해서 배우고 확신한 것이 심령에 새겨져 있어야 합니다. 이것이 회복의 능력을 갖추는 일입니다. 징계 중에는 회복의 능력을 갖출 수 없습니다. 하나님의 은혜로 불가능한 것은 아니지만 장기간의 정신적 심리적 고통을 받습니다. 그러나 잔소리 같고 반복적인 지루한 하나님의 말씀을 인내하며 배우는 가운데 하나님께서 자기 백성을 얼마나 사랑하시며 용서하기를 원하시는지를 확신한다면 어렵지 않게 회복될 수 있습니다. 비록 잘못된 결정을 했거나 유혹에 넘어가서 부끄러운 죄를 범했을지라도 하나님께서 돌아서는 나를 기꺼이 용서하시고 다시 사랑의 품으로 안으십니다. 우리 모두 하나님의 징계 속에 담긴 교훈을 잘 소화하여 지금보다 더 나은 모습으로 주께 나아가기를 기원합니다.

23장
여호와께로 돌아가라
호세아 5:12-6:2

"내가 사자처럼 에브라임에게 달려들고, 젊은 사자처럼
유다 가문에 달려들어 그들을 물어다가 갈기갈기 찢을 것
이니, 아무도 내 입에서 그들을 빼내어 건져 주지 못할 것
이다"(5:14, 새번역).

하나님이 자기 백성을 갈가리 찢으십니다. 하나님이 보호자가
아니고 공격자입니다. 하나님이 자기 백성에게 좀이 되고 썩는
것이 됩니다(5:12). 그럼 하나님의 언약적 사랑과 신실하심은 어떻
게 된 것일까요? 하나님이 자기 백성을 왜 무참하게 찢습니까? 5
장 6절에서 여호와는 자기 백성을 만나주지 않고 이미 떠나셨다
고 했습니다. 그런데 그냥 말없이 조용히 사라지신 것이 아닙니
다. 하나님은 갑자기 젊은 사자같이 나타나셔서 이스라엘 백성을
찢어놓고서 "내가 내 곳으로 돌아가리라"고 하셨습니다(5:15).

이런 하나님을 어떻게 이해해야 할까요?

첫째, 하나님이 자기 백성을 찢고 그다음 삼켜버리신 것이 아닙니다.

찢고 나서 기다리셨다고 했습니다(5:15). 내가 찢길 때는 하나님이 나를 기다리시는 분 같지 않습니다(렘 14:19). 그러나 하나님은 나를 통째로 삼키는 분이 아닙니다. 나를 찢으시는 목적은 죽이기 위함이 아니고 살리기 위함입니다. 하나님은 우리 병을 고치기 위해서 상처를 내십니다(6:1). 벌주는 것 자체가 목적이 아닙니다. 하나님은 징계를 위한 징계를 하시지 않습니다. 하나님은 감정적으로 우리를 찢으시는 분이 아닙니다. 하나님은 우리를 치유하기 위해서 가혹하셔야 할 뿐입니다.

우리는 수술을 받아야 하는 병에 걸리면 의사에게 자기 몸을 맡깁니다. 위 절제 수술을 받은 환자가 의사 보고 왜 자기 배를 쨌느냐고 항의하지 않습니다. 심장 수술을 받은 환자도 의사에게 자기 가슴을 열었다고 고소하지 않습니다. 그런데 우리는 하나님께서 죄의 질병을 치유하기 위해서 우리를 찢으시면 항의하고 몸부림치며 원망합니다.

둘째, 누구의 손에서 찢깁니까?

임의 손에서, 나를 사랑하는 남편의 손에서, 하늘 아버지의 손에서 찢깁니다. 바알 신은 나를 유혹하고 이용한 후에 나를 통째로 삼킵니다. 그러나 하나님은 나의 상처를 싸매어 주고 치료해 줄 것을 미리 염두에 두시고 사랑의 매를 드십니다.

바알은 우리를 찢고 삼키면서 기뻐합니다. 그러나 하나님은 우리를 치실 때 마음이 아프십니다. 그렇다면 하나님의 아픈 마음도 치유되어야 하지 않겠습니까? 어떻게 해야 할까요? 자식을 때려본 적이 있습니까? 그때 얼마나 마음이 아팠습니까? 자식을 크게 야단치고 나면 얼마나 가슴이 시립니까? 얼마나 속이 상합니까? 그런데 자식의 상처를 낫게 해 줌으로써 부모의 마음도 낫습니다. 하나님의 상처도 우리를 치유하실 때 낫습니다.

호세아서에서 죄는 질병으로 묘사되었습니다. 죄는 아무도 고치지 못하는 불치병입니다(호 5:13). 오직 하나님의 긍휼과 용서와 사랑의 능력으로만 치유될 수 있습니다. "그들이 고난받을 때에 나를 간절히 구하리라"(5:15)고 하였습니다. 죄로 인해 당하는 고통은 우리의 무릎을 낮추게 합니다. 고난은 하나님을 기억나게 하고 그분의 이름을 간절히 부르게 합니다.

호세아가 이스라엘 백성에게 주는 치유의 말은 무엇입니까?

"오라 우리가 여호와께로 돌아가자 여호와께서 우리를 찢으셨으나 도로 낫게 하실 것이요 우리를 치셨으나 싸매어 주실 것임이라"(6:1).

이스라엘의 유일한 소망은 하나님께로 돌아가는 것입니다. 그런데 호세아는 앞에서 백성이 하나님께로 돌아갈 수 없다고 말했습니다(5:4). 그러나 이것은 하나님의 마지막 말씀이 아닙니다. 하나님께서 찢고 상처를 내셨지만, 호세아는 이것이 하나님의 마지막 말씀이라고는 믿지 않았습니다. 하나님께서는 때로는 "다시는 사랑하지 아니하리라"(9:15) 라고까지 선언하십니다. 그러나 그것은 주님의 최후통첩이 아닙니다. 만약 하나님의 진노가 종결적인 것이었다면 호세아가 백성에게 사역할 필요조차 없었을 것입니다.

이스라엘은 깊은 죄에 빠졌어도 호세아는 포기하지 않았습니다. 호세아가 원래 낙관적인 기질이 있었기 때문일까요? 하나님이 이스라엘의 남은 자들을 구원하실 것을 호세아가 낙관할 수 있었던 까닭은 고멜과의 결혼에서 체험한 교훈의 덕분이었습니다.

사람들은 당시의 이스라엘 상태를 보고 모두 비관합니다. 오늘날 우리나라 교회의 부패와 부도덕을 직시한다면 한탄하며 비관하지 않을 자가 누구이겠습니까? 호세아도 이스라엘의 영적 도덕적 타락을 보고 낙관하지 않았습니다. 그는 고멜이 아주 집을 나갔을 때 그녀를 찾아가서 사랑하거나 돈을 주고 사 올 생각은 추호도 없었습니다. 호세아는 고멜을 포기하였습니다. 그렇지 않았다면 하나님께서 호세아에게 그녀를 사랑하라고 하시면서 은과 곡식을 주고 고멜을 사 오라고 명령하시지 않았을 것입니다.

호세아는 드디어 하나님께서 이스라엘을 포기하시지 않고 여전히 사랑하신다는 사실을 크게 깨달았습니다. 이때부터 호세아는 이스라엘에 대한 소망을 잃지 않았습니다. 이스라엘에 대한 하나님의 불굴의 사랑을 깨달은 호세아였기에 다시 고멜을 사랑할 수 있었고 고멜의 회복을 위해 여러 해를 참을 수 있었습니다. 그래서 호세아는 하나님께서 다시 자기 백성에게 새 출발의 기회를 주시고 그들 가운데서 새롭게 역사하실 때가 올 것을 확신하였습니다. 이것이 호세아로 하여금 이스라엘 백성을 향해 "오라 우리가 여호와께로 돌아가자"(6:1)고 호소한 연유였습니다.

어떻게 하나님께로 돌아가야 할까요?

진심으로 방향전환을 하는 것입니다. 돌아가는 것은 문자대로 가던 길을 멈추고 방향을 돌리는 것입니다. 가던 방향을 전환하려면 가는 길이 잘못된 것을 먼저 자인해야 합니다. 이것은 마음의 변화를 말합니다. 하나님께로 돌아가는 것은 몸과 마음이 다 관련된 일입니다. 만일 몸만 돌아서고 마음이 돌아서지 않는다면 형식에 불과합니다. 마음도 바뀌고 몸도 함께 돌아서야 합니다. 그래서 하나님께로 돌아가는 것은 단순히 교회를 중단했다가 다시 다니거나 혹은 세례를 받거나 아니면 교회의 여러 활동에 참여하는 것을 말하지 않습니다. 그런 것은 하나님께로 돌아선 자들이 행하는 결과적인 현상입니다. 그런데 그런 현상은 마음이 바뀌지 않고도 겉치레로 할 수 있습니다. 그래서 틀에 박힌 형식적이고 습관적인 '종교생활'을 하지 말고 하나님을 믿는 '신앙생활'을 해야 합니다.

이스라엘은 종교 활동으로 가득 차 있었습니다. 높고 낮은 산에서 제물을 바쳤고 여러 종교 축일들을 지켰으며 길갈과 벧엘 성소로 가는 순례자들이 넘쳤습니다. 호세아는 그들에게 종교 행사로 돌아가라고 하지 않고 여호와께로 돌아가자고 호소하였습니다.

이스라엘 백성은 성소에서 예배를 드렸지만, 하나님을 만나지 못하였습니다. 그들은 하나님께 복을 빌었지만, 응답을 받지 못하였습니다. 그들은 여호와 하나님과 아무런 인격적 관계도 없이 제사만 열심히 지내고 하나님을 제쳐둔 채 습관에 불과한 종교 활동을 일삼았습니다.

"그들이 양 떼와 소 떼를 끌고 여호와를 찾으러 갈지라도 만나지 못할 것은 이미 그들에게서 떠나셨음이라"(호 5:6).

왜 하나님께서 철수하셨습니까? 이스라엘 백성이 마음을 주께로 향하지 않은 채 양 떼와 소 떼만 끌고 와서 복을 빌었기 때문입니다. 다윗이 밧세바 사건으로 크게 깨닫고 시편 51편에서 주께 올린 유명한 기도문을 기억하십니까?

"하나님께서 구하시는 제사는 상한 심령이라 하나님이여 상하고 통회하는 마음을 주께서 멸시하지 아니하시리이다"(시 51:17).

하나님은 상한 심령이 없이 양 떼와 소 떼를 끌고 주께 나오는 자들을 멸시하십니다. 이것이 이스라엘 백성이 하나님의 축복 대신에 멸시를 받은 까닭입니다. 이런 전례는 오늘날 우리에게도 커다란 교훈이 되어야 합니다. 우리나라 교회는 종교 활동이 넘칩니다. 그렇지만 설교는 많아도 메시지의 능력은 약하고 헌금은 많아도 가난한 이웃은 외면당합니다. 직분자는 넘쳐도 교회 밖에서는 아무 소용이 없습니다. 우리는 착각 속에서 평생을 교회에 다닐 수 있습니다. 하나님께서는 우리가 종교 활동을 한다고 해서 당연하게 받아 주시지 않습니다. 아무리 주의 이름으로 행하여도 하나님께서 기뻐 받으시는 것이 있고, 멸시하시는 것이 있습니다. 이스라엘 백성이 하나님께 바친 제물은 엄청난 분량이었습니다. 그런데 그 모든 제물과 제사가 열납되지 않았습니다. 하나님께서 철수하셨기 때문입니다. 하나님이 계시지도 않은 성소에 가서 희생 제물을 드린들 누가 이를 받는단 말입니까?

하나님께서 언제 기뻐하시고 언제 멸시하실까요?

하나님은 충심으로 주를 찾는 자를 기뻐하십니다. 그러나 진심이 없는 눈가림의 종교 행위를 멸시하십니다. 자신의 죄를 숨기고 경건한 듯이 기도하지 마십시오. 마음에 없는 헌금을 하지 말아야 합니다. 가사의 뜻도 모르고 믿지도 않는 찬송가를 습관적으로 부르지 않아야 합니다. 상한 심령이 없이 거룩하신 하나님 앞에 나가는 일이 없어야 합니다.

하나님께서는 진심이 실리지 않은 일체의 위선과 형식적인 종교 활동들을 오래 참으시다가 마침내 자신을 숨기십니다. 숨으신 하나님을 어떻게 찾을 수 있겠습니까? 나의 그릇된 삶을 멸시하시는 하나님의 마음을 어떻게 돌이킬 수 있겠습니까? 자신의 죄악을 인정하고 회개하면 됩니다.

"우리를 찢으셨으나 도로 낫게 하실 것이라"(6:1)고 믿으면서 주께로 겸손히 나가면 우리의 상한 마음을 주께서 치유하시고 기쁘게 받으십니다. 비록 내 손에 양 떼와 소 떼가 없고, 내가 부르는 찬송이 곡조에 맞지 않고, 내가 하는 설교가 명설교가 아니더라도 하나님께서 기뻐하십니다. 그런 교회에 주님이 임재하시고 그러한 회중 위에 주님의 축복이 내립니다. 하나님은 일찍이 모세를 통해서 약속하셨습니다.

"네가 네 하나님 여호와의 말씀을 청종하여…. 네 마음을 다하며 뜻을 다하여 여호와 네 하나님께 돌아오면 네 하나님 여호와께서….네게 복을 주시되 곧 여호와께서 네 조상들을 기뻐하신 것과 같이 너를 다시 기뻐하사 네게 복을 주시리라"(신 30:10).

우리는 아무리 타락했어도 주님 앞에서 소생될 것을 믿고 주께로 돌아서야 합니다. 호세아는 백성에게 하나님의 선하심을 신뢰하라고 호소하였습니다. 호세아는 하나님의 징계가 마지막 심판이 아니고 회복의 전주라고 믿었습니다. 이스라엘 백성은 너무도 큰 죄악에 빠져 있었습니다. 그들은 하나님께로 돌아가는 일에 자신이 없었습니다. 하나님이 과연 용서하실 것인지가 의문스러웠습니다. 오히려 무서운 벌을 받지 않을까 두려웠습니다. 깊은 죄가 있으므로 하나님께서 이스라엘을 오랫동안 징계하실 것으로 염려하였습니다. 그래서 호세아는 "여호와께서 우리를 찢으셨으나 도로 낫게 하실 것이요 우리를 치셨으나 싸매어 주실 것임이라"(6:1)고 힘주어 말했습니다.

백성은 자신들의 회복 기간도 무척 오래 걸릴 것으로 알았습니다. 그래서 호세아는 또 분명하게 나은 상처가 치유되고 하나님과의 관계가 정상으로 회복되는 기간이 절대 길지 않다고 강조하기 위해서 "이틀 후에"와 "셋째 날"(6:2)이라는 숙어를 사용하였습니다. 이러한 표현은 비교적 짧은 기간을 가리킵니다. 그러니까 백성이 주께로 돌아가면 영적 죽음으로부터 부활하는 일이 생각보다는 오래 걸리지 않을 것이라는 말입니다. 호세아는 이스라엘 백성이 하나님께로 돌아가면 반드시 주께서 그들을 소생시킬 것이라고 확신하였습니다.

"여호와께서 이틀 후에 우리를 살리시며 셋째 날에 우리를 일으키시리니 우리가 그의 앞에서 살리라"(6:2).

호세아는 이스라엘의 상태를 질병으로 표현하였습니다. 그래서 찢어지고 상처가 생긴 것을 붕대로 싸매며 치유를 받는다고 했습니다. 그러나 그는 사망에서 다시 살아나는 부활 용어도 사용하였습니다. 하나님께서 철수하셨기 때문에 이스라엘이 하나님의 얼굴을 볼 수 없는 것은 죽음과 같은 상태라는 것입니다. 그래서 죽음에서 회생되어야 한다는 의미에서 '살리라'는 표현을 썼습니다. 그런데 '살리라'는 말은 실제로 죽은 몸이 나중에 살아난다는 의미라기보다는 하나님과의 생동적인 밀착된 교제를 가리킵니다.

구원의 핵심은 '생명'(life)입니다. 사도 요한은 이것을 '영생'이라고 불렀습니다. 이 생명은 하나님의 전유물인데 하나님께서 처음부터 인류에게 선물로 주신 것이었습니다. 하나님께서는 낙원에 생명 나무를 두시고 아담과 하와에게 죽지 말고 '생명'을 택하라고 하셨습니다(창 2:9, 17).

아담과 하와가 하나님의 명령을 어기고 마귀의 말을 들었을 때 하나님은 인간이 생명 나무 열매를 따 먹고 영생하지 못하게 하셨습니다. 그래서 불순종으로 인간이 상실한 것은 하나님과 갖는 생명의 관계, 곧 영생의 삶이었습니다(창 3:22).

"하나님을 찾는 사람들아, 그대들의 심장에 생명이 고동
칠 것이다"(시 69:32, 새번역).

하나님을 찾으면 마음이 소생되고 심령에 하나님의 생명이 고동치기 시작합니다. 이것이 살아나는 것입니다. 우상 숭배를 하던 이스라엘 백성의 심령은 우상의 공해와 죄악의 먼지로 막혀 있었습니다. 그러나 하나님께로 돌아오면 막혔던 심장이 뚫리고

신선한 성령의 바람이 들어갑니다. 그래서 하나님 안에서 다시 소생되어 생동력을 회복합니다. 이러한 소생의 축복은 백성이 하나님께로 돌아갈 때만 받을 수 있습니다. 예수님은 구약에서부터 나온 소생(생명/영생)의 주제를 자신에게 적용해 말씀하셨습니다.

> "내가 주는 물을 마시는 자는 영원히 목마르지 아니하리니 내가 주는 물은 그 속에서 영생하도록 솟아나는 샘물이 되리라"(요 4:14).

우리는 예수님을 자신의 대속주로 믿고 구원을 받았을지라도 생동력이 없는 삶을 살 수 있습니다. 그런 삶은 하나님 앞에서 잠자는 것과 같습니다. 예수님의 제자들은 주님을 믿고 따라 다녔지만, 자주자주 깊은 잠에 빠졌습니다. 그때 그들은 주님으로부터 흘러나오는 영생의 생명을 마시지 못하고 호흡만 할 뿐이었습니다. 제자들은 주님께서 깊이 기도하실 때는 깊은 잠에 빠지는 버릇이 있었습니다. 그래서 어떤 결과가 왔습니까? 주님의 넘치는 영생의 생수와 하나님의 생명의 임재를 체험하지 못하였습니다.

하나님 앞에서 살지 못하는 신자는 항상 죽음을 체험합니다. 매일 영생을 마시는 하나님과의 관계가 없으면 하나님에 대한 사랑이 식고 죄의 악습에 매이게 됩니다. 신자는 하나님께로 날마다 돌아가야 합니다. 하나님께로 돌아가지 않으면 세상으로 돌아가게 됩니다. 그러다가 크게 실족하는 영적 대형 사고가 나기도 합니다.

어떤 목회자의 아내가 있었습니다. 목사직은 교회에 신경 쓸일이 많은 직업입니다. 매주 해야 하는 설교와 성경 공부 준비를 비롯하여 회의, 상담, 경조사 준비 기타 교회 일로 만나는 약속 등으로 무척 피곤합니다. 목회자는 성도들을 열심히 돌보아야 하는데 그러다 보면 자기 가족을 위해서는 시간을 많이 내지 못하는 경우가 적지 않습니다.

목회자의 부인은 교회에서 월급은 받지 않지만, 남편의 목회를 항상 도와야 하고 여러 형태의 교회 일에 적지 않은 시간과 에너지를 쓰게 됩니다. 그럴 때 부부 사이에 갈등과 틈이 생기기 쉽습니다. 또 많은 사람을 상대하다 보면 눈길이 통하는 사람을 만나게 됩니다. 이 목회자의 부인도 그런 사람을 만나 밀회를 하게 되었습니다. 그러나 이 사실이 알려졌습니다. 고민하면서 큰 고통을 받고 있던 어느 날이었습니다.

갑자기 방 안에 세워 둔 소중한 화병이 떨어지면서 산산조각이 나버렸습니다. 너무 귀한 꽃병인데 도무지 다시 수리할 수 없을 정도로 다 깨어졌습니다. 이 부인은 당황하며 떨어져 나간 수많은 조각을 조심 것 붙여 보려고 애썼습니다. 그러나 불가능한 일이었습니다. 갑자기 그녀는 자신의 현재의 처지가 그와 같다고 느꼈습니다. 누구도 자신의 깨진 인생을 고칠 수가 없고 옛날로 돌이킬 수가 없었습니다. 그녀는 손에 담고 있던 깨진 화병의 파편들을 바라보며 흐느껴 울었습니다.

그때 한 부드러운 손이 나타났습니다. 이 손은 말없이 깨진 화병의 크고 작은 조각들을 한 개씩 일일이 모았습니다. 그리고 제자리에 정확하게 맞추어 가면서 화병의 원래 모습으로 복구시켰습니다. 복구된 화병은 그 전보다 훨씬 더 정교하고 아름다웠습니다. 그 부인의 얼굴은 줄줄이 흐르던 눈물이 멈추고 기쁨과 안도의 밝은 표정으로 변하였습니다. 그러자 그 부인의 귀에 누구인지 전도서 12장 6절을 들려주었습니다.

"은 줄이 풀리고 금 그릇이 깨지고, 항아리가 샘 곁에서 깨지고 (도르래) 바퀴가 우물 위에서 깨지고"(전 12:6).

이 말씀은 여자에 대한 묘사입니다. 금 그릇은 여자가 아마 장식용으로 은 줄에 달아서 몸에 건 소형 금잔이나 혹은 작은 쟁반일 것으로 보입니다. 여자는 예쁜 항아리를 들고 샘 곁으로 갔을 것입니다. 그리고 우물에서는 도르래로 물을 길었을 테지요.

다시 이 부인의 귀에 말씀이 이어졌습니다.

'금 그릇은 은 줄에 달았건만 은 사슬이 풀리자 황금 그릇은 진흙에 떨어졌고, 샘 곁의 항아리가 깨어지자 다시 물을 담을 수가 없으며, 도르래가 깨어지니 물을 길을 수가 없게 되었구나. 너는 이렇게 땅에 떨어지고 깨어졌건만 아무도 너를 다시 일으켜 세울 수가 없구나. 너는 목이 타건만 너의 물 항아리는 이미 파괴되었고 물을 길을 도르래도 깨어졌으니 어디서 물을 구해 마시랴. 네 가슴은 사막의 모래로 덮여 있고 네 영혼은 메마른 나무껍질 같도다. 너의 아름다움은 수치로 일그러졌고 너의 정숙함은 웃음거리가 되었나니 너의 떨어짐이 심하여 아무도 너를 돌보는 자 없도다.'

이 말을 들은 부인은 할 말을 잊었습니다. 누군가 자신의 기막힌 처지를 다 알고 있었기 때문입니다. 다시 부드러운 말씀이 귓전에서 속삭였습니다.

"여호와께서 자기 백성의 상처를 싸매시며 그들의 맞은 자리를 고치시는 날에는 달빛은 햇빛 같겠고 햇빛은 일곱 배가 되어 일곱 날의 빛과 같으리라"(사 30:26).

"여호와의 말씀이니라…내가 너의 상처로부터 새 살이 돋아나게 하여 너를 고쳐 주리라"(렘 30:17).

부인은 이 말씀을 듣고 물었습니다.
「당신께서는 누구이시기에 주의 말씀으로 저를 위로하시나이까?」
「나는 너의 깨어진 화병을 복구시킨 너의 주 하나님이라. 내가 너를 위해 십자가에서 나의 몸이 깨어졌나니 너는 내게 구하여 고침을 받게 하라. 그리하면 네가 살리라.」

부인은 갑자기 떠오르는 예레미야 17장 14절의 말씀을 외쳤습니다.

　"여호와여 주는 나의 찬송이시오니 나를 고치소서 그리하
　시면 내가 낫겠나이다. 나를 구원하소서 그리하시면 내가
　구원을 얻으리이다"

　그러자 자신의 깨진 꽃병의 조각들을 주워 담아 새롭게 복구
시켰던 그 부드러운 손이 다시 나타나서 그 부인의 머리 위에 안
수하고 사라졌습니다. 부인은 자기 머리에 손을 대 보았습니다.
그리고 자기 손을 보니 거기 붉은 핏자국이 얼룩져 있었습니다.
그때 비로소 그 부인은 주님의 피 묻은 십자가의 손이 자기를 치
유한 사실을 깨달았습니다. 그리고 비로소 "나는 너희를 치료하
는 여호와임이라"(출 15:26)는 출애굽기의 말씀이 얼마나 귀하게
상기되었는지 모릅니다.

　그 부인은 긴 잠에서 깨었습니다. 그리고 무릎을 꿇고 주께 기
도하였습니다.

　「주님 저를 고치소서 제가 낫겠나이다. 주님, 제가 진심으로
주께로 돌아가오니 저를 받으소서. 제게 주님의 생명이 흐르게
하옵소서. 그리하면 제가 주 앞에서 살리이다.」

　우리 삶이 찢기고 깨어지는 때가 있습니다. 우리는 죄와 실수
로 인해 넘어지고 무릎이 깨집니다. 우리는 유혹에 쉽게 끌립니

다. 우리는 욕심에 걸리고 부정에 사로잡힙니다. 우리는 주님의 손을 놓고 방황합니다. 우리의 시선은 주님의 빛나는 생명의 얼굴보다 세상의 부패한 모습들에 이끌립니다. 우리는 자주 다치면서 삽니다. 마치 아이가 잘 걷지 못하여 걸핏하면 넘어지고 무릎이 깨지는 것과 같습니다. 우리 삶에는 여기저기 깨어진 부분들이 있습니다. 그 상처들이 얼마나 아프고 부끄러운 것인지를 다른 사람들은 알지 못합니다. 그러나 넘어진 자들은 그 아픔을 압니다. 수치를 당한 자는 사람들의 무정한 눈총의 의미를 압니다. 자신의 보금자리를 잃은 자들은 다시 옛날로 회복될 수 없음을 알고 괴로워합니다.

죄로 넘어지고 자신의 삶이 깨지면 주께로 나가기를 두려워합니다. 그러나 하나님은 상한 마음을 고치시는 분입니다. 우리의 하늘 도공은 아무리 부서지고 찢긴 인생이라도 더욱 온전하게 회생시킬 수 있습니다(사 30:26). 주님은 우리에게 넘치는 생명의 복을 주시려고 기다리십니다. 주님은 언제나 우리가 속히 회복되어 건강하고 밝게 살기를 원하십니다. 주님은 우리가 생명수를 마시고 하나님의 경이로운 구원을 찬양하며 진리의 복음을 더 깊이 깨달으면서 주님의 나라를 위해 담대히 살기를 원하십니다. 우리는 주님만이 우리의 모든 크고 작은 상처들을 낮게 하실 수 있음을 믿고 주께로 나가야 합니다. 주님은 넘어진 자들을 긍휼히 여기시기 때문입니다.

주님의 손에는 십자가의 보혈이 흐르고 있습니다. 주님의 속죄 피가 용서하지 못할 죄가 없습니다. 부활하신 생명의 주께서 다시 살릴 수 없는 처지로 내려간 사람도 없습니다. 주는 모든 질병을 고치시고, 모든 죄악을 용서하시며, 모든 실족을 회복시키십니다. 주님은 우리를 고치시는 치유의 하나님이십니다.

24장
하나님을 아는 삶
호세아 6:2-3

"여호와께서 이틀 후에 우리를 살리시며 셋째 날에 우리
를 일으키시리니 우리가 그의 앞에서 살리라 그러므로 우
리가 여호와를 알자 힘써 여호와를 알자 그의 나타나심은
새벽 빛 같이 어김없나니 비와 같이, 땅을 적시는 늦은 비
와 같이 우리에게 임하시리라 하니라"(6:2-3).

호세아는 당시의 이스라엘 백성에게 '오라, 우리가 여호와께
로 돌아가자'고 하였고 다시 '그러므로 우리가 여호와를 힘써 알
자'고 호소하였습니다. 하나님께서는 우리에게도 동일한 호소를
하십니다.

회복에 대한 하나님의 약속은 분명하고 확실합니다. 하나님
께서는 결코 빈 말씀을 하시지 않습니다. 그런데 우리는 먼저 자
기 죄를 뉘우쳐야 합니다. 하나님은 5장 15절에서 "그들이 그 죄
를 뉘우치고 내 얼굴을 구하기까지 내가 내 곳으로 돌아가리라"

고 하셨습니다. 이 말씀은 부정적인 말씀이 아닙니다. 오히려 희망적인 약속입니다. "내 얼굴을 구하기까지"라고 하셨기 때문입니다. 즉, 회개하고 주께 돌아오면 치유는 보장된 것이라는 은혜로운 말씀입니다(사 54:8; 겔 37장). 그런데 그렇게 하면 어떻게 될까요? 우리가 일으킴을 받고 "그의 앞에서 살리라"(2절)고 하였습니다.

우리는 과연 주님 앞에서 살고 있습니까? 주님 앞에서 사는 삶은 각자가 경험으로 알아야 합니다. 이 체험은 너무도 많고 다양해서 성경에서 일일이 다 기록하지 않았습니다. '주님 앞에서 사는 것'은 주님의 넘치는 생명인 영생의 삶을 사는 것이기에 끝도 없고 한도 없습니다. 이 같은 생명의 삶이 하나님의 자녀들이 누리는 특권입니다.

주님 앞에서 사는 것은 어떤 것일까요?

간단하게 말하면 하나님께서 함께하시는 축복 속에서 살고 있다는 뜻입니다. 좀 더 구체적인 실례를 들겠습니다.

첫째, 우리가 주님의 은혜로운 임재를 느끼면서 사는 것입니다.

주님이 임재하실 때는 우리 심령에 샬롬이 옵니다. 심령에 주의 평안이 깃들면 염려와 불안에서 벗어날 수 있습니다. 주님의 임재가 있으면 주님을 늘 생각하게 됩니다. 그래서 여러 가지 인생의 슬픔을 참을 수 있습니다. 주님의 임재가 있으면 이 답답한 세상을 새로운 눈으로 바라보게 됩니다. 세상살이에 괴롭고 불편한 일이 많아도 주님의 임재가 있으면 훨씬 더 잘 견딜 수 있습니다.

하나님의 임재는 편안하게 눈을 감고 묵상할 때 오기보다 자기 십자가를 지고 주님이 가시는 곳을 따르는 삶에서 더 강하게 느껴집니다. 주님의 임재를 이런 방식으로 체험하는 자들은 세상이 나를 학대해도 그리 섭섭하지 않습니다. 주님이 곁에 계시기에 위로를 받고 심령에 평안을 유지하면서 견딜 수 있기 때문입니다.

둘째, 주님의 사랑의 돌보심을 의식하며 사는 것입니다.

주님 앞에서 살 때는 주님의 사랑을 의식합니다. 주께서 나를 사랑하시고 그의 자녀들을 사랑하신다는 것을 알 수 있습니다. 자신의 삶 속에서 아주 작은 것들에 이르기까지 주께서 돌보신다는 것을 확인하는 기쁨이 있습니다. 주님의 사랑의 돌보심을 의식하기 시작하면 자신의 마음도 사랑으로 채워지고 이웃을 사랑하게 됩니다.

셋째, 주님을 믿고 사는 것에 보람을 느끼는 것입니다.

주님에 대해 마음이 뿌듯해집니다. 주님의 구원 하심이 새록

새록 느껴집니다. 주님이 행하시는 구속의 섭리가 너무도 놀랍습니다. 주님은 자신의 임재를 통해 여러 가지 복을 내리십니다. 죽을 죄인들을 돌아오게 하시고, 복음을 통해 우리의 심령이 살아나게 하십니다. 부활에 대한 영광스러운 소망을 기다리게 하시며, 주님이 오셔서 이룰 새 하늘과 새 땅에 대한 열망이 부풀어 오르게 하십니다. 이러한 주님의 임재의 체험은 주님에 대한 긍지를 일으키고 삶에 힘을 실어 줍니다.

넷째, 주님의 위대하심과 자비하심에 내 영혼이 만족하며 사는 것입니다.

신자는 하나님이 창조주며 구속주라는 사실을 확신하며 만왕의 왕이심을 믿기에 그분을 신뢰하며 삽니다. 시편 기자는 9편 10절에서 "여호와여 주의 이름을 아는 자는 주를 의지하오리니 이는 주를 찾는 자들을 버리지 아니하심이니이다"라고 했습니다. 하나님을 이렇게 알고 찾는 자들은 주님을 온 마음으로 찬양합니다. 하나님에 대해서 기록된 성경 말씀이 더욱 귀히 여겨지고, 하나님의 말씀이 꿀 송이보다 더 달다는 말이 무슨 의미인지를 조금씩 깨닫습니다. 그래서 주님을 더욱 사랑하고 싶습니다. 때때로 주님의 마음에 자신의 심령이 닿는 것을 체험합니다. 주님의 마음을 알아가는 기쁨이 하루의 피곤을 씻어줍니다. '주 앞에서 사는 것'은 이러한 은혜들을 실감하는 행복감으로 사는 것입니다. 시편 저자는 이렇게 읊었습니다.

"그들이 주의 집에 있는 살진 것으로 풍족할 것이라 주께
서 주의 복락의 강물을 마시게 하시리이다 진실로 생명의
원천이 주께 있사오니 주의 빛 안에서 우리가 빛을 보리
이다"(시 36:8-9).

이러한 축복은 그릇된 길을 버리고 주께로 돌아오는 자들에게
풍성히 내립니다. 이러한 삶이 영생을 누리는 삶이며 하나님을
아는 삶입니다. 이것이 진정으로 주님 앞에서 부활 생명의 삶을
사는 것입니다(6:3). 하나님께서는 우리에게 영원한 생명으로 넘
치는 영생의 지식을 부여하기를 원하십니다. 그런데 우리가 이러
한 복을 받지 못한다면 그 원인이 무엇일까요? 하나님을 아는 참
지식을 진정으로 소원하지 않기 때문입니다. 죽은 후에 천국 가
는 것은 다 원합니다. 그러나 우리는 이 세상에서부터 하나님의
생명을 누려야 합니다. 하나님을 아는 참된 지식이 없으면 영생
을 체험할 수 없습니다. 이스라엘이 왜 "마음에 미혹되어 하나님
을 버리고 음행"(4:12)하였습니까? 하나님을 아는 지식을 등한시
했기 때문입니다. 그들은 "우상과 연합"(4:17)되었고 부끄러운 일
을 좋아했으므로 수치를 당할 것이었습니다(4:18-19). 본 장의 경
고는 "깨닫지 못하는 백성은 망하리라"(4:14)는 것입니다.

하나님을 알기 위해서 무엇을 해야 할까요?

호세아는 6장 1절에서 하나님께로 돌아가자고 하였고 3절에

서는 하나님을 힘써 알자고 하였습니다. 백성이 주께로 돌아가는 것(2:7; 3:5; 7:10; 14:1)과 주를 아는 것(2:20; 4:1, 6; 5:4; 6:6; 8:2; 13:4)은 호세아서의 중심 주제입니다. 그런데 이것은 자칫 구호에 그칠 수 있습니다. 하나님께로 돌아가야 하고 하나님을 알아야 한다는 데에 모두 동의할지라도 어떻게 돌아가고 어떻게 알아야 하는지를 모르면 추상적이고 도덕적인 구호에 그치고 맙니다. 성경은 실천 생활을 강조하는 경전입니다. 그래서 이러한 문제에 대한 구체적인 방법을 찾아내어 교훈을 받고 실생활에 적용하는 것이 성경 공부와 강해 설교의 한 중요한 역할입니다. (딤후 3:16~17; 4:2).

첫째, 하나님을 알 수 있다고 먼저 확신해야 합니다.

하나님은 초월자이시므로 인간이 알 수 없다고 일축해 버리면 안 됩니다. 물론 하나님은 신비하신 분이므로 인간들의 눈에 가려져 있습니다. 하나님은 인간이 자력으로 연구한다고 해서 알 수 있는 분이 아닙니다. 옛적부터 신의 존재를 규명해 보려고 인간들이 애써 보았습니다. 그 결과 여러 형태의 종교들이 나왔지만, 인간의 궁극적인 문제들을 해결하지 못합니다. 유한한 인간들의 머리에서 나온 것들이기 때문입니다. 타락한 인간이 자력으로 만들어 내는 것은 완전하지 않습니다. 완전한 진리의 종교는 오직 여호와 종교뿐입니다. 이것은 사람이 만든 종교가 아니기 때문입니다.

구약과 신약을 경전으로 삼는 기독교는 인간 종교를 믿지 않습니다. 기독교는 하나님께서 계시를 통해 자신을 설명한 것을 믿습니다. 하나님께서는 초월적인 분이지만 그렇다고 해서 인간과 전혀 접촉이 없거나 관계를 맺지 않는 분이 아닙니다. 하나님은 실제로 인간의 역사 속에 들어와서 자신이 누구시며 어떤 분이라는 것을 알려 주셨습니다. 그래서 크리스천은 막연하거나 추상적인 것을 믿는 것이 아니고 분명하고 실제적인 진리를 믿습니다. 크리스천은 하나님에 대해 인격적인 확신을 가질 수 있습니다. 자신의 신념이나 의지나 개인의 사상에 기반을 둔 확신이 아니고 객관적이고 역사적으로 신뢰할 수 있는 하나님의 존재와 성품과 인격을 믿습니다.

물론 우리는 절대자이신 하나님을 다 알 수는 없습니다. 하나님은 우리가 영원토록 알아가도 다함이 없으신 분입니다. 그러나 하나님께서 우리에게 자신을 계시하신 만큼은 알 수 있습니다.

"감추어진 일은 우리 하나님 여호와께 속하였거니와 나타난 일은 영원히 우리와 우리 자손에게 속하였나니 이는 우리에게 이 율법의 모든 말씀을 행하게 하심이니라"(신 29:29).

하나님께서는 우리가 주님을 믿고 살기에 필요한 것들은 충분하게 성경에서 계시하셨습니다. 그래서 하나님을 알려면 성경을 읽고 배우면 됩니다. 하나님은 성경에서 자신을 설명하시고 자신의 신분과 성품과 계획과 뜻을 말씀하십니다. 그리고 교회를 통해서 성경 말씀을 강해하게 하시고 성령의 조명으로 깨닫게 하십니다. 그래서 호세아는 우리가 하나님을 바르게 알 수 있다는 전제에서 하나님을 알자고 적극적으로 권고하였습니다.

우리는 하나님을 정녕 알고 싶은 열망이 있는지 자문해 보아야 합니다. 하나님을 더 알기 위해서 어느 정도의 열심과 성의를 보이고 있습니까? 주님을 알기 위해서는 성경을 정기적으로 읽고 그 뜻을 생각해 보아야 합니다. 물론 성령의 도우심을 구해야 합니다. 이처럼 극히 기본적인 관심과 노력이 없다면 하나님의 임재와 사랑을 기대할 수 없습니다.

둘째, 하나님을 알려면 하나님께서 구원을 위해 행하신 일과 구원받는 방법에 대한 말씀을 받아들여야 합니다.

하나님을 아는 출발점은 단순한 믿음입니다. 단순한 믿음이란 복음의 기본 사실들을 믿고 예수 그리스도를 대속주로 영접하는 것입니다. 예수님이 하나님께서 보내신 아들이심을 믿는 것입니다. 그럼 어떤 의미에서 예수님이 하나님의 아들일까요? 하나님께서 죄인들을 구원하시려고 예수님을 특별한 대리자로 세우셨다는 의미입니다. 즉, 구원 사역의 관계에서 성부는 아들을 보내시는 분이고, 아들은 보냄을 받는 자라는 말입니다. 이런 의미에서 시편 2편 7절에서 하나님께서 "너는 내 아들이라 오늘 내가 너를 낳았도다"라고 했습니다. 즉, 예수 그리스도가 속죄양으로서 대속주가 되실 것을 지정하셨다는 말입니다. 예수님이 피조물이라는 의미가 아니고 하나님이 구속주로서 세우신 예수 그리스도를 통하지 않고는 하나님을 알 길이 없다는 의미입니다(요 14:6).

예수님은 세상에 오셔서 자신이 하나님께서 보내신 구속주라는 사실을 반복해서 주장하셨습니다(요 3:17; 5:23-24; 6:29; 7:16; 8:16). 예수님은 하나님을 대표하며 그분의 신성을 공유하십니다. 그러므로 예수님을 하나님이 보내신 대속주로 믿으면 모든 죄를 용서받고 구원을 받습니다.

예수님은 자신이 십자가 죽음을 치른 후에 다시 살아나셔서 그를 믿는 자들에게 새 생명을 주신다고 약속하셨습니다. 예수님이 내 죄를 떠맡기 위해 십자가 죽임을 당하시고 다시 살아나셨다는 사실을 믿는 것이 단순한 믿음입니다. 그렇게 믿는 자들을 하나님께서 의인이라고 부르시고 하나님의 자녀로 인정하십니다. 이것을 감사하며 그대로 믿을 때 영원한 구원을 받습니다. 구원은 하나님께서 거저 주시는 은혜의 선물입니다. 이 선물을 겸손히 받는 것이 단순한 믿음입니다.

하나님을 알기 전에 먼저 할 일은 단순한 믿음으로 자신이 죄인임을 인정하고, 주 예수를 자신의 대속주 하나님으로 영접하며, 하나님의 자비에 자기를 맡겨야 합니다(행 16:31). 내가 자신에 대해서 어떻게 느끼든지 하나님께서 나를 기쁘게 받으신다는 것을 믿어야 합니다.

빌립보 감옥의 간수는 예수를 믿기 위해서 자신의 도덕 생활이나 인격을 좀 더 개선해 보려고 별다른 사전 준비를 시도하지 않았습니다. 그는 복음을 듣고 단순한 믿음으로 예수님을 자신의 주님으로 영접하고 즉석에서 구원을 받았습니다. 이것이 하나님을 아는 출발점입니다. 세리였던 마태도 근무 중이었으나 주님의 부르심을 받고 즉시 주님을 따랐습니다.

> "일을 아니할지라도 경건하지 아니한 자를 의롭다 하시
> 는 이를 믿는 자에게는 그의 믿음을 의로 여기시나니"(롬
> 4:5).

여기서 '일을 아니 한다'는 것은 자신의 입지를 개선하는 어떤 선행이나 공로가 없다는 뜻입니다. 즉, 아무것도 잘한 것이 없는 불경한 죄인을 그리스도의 대속으로 의롭다고 하시는 것이 하나님의 구원이라는 것을 믿으면 된다는 말입니다. 구원은 예수 그리스도의 대속을 그대로 받아들이는 단순한 믿음을 보일 때 받습니다. 그렇다면 예수 그리스도를 대속주로 믿고 구원받는 것은 너무도 쉬운 일입니다. 내 편에서 하는 일이 없기 때문입니다. 예수님을 하나님께서 보내신 구속주로 믿고 그분이 내 죄를 위해 십자가에서 대신 형벌을 받고 다시 살아나셨음을 믿으면 값없이 구원을 받습니다.

셋째, 하나님을 아는 지식은 개인적으로 갖는 사귐을 통해 하나님이 어떤 분인지를 체험적으로 안다는 것을 의미합니다.

이 지식은 하나님에 '대해서' 아는 피상적인 정보나 데이터가 아니고 인격적인 것입니다. 유대인 지도자들은 하나님에 대해서 많이 알았지만, 예수님을 십자가에 못 박았고 하나님의 뜻을 거역하였습니다. 하나님을 아는 것이란 하나님에 '대해서' 아는 것

보다 훨씬 더 깊은 차원을 포함합니다. 하나님을 아는 것은 하나님에 '대해서' 아는 수준을 넘어서 하나님을 실제적이고 체험적으로 아는 것입니다. 하나님을 아는 일은 일회로 끝나지 않습니다. 이것은 평생 계속해서 알아가는 성장과 발전의 과정을 밟습니다.

하나님을 아는 일은 생수의 근원이신 하나님의 보좌 앞으로 항상 가까이 나가는 일과 관련된 것입니다(사 49:10). 즉, 영생이신 예수 그리스도에게 가서 날마다 생수를 마시며 그분의 인격과 능력과 성품을 실질적이고 체험적으로 알아가는 것입니다. 이것은 구체적으로 적용되어야 합니다.

두 마음을 품지 말아야 합니다.

이스라엘 백성은 여호와 하나님을 섬기면서 겸해서 우상 신들도 섬겼습니다. 그래서 하나님은 그의 백성이 두 마음을 품었다고 하셨습니다(호 10:2). 예수님도 유대인들에게 하나님과 맘몬신을 두 주인으로 함께 섬길 수 없다고 지적하셨습니다(마 6:24). 야고보도 말하기를 "누구든지 세상과 벗이 되고자 하는 자는 스스로 하나님과 원수 되는 것"(약 4:4)이라고 하였고 "두 마음을 품은 자들아 마음을 성결하게 하라"(약 4:8)고 교훈하였습니다.

구약 시대만 아니고 지금도 양다리를 걸치고 사는 것이 신약 성도들의 문제입니다. 우리 마음은 양편으로 나누어져서 때로는 한편으로 쏠리고 때로는 다른 편으로 쏠립니다. 여호수아는 일찍이 이스라엘 백성을 향해 여호와와 우상 신 중에서 "너희가 섬길 자를 오늘 택하라"(수 24:15)고 도전하였습니다. 호세아도 이스라엘 백성에게 우상을 섬기는 음란한 마음을 버리고 여호와를 택하라고 촉구하였습니다. 왜냐하면 "음란한 마음이 그 속에 있어 여호와를 알지 못하는 까닭"(호 5:4)이 되기 때문입니다.

하나님을 믿는 신자들이 세상을 친구로 삼거나 맘몬 신을 섬기면 성령의 시기를 받습니다. 성령은 우리 속에 내주하시면서 어떻게 해서든지 예수 그리스도의 십자가 사랑과 부활 생명의 능력을 부어주기를 원하십니다. 그런데 우리가 세상에 마음을 쏟으면 얼마나 안타까워하시겠습니까? 그래서 야고보는 "하나님이 우리 속에 거하게 하신 성령이 시기하기까지 (우리를) 사모한다 하신 말씀을 헛된 줄로 생각하느냐?"(약 4:5)라고 물었습니다.

이 말씀은 얼마나 놀라운 진술입니까? 하나님께서 성령을 직접 우리 속에 넣어 주셨다고 했습니다. 성령은 우리가 하나님이 아닌 우상들을 사랑할 때 시기와 질투를 할 정도로 우리의 파행과 탈선을 안타까워하신다고 했습니다. 하나님은 질투의 하나님이십니다(출 20:5). 무엇을 질투하실까요? 우리의 우상들입니다. 우리의 마음을 잡아당기는 세속의 라이벌들을 시기하십니다. 성령은 예수님의 십자가 구원과 부활 생명의 축복들을 하나님의 자녀들에게 깨닫게 하고 부어주는 사명을 받은 분입니다. 그래서 우리가 고멜처럼 세속에 속한 것들을 찾으러 다니면 시기하시고 근심하십니다.

하나님께서는 그리스도의 피로써 자기 백성을 구속하셨습니다. 하나님은 자기 백성을 우상에게 빼앗기기를 싫어하십니다.

하나님은 우리의 마음이 주께로 향하기를 고대하십니다. 이것은 탕자를 기다리는 아버지의 심정입니다. 성령께서는 마치 질투처럼 불타는 마음으로 주야로 우리를 사모하십니다. 선지자들이 한결같이 대언한 말씀은 하나님의 백성이 전심으로 여호와께 돌아와서 우상이 없이 주를 섬겨야 한다는 것이었습니다. 우리의 몸과 마음과 힘을 다하여 주 여호와를 경배하는 것이 우리를 향한 하나님의 소원이며 명령입니다.

하나님을 아는 지식을 가지려면 일편단심으로 오직 주님만 섬겨야 합니다. 이것은 우리가 날마다 자신에게 물어보고 확인해야 할 사항입니다. 세상과 하나님 사이에 양다리를 걸치고 살면 마침내 다리가 찢어집니다. 이스라엘이 그렇게 되었고 2천 년 교회사에서 같은 체험이 반복되었습니다. 우리도 두 마음을 품고 하나님을 섬기면 언젠가 다리가 찢어지게 될 것입니다. 하나님을 아는 데 반드시 필요한 것이 있습니다. 그것은 우리 마음에 우상이 들어설 공간이 없어야 한다는 것입니다.

하나님의 계명을 지켜야 합니다.

"내가 그를 위하여 내 율법을 만가지로 기록하였으나 그들은 이상한 것으로 여기도다"(8:12).

이스라엘 백성은 하나님의 언약을 무시하고 어겼습니다. 그들은 하나님과 언약을 맺은 백성임에도 율법이 자기들과 아무런 상관이 없다고 보았습니다. 언약 백성은 율법을 통해서 하나님을 아는 지식을 얻고 이를 실천함으로써 하나님과 가까운 교제를 나눌 수 있었습니다. 그러나 그들은 우상 숭배에 젖어 율법을 경시하였기에 하나님을 아는 지식을 버린 셈이었습니다(4:6). 그 결과 그들은 율법에서 약속된 순종의 축복 대신에 불순종의 저주를 받았습니다. 언약의 주된 목적은 여호와가 이스라엘 백성의 하나님이심을 알게 하려는 것이었습니다(신 29:6, 13). 하나님은 언약 백성이 계명을 통해서 하나님을 깊이 알기를 원하셨습니다. 그래서 율법을 지키는 자녀들에게는 여러 가지 복을 내리시면서 하나님의 선하심과 자비하심을 점차 더 드러내셨습니다. 순종하는 자녀들은 마음을 주께 더욱 드림으로써 하나님의 사랑과 능력을 더욱 체험합니다.

하나님은 신약 시대에도 같은 원리로 그의 자녀들이 하나님과의 밀착된 교제를 하도록 계획하셨습니다. 다른 것이 있다면, 우리는 이스라엘의 신정 시대에 잠정적으로 주어졌던 율법에 의존하지 않고 이보다 훨씬 높고 완전한 수준의 새 언약 계명으로 하나님을 알아갑니다.

새 계명은 무엇입니까?

구약 시대와 신약 시대는 같기도 하고 다르기도 합니다. 같은 하나님을 섬긴다는 점에서는 구약 시대나 신약 시대나 조금도 다르지 않습니다. 그러나 하나님의 백성이 사는 방식에 있어서는 한 가지 큰 차이가 있습니다. 구약 시대에는 모든 것을 법으로 다스렸습니다. 율법이 언약 백성의 삶의 표준이었습니다. 이스라엘의 모든 제도가 율법의 가르침에 따라 세워졌고 율법으로 시민 생활이 통제되었습니다. 그래서 구약 선지자들은 우리가 호세아서에서 보듯이 백성의 범죄를 율법을 어긴 것으로 지적하였습니다. 구약 시대는 율법으로 다스리는 신정체제였습니다. 순종과 불순종이 율법 준수 여하에 따라 판정되었습니다. 거룩한 삶은 율법을 어기지 않는 것이고 불경한 삶은 율법을 어기는 것이었습니다. 형벌 없는 법이 없듯이 율법도 어기는 자에는 형벌이 내렸습니다.

그러나 신약 시대는 율법 시대가 아닙니다. 같은 하나님을 섬기지만 신약 백성의 삶의 방식은 율법이 아닌 예수님의 가르침과 성령의 인도입니다. 율법도 물론 하나님이 주신 것이므로 "거룩하고 의로우며 선"(롬 7:12)합니다. 그러나 율법은 구약 시대의 언약 백성을 다스리는 잠정법이었습니다.

"믿음이 오기 전에 우리는 율법 아래에 매인 바 되고 계시될 믿음의 때까지 갇혔느니라"(갈 3:23).

"율법은 무엇이냐…약속하신 자손이 오시기까지 있을 것이라"(갈 3:19).

예수님이 오신 이후부터는 율법은 신약 백성의 표준으로는 낮은 수준입니다. 삶의 방식에서 보면 구약 시대는 어린 아이들의 양육 시기이고 신약 시대는 성년 시기입니다. 신약 시대는 그리스도가 절대 표준이며 모델입니다. 신약 성도들은 모세의 권위가 아닌 그리스도의 권위 아래 있습니다(마 5:22, 28, 32, 34, 39, 44; 25:31-46; 28:18-20.; 막 10:21, 29-30). 예수님은 자신의 권위로 말씀하셨습니다. 예수님의 말씀은 곧 진리이며 시대와 인종을 초월하는 절대적인 표준입니다. 그래서 신약 교인들은 예수님의 말씀을 순종하고 그분의 품성을 닮으며 그분의 능력을 받아 살도록 하나님이 정하셨습니다.

> "우리가 다 하나님의 아들을 믿는 것과 아는 일에 하나가 되어 온전한 사람을 이루어 그리스도의 장성한 분량이 충만한 데까지 이르리니 이는 우리가 이제부터 어린 아이가 되지 아니하여 사람의 속임수와 간사한 유혹에 빠져 온갖 교훈의 풍조에 밀려 요동하지 않게 하려 함이라 오직 사랑 안에서 참된 것을 하여 범사에 그에게까지 자랄지라 그는 머리니 곧 그리스도라"(엡 4:13-16).

"그리스도의 장성한 분량이 충만한 데까지"(엡 4:13) 이르는 것이 신약 교회와 성도들의 목표입니다. 율법의 온전한 준수가 아니라 그리스도라는 인격체의 온전한 수준에 닿는 것이 성숙이며 거룩입니다. 그리스도의 가르침과 성품을 따르는 것이 신약 교회가 어린 아이가 되지 않고 장성한 성인이 되는 길입니다.

"예수 그리스도는 교회가 반드시 열망해야 할 성숙의 표준입니다"(Christ Jesus is the standard of the maturity to which the church must aspire.(Esv. Study Bible, Eph. 4:13).

새 계명은 예수님이 주신 사랑의 계명입니다. 이것을 "최고의
법"(약 2:8), 혹은 "그리스도의 법"(갈 6:2)이라고 부릅니다. 사랑
은 율법을 온전히 지키게 할 뿐만 아니라 율법이 요구하는 수준
을 훨씬 능가합니다. 그래서 "사랑은 율법의 완성"(롬 13:10)이라
고 했습니다. 예수님의 새 계명은 구원을 받은 하나님의 백성이
하나님과 이웃을 사랑하는 삶을 통해서 하나님을 알아가고 그분
과 깊은 교제를 갖게 하려고 주어진 것입니다. 그럼 어떤 의미에
서 계명의 준수가 하나님을 더 알게 하는 것일까요?

"우리가 그의 계명을 지키면 이로써 우리가 그를 아는 줄
로 알 것이요" (요일 2:3).

이 말씀은 계명을 지키는 사람이라야 예수 그리스도를 믿고
구원을 받은 사람이라는 뜻이 아닙니다. 이 구절은 구원 여부를
가리는 테스트가 아니고, 하나님과 갖는 교제의 친밀성에 대한
언급입니다. 여기서 '안다'는 말은 체험적으로 참되고 깊게 안다
는 의미입니다. 그러니까 이러한 하나님의 지식은 주님의 사랑의
계명을 준수할 때 온다는 말입니다.

어떻게 그렇게 될까요? 하나님을 아는 교제에는 레벨이 있습
니다. 초신자가 처음으로 하나님을 아는 레벨이 있고 성숙한 교
인이 하나님과 나누는 밀착 교제의 레벨이 있습니다. 이 같은 깊

은 지식의 교제는 주님의 계명을 순종할 때 옵니다. 교제는 상호적입니다. 내 편에서 하나님을 사랑하면 하나님께서도 나를 사랑하십니다. 물론 하나님은 언제나 자기 자녀들을 사랑하십니다. 그러나 계명의 준수가 있을 때마다 하나님은 그런 자녀들에게 자신을 조금씩 더 보여 주십니다. 이것이 순종하는 자녀들이 하나님을 더 알아가는 방법입니다.

야고보는 "하나님을 가까이 하라 그리하면 너희를 가까이하시리라"(약 4:8)고 했습니다. 이 말씀은 구약에서부터 줄곧 반복된 원리적인 교훈입니다. 우리가 주님을 사랑할 때는 주님께서 자신을 더 열어 보이십니다. 그래서 주님을 더 잘 알게 되고 주님과 더 깊은 레벨의 교류가 생깁니다. 주님은 "너희가 나를 사랑하면 내 계명을 지키리라"(요 14:14)고 하셨습니다. 그리고 조금 후에 다시 더 분명하게 이 뜻을 밝히셨습니다.

"나의 계명을 지키는 자라야 나를 사랑하는 자니 나를 사랑하는 자는 내 아버지께 사랑을 받을 것이요 나도 그를 사랑하여 그에게 나를 나타내리라"(요 14:21).

주님의 계명을 지키는 것은 주님에 대한 우리의 사랑을 표현하는 것입니다. 우리로부터 사랑을 받는 주님은 우리를 또한 사랑하시고 아버지와 함께 우리에게 자신을 나타내신다고 하셨습니다. 이렇게 하여 주님은 우리가 하나님을 아는 지식에 풍성해지게 하십니다. 이것은 순종하는 자녀를 부모가 더 사랑하는 것과 같습니다. 사랑은 상호 간의 관계를 더욱 두텁게 하고 행복하게 합니다. 우리가 주님을 사랑하면 할수록 주님이 자신을 우리에게 더 많이 드러내시므로 주님과의 관계가 더 깊어집니다. 이런 역동적이고 생동하는 사랑의 관계는 하나님을 훨씬 더 가깝게 알게 하는 길입니다.

하나님을 가까이하며 그분의 말씀을 따라 살아보십시오. 주님의 임재를 훨씬 더 실감할 것입니다. 이러한 체험이 있을 때 하나님께서 나를 돌보시며 보호하신다는 확신이 생깁니다. 또한, 성령께서 말씀을 더 명료하게 깨닫게 하여 필요한 지혜를 얻거나 격려를 받게 합니다. 혹은 환경적인 변화를 통해서 하나님의 능력이 드러나는 것을 알게 하십니다. 그래서 주님은 "있는 자는 받을 것이요 없는 자는 그 있는 것까지도 빼앗기리라"(막 4:25)고 하셨습니다. 하나님의 은혜의 분량은 하나님께 가까이 나아가는 것에 비례합니다.

이것은 세상 원리와 정반대입니다. 우리는 없는 사람에게는 주어야 한다고 보고, 있는 자에게는 줄 필요가 없다고 생각합니다. 그러나 하나님 나라의 복은 이를 더욱 사모하며 원하는 자가 더 받습니다. 영적인 의미에서 부익부(富益富) 빈익빈(貧益貧)의 현상이 일어납니다. 주님과 그의 복음에 대해서 긍정적인 반응을 하면 더 많은 가르침을 받고 하나님을 더 많이 체험합니다. 그러나 복음을 듣고 무관심하면 아무것도 얻지 못하고 극히 작게 가진 것마저 잃게 됩니다. 우상을 밀어내고 주께로 더 가까이 나아가십시오. 아무리 작은 진리라도 이를 실천하면 하나님은 우리에게 복을 내리시고 더 많은 진리를 깨닫게 하십니다.

하나님은 어떻게 오실까요?

"그의 나타나심은 새벽 빛 같이 어김없나니 비와 같이, 땅을 적시는 늦은 비와 같이 우리에게 임하시리라"(6:3).

하나님은 겸비와 진심으로 주님과의 사랑의 관계를 위해 돌아오는 자들을 항상 따뜻이 맞아 주십니다. 하나님은 참회와 통회하는 마음으로 주님의 이름을 부르는 자들에게 언제나 응답하십니다(시 34:18; 51:17; 145:18; 사 66:2; 히 11:6). 호세아는 여호와를 알기 위해 주께로 향하는 자들에게는 주님이 마치 아침의 여명처럼 일정하게 나타나신다고 말합니다. 그런데 이렇게 나타나시는 하나님은 이스라엘의 마른 땅을 적시는 비처럼 백성의 심령을 소생시킵니다. 주님은 그를 찾는 자들에게 따스한 햇볕처럼 나타나시고 메마른 땅에 내리는 신선한 비처럼 오십니다. 그래서 그들의 삶에 생기로 가득 찬 신록의 계절이 오게 하십니다.

신자의 삶은 하나님을 떠나 살면 시들어버립니다. 생수의 근원이신 하나님께 나아와 날마다 사귐의 시간을 갖지 않으면 하나님의 고결한 성품을 반영할 수 없고 하나님의 각별한 사랑도 체험하지 못합니다. 우리는 광야 같은 이 세상에서 자주 목마릅니다. 고달픈 삶의 언덕을 올라가면서 힘들어할 때도 많고 포기하고 싶은 유혹도 받습니다. 주님의 가르침을 따라 살려고 하면 손해를 각오해야 합니다. 그럴 때 세상과 타협하고픈 갈등이 생깁니다. 그래서 신자들에게는 하나님으로부터 받는 격려가 필요합니다. 그러기 위해서는 날마다 주께로 가까이 나아가야 합니다. 이때 우리는 하나님께서 자기를 찾는 자들에게 새벽빛처럼, 마른 땅을 적시는 비처럼 임하신다는 것을 믿어야 합니다.

새벽빛과 땅을 적시는 비의 비유는 예수님 안에 있는 새 생명의 복을 연상케 합니다. 예수님은 우리 삶의 새벽 동녘이 떠오르게 하시고 목마른 심령에 성령의 단비가 내리게 하십니다. 주님은 새날의 동녘과 같아서 우리의 하루하루가 빛 속에서 밝아오게 하십니다. 주님은 가뭄에 시달리는 식물에 비가 내리듯 타는 듯한 영적 갈증을 해갈시켜 줍니다.

그런데도 우리 삶의 하늘은 항상 푸르지는 않습니다. 어두운 구름이 비를 쏟아붓기도 합니다. 하지만 주님은 검은 구름도 축복의 도구로 사용하실 수 있습니다. 태양만 비치면 가뭄이 옵니다. 비가 땅을 적셔야 합니다. 검은 구름과 뜨거운 태양 빛이 합력하여 선을 이루고 하나님의 뜻이 이루어지게 합니다. 그래서 우리는 태양 빛이 뜨거울 때나 먹구름이 일어날 때 두려워하지 말아야 합니다. 하나님은 언제나 우리의 유익을 위해 역사하십니다. 하나님에게는 악한 것으로부터 선한 것을 끌어내시는 신령한 지혜와 능력이 있습니다.

우리는 태양과 비를 통해 하나님을 더 잘 배울 수 있습니다. 그래서 환난을 선을 이루는 도구로 보고, 재앙을 복의 전령으로 간주하는 깊은 차원의 신뢰가 필요합니다. 새벽빛으로 임하시는 주님은 비록 대낮의 따가운 태양이 떠올라도 시원한 비를 함께 지니고 오십니다. 주님을 진심으로 갈망하며 찾는 자들은 이러한 주님의 섭리 속에서 하나님을 더욱 잘 알아갑니다.

어떤 자세로 하나님을 알아야 할까요?

> "또한 모든 것을 해로 여김은 내 주 그리스도 예수를 아는 지식이 가장 고상하기 때문이라 내가 그를 위하여 모든 것을 잃어 버리고 배설물로 여김은 그리스도를 얻고 그 안에서 발견되려 함이니…"(빌 3:8-9).

하나님을 아는 일은 세상에서 가장 고귀한 일입니다. 바울은 우리의 빛나는 모범입니다. 바울은 단순히 교리상으로 주님의 신분과 사역의 의미를 아는 것만으로 그치지 않았습니다. 그는 주님의 고난에 동참하며 주님의 부활 능력을 체험하기를 원하였습니다. 그는 십자가로 더 가까이 나아감으로써 주님을 더 깊이 알게 되었습니다. 그는 주님을 더 알수록 사망의 권세를 누른 부활 능력을 체험하면서 살게 되었습니다(빌 3:10-11). 그래서 바울은 다른 모든 것을 무가치하게 여겼습니다.

호세아도 "힘써 여호와를 알자"고 했습니다. 하나님을 찾고 하나님을 아는 일에는 끈기와 굳은 결심이 요구되고 투철한 헌신이 필요합니다. 하나님을 아는 일에는 시간이 걸립니다. 내가 하고 싶은 일에는 시간을 쓰면서 하나님을 아는 일에는 인색하다면 하나님과 가까워질 수 없습니다. 하나님이 시간의 주인이십니다. 하나님께 속한 시간을 하나님께 돌려 드리십시오.

그럼 구체적으로 어떻게 하나님을 알아야 할까요? 몇 가지 실례를 열거합니다.

• 하나님의 구원을 힘껏 찬송하십시오. 아무런 공로가 없는 나 같은 죄인을 단지 그리스도를 대속주로 믿었다고 해서 의롭다고 하시는 하나님을 찬양하십시오.

• 크고 작은 감사 거리를 기억하며 날마다 하늘 아버지께 고개를 숙여 고마움을 표시하십시오.

• 하나님의 나라와 복음에 관한 내 마음의 열망을 주께 알리십시오.

• 나의 필요를 채워달라고 주께 청하십시오. 그러나 그것이 주의 나라가 이 땅에 속히 임하고, 주의 이름이 영광을 받으며, 주의 뜻이 이루어지는 일에 연결되어야 합니다. 그리고 주의 나라를 위해 쓰임을 받기를 원한다고 간구하십시오(마 6:9-11; 빌 4:9).

• 주님께 질문하고, 어떻게 하면 좋을지 여쭈어보며, 하나님의 방법과 지혜를 배우도록 하십시오.

• 기회가 닿을 때마다 이웃에게 복음을 전하고 그리스도의 사랑을 직접 간접으로 표현하십시오.

• 내 죄를 자백하며, 다른 사람들을 위해 날마다 짧게나마 중보기도를 올리면서 하나님의 선한 뜻이 이루어지기를 간절히 구

하십시오.

 • 이 어둡고 불행한 세상을 구하기 위해 새 하늘과 새 땅의 창조 사역을 진행하고 계신 하나님께 감사하며 예수님의 재림 소망 속에서 기뻐하십시오.

 • 날마다 성경을 진지한 마음으로 읽고 성령의 조명을 구하며 주의 음성을 듣도록 기도하십시오.

"그리하면 모든 지각에 뛰어난 하나님의 평강이 그리스도 예수 안에서 너희 마음과 생각을 지키시리라"(빌 4:7)고 하였습니다. 이것은 하나님의 약속입니다. 주님은 우리의 연약함을 동정하십니다. 주님은 우리가 간절한 마음으로 주님을 찾을 때 복을 내리십니다. 한두 번으로 그치지 말고 금방 응답이 없어도 하나님을 꾸준히 찾으십시오. 그러면 주님은 새벽의 여명처럼 어김없이 오시고 땅을 적시는 단비처럼 우리의 갈급한 심령에 임하실 것입니다.

25장

안개와 이슬로 오는 사랑

호세아 6:4

"에브라임아 내가 네게 어떻게 하랴 유다야 내가 네게 어떻게 하랴 너희의 인애가 아침 구름이나 쉬 없어지는 이슬 같도다"(6:4).

호세아 선지자는 6장 초두에서 이스라엘의 회개를 촉구하며 하나님께로 돌아가면 치유된다고 호소하였습니다. 이제 본문에서는 하나님에 대한 그들의 마음이 올바르지 않으며 진심이 아님을 지적합니다. 이에 대한 하나님의 반응은 고멜에 대한 호세아 자신의 반응을 반향합니다. 호세아는 고멜의 불신실 때문에 여러 번 좌절을 겪었습니다. 호세아는 자기 아내를 사랑과 이해로 따뜻이 대해 주었습니다. 그럼에도 고멜은 외간 남자를 따라 다니는 옛 버릇을 버리지 못하고 가출을 일삼았습니다. 고멜은 호세아의 법적인 아내였지만 남편을 무시하고 다른 남자들에게 정을 주며 살았습니다. 호세아는 고멜에게 수 없이 타이르며 경고도

하였지만 소귀에 경 읽기였습니다.

호세아는 고멜이 정부(情夫)를 쫓아다니는 일을 막을 수 없다는 것을 알고 무척 괴로워했을 것입니다. 하나님께서도 자기 백성이 이방 신들을 쫓아다닐 때 똑같이 느끼십니다. 하나님이 자신과 언약을 맺은 백성을 향해 "에브라임아 내가 네게 어떻게 하랴 유다야 내가 네게 어떻게 하랴"(6:4)라고 탄식하시는 것은 호세아가 고멜에게 했을 한탄을 연상시킵니다.

아침 안개와 같은 사랑

"너희의 인애가 아침 구름이나 쉬 없어지는 이슬 같도다"(4절).

'인애'로 번역된 히브리어는 '헤세드'입니다. 이 단어는 한 마디로 번역하기 어려운 말입니다. '헤세드'는 하나님과의 언약 관계와 이스라엘 공동체에서의 진실한 사랑의 관계를 표현할 때 자주 사용된 말입니다. 하나님은 이스라엘 백성에게 헤세드의 언약적 사랑과 충성을 요구하셨고 이스라엘 사회가 이웃에게 자비와 친절을 베푸는 신실하고 너그러운 공동체가 되기를 기대하셨습니다. 그래서 "나는 인애를 원하고 제사를 원하지 아니한다"(6:6)고 하셨습니다.

그런데 이스라엘 백성이 하나님에게 어떻게 '인애'를 보였습니까? 하루아침도 지탱하지 못하는 사랑이었습니다. 아침 안개나 이슬이 얼마나 속히 사라집니까? 이스라엘 공동체는 자비와 친절과 신실함이 없는 메마르고 각박한 사회가 되었습니다(4:1-2).

호세아 당시의 이스라엘은 애초에 하나님께서 기대하셨던 언약 백성의 모습이 아니었습니다. 그들은 한사코 하나님의 보호와 인도를 받지 않으려고 이방 신을 따라다녔고 하나님께 대한 언약적 충성은 여호와의 이름으로 드리는 무성의한 제사와 부패한 사회 속에서 실종되었습니다. 그 결과 이스라엘은 조만간 앗수르의 공격을 받고 그들을 섬기게 될 것이었습니다.

그럼 이스라엘은 왜 이처럼 비극적인 종말을 맞아야 했을까요? 이것은 매우 중요한 질문입니다. 우리도 얼마든지 하나님을 피상적으로 섬길 수 있고 일시적인 사랑으로 하나님을 대할 수 있습니다. 이스라엘이 하나님을 저버린 원인은 그들의 역사에서 여러 번 지적된 사항입니다. 그들이 하나님을 쉽사리 떠나 우상 신을 따랐던 가장 큰 원인은 하나님에 대한 사랑의 뿌리가 깊지 않았기 때문입니다.

이스라엘 백성은 처음에는 하나님을 따라 애굽을 나왔습니다. 그리고 시내 산에서 하나님과 언약을 맺을 때 오직 여호와 하나님만 섬기겠다고 약속하였습니다. 그들은 하나님께서 택하신 거룩한 백성으로서 세상의 빛과 소금이 되어 하나님의 구원을 이방에 알리는 제사장 나라의 소명을 받은 자들이었습니다. 그러나 그들은 이러한 신령한 소명을 잊기 시작하였습니다.

받은 은혜를 잊어버리면 은혜 베푼 자를 사랑할 수 없습니다. 이스라엘 백성은 가나안 땅에서 누리는 혜택을 당연시하였고 율법의 원칙을 무시한 자의적인 삶에 아무런 양심의 저항을 느끼지 않았습니다. 배은망덕은 이스라엘을 죽음에 이르게 하는 영적 질병이었습니다.

구원의 묵상

하나님의 사랑의 행위는 깊고 넓은 것입니다. 그래서 구속의 역사에서 드러난 하나님의 사랑의 깊이와 넓이를 자주자주 생각해 보아야 합니다. 이것이 구원의 묵상입니다. 그래서 사도 바울은 우리가 "사랑 가운데서 뿌리가 박히고 터가 굳어져서…그리스도의 사랑을 알고 그 너비와 길이와 높이와 깊이가 어떠함을 깨달아"(엡 3:17-19) 주님의 영광이 충만하게 드러나도록 기도하였습니다. 하나님은 모세를 통해 온 이스라엘 백성을 모아놓고 구원의 하나님을 잊지 말고 기억하라고 미리 당부하셨습니다. 이 교훈은 시편 기자를 비롯하여 여러 선지자의 입을 통해서 반복되었습니다.

"네 하나님 여호와께서 너를 인도하여 내실 때에 네가 본 큰 시험과 이적과 기사와 강한 손과 편 팔을 기억하라…" (신 7:19).

"너는 애굽 땅에서 종 되었던 것과 네 하나님 여호와께서 너를 속량하셨음을 기억하라 그것으로 말미암아 내가 오늘 이같이 네게 명령하노라"(신 15:15).

"너희는 내가 호렙에서 온 이스라엘을 위하여 내 종 모세
에게 명령한 법 곧 율례와 법도를 기억하라"(말 4:4).

"그들이 하나님의 언약을 지키지 아니하고 그의 율법 준
행을 거절하며 여호와께서 행하신 것과 그들에게 보이신
그의 기이한 일을 잊었도다"(시 78:10-11).

이러한 말씀들에서 우리가 분명히 알 수 있는 것이 무엇입니
까? 이스라엘 백성이 탈선하게 된 가장 근본적인 원인이 나옵니
다. 그것은 하나님의 경이로운 구원의 행위들을 망각하고 율법
을 지키지 않은 것임을 확인할 수 있습니다. 하나님이 얼마나 고
마우신 분인지 새록새록 가슴에 와 닿지 않는데 어떻게 하나님을
사랑할 수 있겠습니까? 하나님의 손이 얼마나 강한지 깨닫지 못
하는데 어떻게 다른 신들에게 도움을 청하지 않을 수 있겠습니
까? 하나님께서 나를 위해 치르신 희생의 크기를 기억하지 못하
는데 어떻게 그분에게 감사할 수 있겠습니까? 하나님의 행사가
기이하다는 것을 상기하지 못하는데 어떻게 그분을 항상 찬양할
수 있겠습니까?

사랑은 뿌리를 내려야 오래 가고 변질되지 않습니다. 사랑은
가꾸지 않으면 시듭니다. 사랑은 행하지 않으면 깊어지지 않습니
다. 세상에서 사랑만큼 예민한 것이 없습니다. 하나님께서 우리

의 구원을 위해서 행하신 일이 무엇이며 우리의 영원한 삶을 위해서 주시는 말씀이 무엇인지를 기억하고 깊이 생각해 보지 않으면 하나님에 대한 사랑이 줄어들고 말라버립니다. 그래서 예수님도 제자들에게 새 언약을 맺으시면서 "이것을 행하여 나를 기억하라"(고전 11:24, 25, 새번역)고 하셨습니다. 왜 주님을 기억하라고 하셨을까요? 구약 백성의 출애굽이 지닌 궁극적인 목적인 죄로부터의 해방과 율법이 바라본 하나님의 온전한 구원의 뜻이 예수님의 십자가로 모두 완성되었기 때문입니다. 이제 신약 교인들은 주님의 십자가를 기억함으로써 하나님의 경이로운 구원의 행위와 복음의 진리를 깨닫습니다. 그래서 신약 저자들은 "예수를 깊이 생각하라"(히 3:1)고 하였고 주님의 말씀을 기억하라고 당부하였습니다.

> "내가 전한 복음대로 다윗의 씨로 죽은 자 가운데서 다시 살아나신 예수 그리스도를 기억하라"(딤후 2:8).

> "사랑하는 자들아 너희는 우리 주 예수 그리스도의 사도들이 미리 한 말을 기억하라"(유 1:17).

신약의 가르침도 구약에서처럼 하나님께서 자기 백성을 구원하기 위하여 어떤 일을 하셨으며 어떤 가르침을 주셨는지를 기억하라는 것입니다. 그런데 하나님께서 자기 백성에게 구원을 잊지 말고 깊이 생각하라고 하시는 목적이 무엇입니까? 그것은 주님에 대한 사랑의 불꽃이 꺼지지 않게 하려는 것입니다. 이것은 우리 마음을 우상 숭배와 세상의 유혹으로부터 보호하는 길이기도 합니다.

사랑의 뿌리가 내리려면 하나님이 어떤 사랑으로 우리를 구속하셨는지를 항상 기억해야 합니다. 그래서 성경을 바르게 공부해야 하고, 좋은 강해 설교를 듣거나 읽어야 합니다. 이 일을 게을리하면 우리도 호세아 시대의 이스라엘 백성처럼 형식과 의식과 의무감에 불과한 예배를 드리고 성경 말씀에 대한 관심을 내려놓고 살기 쉽습니다.

우리의 문제는 하나님을 믿지 않아서가 아니라 십자가의 구원과 주님의 말씀을 자주 상기하지 않는 것입니다. 그 결과 우리는 하나님을 사랑하지 않는 지경에 이르게 됩니다. 신자는 하나님을 사랑하지 않으면 다른 것을 사랑합니다. 다른 것은 곧 세상입니다(요일 2:16). 우리는 두 주인을 섬길 수 없습니다(눅 16:13; 약 4:4). 그릇된 가치관과 육신에 속한 세상의 즐거움과 돈과 자식에 대한 세속적 집착과 여러 형태의 우상들이 하나님에 대한 우리의 사랑을 저격합니다.

뿌리 없는 사랑은 환난을 견디지 못합니다. 그래서 하나님에 대해 쉽게 실망하고 쉽게 포기합니다. 호세아 시대의 백성은 하나님의 구원을 묵상하거나 그분의 말씀에 관심이 없었기에 뿌리 깊은 사랑을 할 수 없었습니다. 그래서 하나님에 대한 그들의 사랑은 "아침 구름이나 쉬 없어지는 이슬"(6:4)과 같았습니다. 그럴 때 하나님의 마음이 어떠하실지 생각해 보신 적이 있습니까?

안개와 이슬처럼 지나간 사랑

어느 젊은 청년이 혼자 사막에서 살았습니다. 그는 인적이 드문 메마른 사막에서 외로움에 목말라하였습니다. 그러던 어느 날 사막의 낙타 대상(隊商)들에 끼여 가는 한 젊은 아가씨를 만났습니다. 이들은 사랑에 빠졌습니다. 젊은 아가씨는 다음 날 다시 청년을 찾아오기로 굳게 약속하고 떠났습니다. 이윽고 어두운 밤이 되었습니다. 사막의 청년은 달콤한 사랑의 이야기를 주고받았던 그 젊은 여자와의 미래를 꿈꾸며 무척 행복해하였습니다. 그 날 밤은 별들도 넓은 하늘을 빼곡히 채워 유난히 밝았습니다. 여기저기서 우짖는 짐승들의 소리도 무섭지 않았습니다. 그의 가슴은 싸늘한 사막의 밤공기를 마셔도 따뜻하였고, 노천에서 잠을 자는 것도 서럽지 않았습니다. 그는 낙타 대상들과 함께 왔다가 떠난 그 아리따운 아가씨가 다시 찾아온다는 약속을 지켜 주기만을 간절히 바랐습니다.

다음 날이 밝았습니다. 사막의 아침은 성급히 다가옵니다. 그러나 기다리던 그 아가씨는 좀체 모습을 드러내지 않았습니다. 태양이 사막에 질펀히 깔리고 더운 공기가 대지를 채웠습니다. 청년은 아무리 둘러보아도 그 아가씨는 보이지 않았습니다. 청년은 이런저런 생각을 해 보았습니다.

「아마 부모가 반대하겠지? 그래도 조금 후에는 나타날 거야.」
청년은 해가 다 지도록 기다렸지만 아무도 나타나지 않았습니다. 그는 다시 혼자 중얼대며 자리에 앉았습니다.

「아마 오늘은 지나가는 대상(隊商)들이 없어 못 왔을지 몰라. 내일은 꼭 올 거야. 나처럼 그녀도 몹시 속상해할 테지. 내일 만나면 내가 정말 그녀를 사랑한다고 다시 말해 줘야지.」

청년에게는 그 날 밤이 너무도 긴 밤이었습니다. 낮에 만나지 못한 아쉬움은 더욱 첫날의 만남을 알알이 회상케 하였습니다. 그녀의 말 한마디 한마디가 가슴에 다시 메아리쳤습니다. 자기를 너무도 사랑한다는 그 말이 뇌리에 박히고 온몸에 문신처럼 새겨졌습니다. 그녀만 온다면, 텅 빈 광야에 샘물이 흐르고, 메마른 땅에 숲이 우거질 듯하였습니다. 그녀만 있다면, 사막은 낙원이 될 것이었습니다. 그는 그녀와 지낼 아름다운 시간을 생각하며 해후의 소망을 안고 긴 밤을 임을 그리는 사랑의 고통 속에서 지새웠습니다.

다음 날이 밝았습니다. 행여나 오는 임의 행렬을 자신이 먼저 보지 못할까 봐 급히 바깥을 쳐다보았습니다. 아직은 대상이 지나가기에는 너무 이른 시간이었습니다. 그래도 청년의 가슴은 임을 만난다는 기대로 들떠 있었습니다.

"만나면 어떻게 할까? 손을 흔들어 보이면서 임에게로 달려갈까? 만나면 양손을 꼭 붙잡을까? 아니면 포옹을 해도 괜찮을까? 첫 마디는 무슨 말로 할까? 그녀를 기다리느라고 애탄 심정을 어떻게 설명할 수 있을까? 함께 자리에 앉으면 또 무슨 말을 듣게 될까? 아, 그 애정 어린 부드러운 음성을 다시 듣게 될 테지."

청년은 흠칫 정신을 차리고 보니 아무도 없는 사막을 이리저리 걸으면서 혼잣말을 하고 있었습니다. 그런 시간마저 그에게는 행복한 소일이었습니다. 그런데 아직 사막의 대상(隊商)들은 나타나지 않았습니다. 그는 걸음을 돌려 자신의 거처로 돌아오면서 거듭 독백처럼 되뇌었습니다.

「오늘은 꼭 만나게 될 거야. 무슨 일이 있어도 오늘은 나의 임과 얼굴을 맞대고 사랑의 이야기를 주고받을 꺼야. 오늘 만나면 다시는 나의 임은 돌아가지 않을걸. 우리는 너무도 사랑하기에 다시 헤어질 필요가 없어. 우린 이제부터 한 몸으로 영원히 살게 될 꺼야.」

그러나 그의 임은 나타나지 않았습니다. 그다음 날도, 또 그다음 날도 그의 임은 영영 오지 않았습니다. 임을 기다리던 청년의 가슴은 사막보다 더 황량하고 빈들보다 더 고독하였습니다. 그러던 어느 날 청년은 임을 만나는 단꿈을 꾸었습니다. 그때 그는 임의 이름을 마구 부르다가 깨었습니다.

꿈속에서 불러댄 너의 이름들
깨어 보니 이불 위에 들꽃으로 피어 있네
한 송이 두 송이 모두 모아서
아름으로 껴안고 눈 감아 보면

화향으로 물들인 나의 빈들에
꽃잎으로 휘날리는 너의 두 이름

　그 후 여러 해가 지났습니다. 꿈속에서 불렀던 임의 이름을 사막을 향해 수 없이 외쳤건만 공허한 메아리조차도 울리지 않았습니다. 그래도 청년의 가슴에는 임에 대한 동경으로 가득 차 있었습니다. 그는 결코 임과의 언약을 저버리지 않을 것이었습니다. 처음 만났을 때 임이 그를 사랑한다고 한 말도 그는 절대 잊지 않을 것이었습니다.

　그는 날마다 이른 새벽부터 장막을 열고 사막의 끝쪽을 바라보았습니다. 행여나 임이 올까 봐 마음 졸이며 바라보던 어느 날, 뜻밖에도 낙타들을 앞세운 대상들이 나타났습니다. 그의 가슴은 두근거렸고 그의 두 눈은 조금씩 가까이 오고 있는 대상들에게 고착되었습니다. 놀랍게도 임의 모습이 드러났습니다. 청년은 숨이 막히는 듯하였습니다. 임의 즐거운 웃음소리가 들렸습니다. 청년의 애타는 가슴에 임의 웃음이 짙은 연정의 향기로 옥향처럼 뿌려졌습니다. 그는 사모하던 임을 다시 만나는 행복의 의미를 처음으로 체험하였습니다. 그것은 말로 표현될 수 없는 황홀한 기쁨이었습니다. 청년은 자기도 모르게 눈을 감고 오직 자기만이 누리는 사랑의 희열에 잠시 잠겨 있었습니다.

　청년은 이윽고 눈을 떴습니다. 그런데 임을 태웠던 대상(隊商)의 무리는 이미 자신의 장막을 지나가버린 후였습니다. 청년은 자기 눈을 믿을 수 없었습니다. 그는 본능적으로 대상을 향해 달렸습니다. 어떤 일이 있어도 임을 놓칠 수 없다는 일념으로 달렸습니다. 그는 얼마 후 임을 태운 대상 곁으로 다가갔습니다.

다시 임의 웃음소리가 들렸습니다. 청년은 숨이 가쁘고 목이 탔지만 임의 저 해맑은 웃음소리를 한 번이라도 들을 수 있다면 온 사막을 질주해도 좋다고 생각했습니다. 이제 청년은 임의 웃음소리가 나는 쪽을 향해 시선을 돌렸습니다. 그는 임을 보는 순간 온몸이 굳어 버리고 피가 멈춘 듯하였습니다. 임은 다른 남자의 품에 안겨 즐겁게 웃고 있었습니다.

사막의 청년을 죽도록 사랑한다던 그 임은 돈 많은 남성이 건네주는 선물들을 열어 보고는 좋아서 깔깔거렸습니다. 청년은 더 참을 수 없어 임에게 물었습니다.

「이것이 어떻게 된 일입니까? 저를 사랑한다고 고백하지 않았습니까? 다음 날 저를 꼭 찾아온다고 한 약속은 어떻게 되었단 말입니까? 저는 임이 오기를 여러 해 동안 기다리고 있었습니다. 지금이라도 좋으니 제게로 돌아와 주십시오.」

그 임은 어처구니없다는 듯이 대답하였습니다.
「아니 제가 왜 약속을 안 지켰다는 말씀이세요? 전 매일 아침, 당신에게 사랑을 머금고 찾아갔어요.」

청년은 너무도 놀라서 물었습니다.
「네? 저에게 오셨다고요. 언제 어떤 모습으로 오셨나요?」

「전 아침 안개와 이슬로 갔었지요. 저를 원하는 남자들이 하도 많기에 당신에게 오래 머물 수는 없었어요. 그렇지만 당신이 추울까 봐 전 안개로 당신을 덮어 주었고, 당신이 목마를까 봐 이슬로 적셔 드렸어요. 그 정도라면 제가 사랑을 보인 것이 아닌가요? 오히려 감사하셔야죠.」

청년은 너무도 당황하지 않을 수 없었습니다. 자기가 생각한 사랑은 전혀 그런 것이 아니었기 때문입니다. 그래서 참사랑이 무엇인지를 알려야 했습니다.

「사랑은 몸과 마음과 힘을 다하는 것이 아닌가요? 아침 안개와 이슬로 오는 사랑이라면 몸과 마음이 오지 않은 것이잖아요. 임은 제게 마음을 주지 않았군요. 안개가 어찌 추위를 덮으며, 이슬이 어찌 사막의 갈증을 풀 수 있겠어요? 임은 제게 몸으로 오시지 않았습니다. 힘을 다하여 저를 사랑하지도 않았고요.」

이 말을 들은 그 여인은 갑자기 청년을 멸시의 눈초리로 바라보며 음성을 높였습니다.

「말씀 잘 하셨네요. 도대체 무엇이 사랑이라는 거예요. 몸과 마음만 가면 뭘 하나요. 힘이 있어야지요. 힘을 다해 사랑해야 한다고 하셨는데 힘이 무엇인지 알기나 하세요? 남자가 사랑하려면 능력이 있어야지요. 여자가 원하는 것을 줄 수 있는 능력 말이에요. 제가 지금 안겨 있는 이 남자가 어떤 능력이 있는지 보시잖아요.

이것 보세요. 이 아름다운 옷을,

이것 보세요. 이 값비싼 반지를,

이것 보세요 이 귀한 진주 목걸이를,

이것 보세요. 이 멋진 디자이너 구두를,

이것 보세요. 이 고급 향수를,

이것 보세요. 이 화려한 마차를.

그래서 전 오늘 온종일 사막을 지나면서 즐겁게 웃었지요. 전 이런 남자의 품에서 제가 원하는 것들을 다 받으면서 영원히 같이 살고 싶어요. 이제 아시겠어요? 다시는 저에게 몸과 마음과 힘을 다하여 당신을 사랑하라는 말을 꺼내지 마세요. 이제 전 저의 갈 길을 가야겠어요. 그렇지만 너무 상심하지 마세요. 혹시 내 마음이 내키면 내일 아침에도 안개와 이슬로 당신에게 찾아갈지 몰라요. 저도 그 정도의 의리는 지키는 사람이니까요.」

임을 태운 마차는 대상들의 뒤를 따르며 사막 저편으로 사라졌습니다. 마차 뒤로 떨어지는 임의 깔깔대는 웃음소리가 뒤돌아서는 청년의 귀에 가시처럼 박혔습니다. 임을 잃고 돌아서는 그의 가슴은 산산이 부서져 버렸습니다. 이 청년은 누구를 연상시킵니까? 그의 깨어진 가슴은 누구의 가슴입니까? 고멜의 사랑을 잃은 호세아의 가슴입니다. 우리의 사랑을 잃은 주님의 가슴입니다!

하나님에 대한 우리의 인애란 어떤 것입니까? 안개나 이슬처럼 잠시 보였다가 금세 사라지지는 않습니까? 하루도 가지 않는 사랑이라면 무가치한 사랑입니다. 우리의 과거를 생각해 보십시오. 죄의 노예가 되어 종신토록 사망의 물을 마시면서 진노의 심판 날을 향해 달리던 우리들이었습니다. 그런 우리를 십자가의 희생으로 구속하신 주님께 덧없이 사라지는 안개나 어이없이 말라버리는 이슬 같은 사랑을 날마다 드린다고 생각해 보십시오. 우리는 행여나 사막의 임처럼, 아침 안개와 이슬을 갖다 주는 것으로서 사랑의 의무를 다 행했다고 생각하지 않습니까? 날마다 나를 기다리시는 구속주 하나님께로 힘을 다하여 몸도 가고 마음도 가야 하지 않겠습니까?

> "에브라임아 내가 네게 어떻게 하랴 유다야 내가 네게 어떻게 하랴 너희의 인애가 아침 구름이나 쉬 없어지는 이슬 같도다" (6:4)

26장

마음의 제사
호세아 6:5-6

"그러므로 내가 선지자들로 그들을 치고 내 입의 말로 그
들을 죽였노니 내 심판은 빛처럼 나오느니라"(6:5).

하나님은 북부 이스라엘과 남부 유다에 만연한 부패와 우상
숭배를 개탄하셨습니다. 그래서 "내가 네게 어떻게 하랴"라는 안
타까운 심정을 토로하셨습니다. 하나님의 백성은 언약 관계의 핵
심인 순종과 충성의 대상을 우상 신으로 바꾸고 여호와 종교를
미신과 기복 신앙에 접목시켰습니다. 그 결과 이스라엘은 하나님
께서 그들에게 원하시는 것에는 관심이 없고, 그들이 원하는 것
을 위해서만 여호와께 제사를 드렸습니다. 이것은 하나님의 요구
와 기대를 무시하고 자신들의 뜻을 하나님께 덮어씌워 억지로 자
신들이 갖고 싶어 하는 것을 받아내려는 무모한 시도였습니다.
이것이 아침 안개나 이슬과 같은 믿을 수 없고 지속할 수 없는 헛
된 사랑을 하게 된 원인의 하나입니다.

이방 종교에는 신(神)과의 인격적인 관계가 중요하지 않습니다. 그러나 여호와 종교는 하나님과의 인격적인 관계를 통해서 언약 백성이 하나님의 성품을 닮고 그분에 대한 지식이 깊어지기를 기대합니다. 그래서 선지자들은 항상 상업적인 종교 행위를 규탄하고 이스라엘 사회의 불의와 백성의 죄악을 지적하였습니다. 이런 삶은 하나님의 거룩하고 자비하신 성품을 닮는 것이 아니기 때문입니다. 여호와 종교에서는 하나님이 원하시는 것을 행할 때 하나님을 아는 지식이 깊어지고 사랑과 충성의 관계가 여물어집니다. 주인이 원하고 시키는 대로만 하면 섬기는 자에게 아무 문제가 없습니다. 주인을 신뢰하고 그분께 충성을 다하는 것이 섬기는 자의 최고 행복입니다. 그런데 우리는 하나님의 요구를 지나친 것으로 보고 수정하려고 합니다. 이것이 타협이고 불신실입니다.

언약 관계에서는 하나님의 사랑이 자기 백성에게 요구하는 것이 있습니다. 이 요구는 수정과 보완을 허용하지 않습니다. 하나님의 뜻은 언제나 옳고 좋은 것이기 때문입니다. 우리는 하나님을 수정할 수 없습니다. 하나님의 선한 뜻에 우리의 뜻을 첨가하거나 보충할 수도 없습니다. 하나님은 교정의 대상이 아닙니다. 그런데도 우리는 종종 하나님이 너무 엄격하시고 요구하시는 것이 많다고 불평합니다. 그래서 적당히 넘어가려고 합니다. 이런 자세는 불원간 아침 안개와 이슬에 불과한 무성의한 신앙생활을 낳습니다.

하나님에 대한 충성과 헌신은 우리가 하나님의 요구를 신뢰하고 그대로 받아들이는 때부터 시작됩니다. 우리는 하나님을 변경시키려는 생각을 거두고 하나님의 뜻을 수용하기로 하는 때부터 하나님을 알게 되고 섬김의 기쁨과 유익을 누립니다. 그런 신자들에게 하나님은 새날을 여는 새벽빛과, 땅을 적시는 봄비처럼 일정한 은혜와 사랑으로 다가오십니다(6:3). 우리의 사랑과 충성은 안개와 이슬에 불과할지라도 하나님은 항상 신뢰할 수 있는 분입니다(6:1-3).

탈선한 백성에 대한 하나님의 조치는 무엇일까요?

이스라엘은 하나님의 요구를 밀어내고 자신들의 요구를 내세웠습니다. 우리도 자주 하나님께서 원하시는 것을 무시하고 우리 방식대로 섬기려고 합니다. 한편, 우리는 믿음의 길에서 떠나 탈선하면, 하나님께서 금방 치실 것으로 두려워합니다. 그러나 하나님은 오래 참으십니다. 하나님은 진노하기를 기뻐하시지 않습니다.

하나님께서는 우상 숭배에 빠진 이스라엘 백성을 보시고 금방 환멸을 느끼며 포기하시지 않았습니다. 하나님은 그릇된 길로 가는 자기 백성에게 선지자들을 통해서 자주 경고하시며 거듭해서 교훈하시고 지도하십니다. 하나님이 말씀하시는 동안은 그의 백성에게 기회가 있습니다. 비록 그의 말씀이 때로는 가혹하게 들리고 즐겁지 않아도 우리의 유익을 위한 것입니다.

"내가 선지자들로 그들을 치고 내 입의 말로 그들을 죽였다"(6:5)라고 했습니다. 이것은 하나님께서 진노하셔서 백성을 마구 죽여버린 것처럼 들립니다. 그러나 이 말씀은 자기 백성을 다시 회복시키려는 하나님의 선한 의지를 드러낸 말씀입니다. "내 심판은 빛처럼 나오느니라"(6:5)는 말씀도 이러한 하나님의 선한 의도가 관철된다는 의미입니다.

하나님의 메시지는 때로는 치명적입니다. 하나님은 언약 백성에게 반복해서 자기 뜻을 선지자들을 통해 알리십니다. 그러나 백성이 끝까지 듣지 않을 때 심판의 방법을 사용하십니다. 즉, 쳐서 죽이는 것인데 이것은 심판을 통해서 생명에 이르게 하려는 것이지 심판 자체가 목적이 아닙니다. 언약 백성은 우상 숭배의 버릇을 고치기 위해서 타국에 잡혀가는 심판을 받아야 했습니다. 그들은 이러한 무서운 심판을 받고서 비로소 우상을 버리고 진리의 빛으로 나오게 될 것이었습니다. 하나님의 말씀은 죽음의 어둠과 생명의 빛이라는 양면적인 요소를 지니고 있습니다. "내 입의 말"은 언약의 축복과 저주를 가리킵니다(신 32:1).

하나님의 심판은 즉흥적인 것이 아닙니다. 하나님은 갑자기 화를 불쑥 내시거나 예고 없이 징계하시지 않습니다. 하나님께서는 여러 선지자를 줄줄이 보내시고 경고와 권면과 교훈을 주셨습니다. 북이스라엘이 드디어 앗수르에 함락되고 남부 유다가 바벨론에 잡혀간 것은 이 같은 하나님의 장기간에 걸친 경고에 대한 반복된 배척 이후에 온 것이었습니다. 그래서 하나님의 백성은 누구도 말씀이 부족해서 순종을 못 했다거나 하나님의 뜻이 무엇인지 말해 주는 사람이 없어서 우상 숭배를 했다고 핑계할 수 없습니다.

지금도 하나님께서는 풍성한 말씀을 주십니다. 우리가 진정으로 말씀을 듣기를 원하고 복음의 능력을 믿는다면, 하나님은 은혜의 메시지를 만나게 하십니다. 문제는 우리가 하나님께서 주신 말씀을 달게 받으면서 더욱 사모하느냐는 것입니다. 교회에 갈 때 성경책을 가장 많이 들고 다니는 사람들은 우리나라 교인들이 아닌가 싶습니다. 그런데 교회를 선택하고 옮기는 것을 보면 성경 말씀이 위주가 아닌 경우가 대부분입니다. 하나님은 진리의 말씀으로 우리를 양육하시고 그 말씀을 바탕으로 해서 우리와 교제를 가지시는 분입니다. 그래서 주님은 항상 말씀으로 우리에게 하나님 나라와 주님의 성품에 대해서 가르치려고 하십니다.

그런데 우리가 계속해서 하나님의 말씀을 밀어내면서 아침 안개나 이슬처럼 피상적이고 무심하게 하나님을 대하면 심판이 우리의 우상 병을 고치기 위해 집행됩니다. 하나님께서 오래 참으시다가 드러내시는 진노의 징계는 무섭습니다. 하나님께서는 오랜 기간 우리를 경고하셨기 때문에 불평할 수 없습니다.

하나님이 원하시는 것은 제사가 아니고 사랑과 하나님을 아는 것입니다.

"나는 인애를 원하고 제사를 원하지 아니하며 번제보다 하나님을 아는 것을 원하노라"(6:6).

이것은 희생 제도 자체를 거절하거나 부정하는 것이 아닙니다. 하나님은 이스라엘에게 제사 제도를 주셨습니다. 제사 제도의 목적은 대속의 구원을 가르치고 거룩한 백성으로서 하나님을 섬기며 충성과 신실을 표현하게 하려는 것이었습니다. 그러나 백성은 제사의 본뜻은 망각하고 주변 이방나라들의 의식 중심의 경배를 여호와 종교에 끌어들여 하나님을 우상 섬기듯이 하였습니다.

그러나 우상 종교와 여호와 종교는 질적으로 전혀 다른 것이었습니다. 이방 종교에는 하나님께서 주신 율법이나 언약이 없었습니다. 그래서 이방 종교는 신도들에게 율법과 언약에 충실할 것을 요구하지 않습니다. 반면, 여호와 종교는 율법을 지킬 것을 요구하고 언약에 신실함으로써 구주 하나님을 인격적으로 알기를 기대합니다. 그래서 선지자들은 거룩한 삶이 없는 형식적인 의식 중심의 경배를 준열히 꾸짖었습니다(호 4:8, 13). 선지자들은 하나님께서 부패한 백성의 제물을 받지 않고 오히려 그들을 심판하신다고 누차 경고하였습니다(암 5:21-24; 사 1:12-17; 미 6:6-16).

호세아가 본 절에서 말한 것은 선지자로서 매우 탁월한 통찰입니다. 이것은 율법을 꿰뚫어 보고 여호와 종교의 본질을 직시한 놀라운 진술입니다. 호세아는 동물을 바치는 희생 제사보다 인애를 앞세웠습니다. 동물 희생 제사는 모세법에 의한 것인데 호세아는 그 위에 인애를 올려놓았습니다. 이것은 새롭고 획기적인 일입니다. 왜냐하면, 모세 오경의 법령 부분에서는 인애가 요구 사항으로 나와 있지 않기 때문입니다. 물론 율법에서 하나님의 속성의 일부로서 인애가 언급되었고 모세법의 규정이 자비의 측면을 내포하고 있기도 합니다.

그러나 모세법에서는 인애가 언약 백성의 내적 성향으로서 삶의 주축을 이루어야 한다는 요구는 없습니다. 그렇다면 호세아가 제사보다 인애를 선호하고 하나님을 아는 지식을 단순한 율법 준수보다 더 중시한 것은 무엇을 의미할까요? 이것은 하나님의 사랑이 율법에 나타난 명령보다 훨씬 높고 이상적인 차원을 목표로 삼고 있음을 통찰했다는 의미입니다. 이것이 호세아 선지자의 위대성을 돋보이게 하는 점입니다. 이 사실은 예수님이 호세아 6장 6절을 적어도 복음서에서 두 번 이상 사용하신 것을 보아도 충분히 인정할 수 있습니다(마 9:13; 12:7).

예수님은 마태복음 23장 23절에서도 "정의와 자비와 신의와 같은 율법의 더 중요한 요소들은 버렸다"(새번역)고 하시면서 당시의 율법학자들과 바리새인들을 질책하셨습니다. 바리새인들이 예수께서 세리와 다른 여러 종류의 죄인들과 식사하시는 것을 보고 비난했을 때도 예수님은 "너희는 가서 내가 긍휼을 원하고 제사를 원하지 아니하노라 하신 뜻이 무엇인지 배우라 나는 의인을 부르러 온 것이 아니요 죄인을 부르러 왔노라"(마 9:13)고 하셨습니다. 이로써 예수님은 일찍이 호세아 선지자의 입을 통해 주셨던 말씀을 당시의 유대인들이 하나님을 헛되게 섬기는 문제에 적용시켜 언급하셨습니다. 그뿐만 아니라 예수님은 하나님의 자비(인애)를 구하는 자들에게 언제나 후히 응답하심으로써 하늘 아버지의 은혜의 속성을 드러내셨습니다. 자비를 베푸는 것은 하나님을 참되게 알고 있다는 증거이기 때문입니다.

예를 들어 맹인들이 예수님께 "우리를 불쌍히 여기소서"(마 9:27; 20:30-31)라고 간청하였고, 귀신 들린 딸의 치유를 위해 예수님을 찾아 왔던 가나안 여자와 귀신의 영향으로 간질을 앓던 아들을 데리고 온 사람이 각각 "나를 불쌍히 여기소서"(마 15:22)라고 호소하였습니다. 주님은 자비를 베풀어 달라는 이들의 간청을 듣고 "불쌍히 여기사"(마 20:34) 즉석에서 모두 고쳐 주셨습니다. 이들은 동물 희생을 가지고 성전으로 가서 형식적인 제사를 드릴 필요가 없었습니다. 이들이 한 것이라고는 주님의 사랑의 손길을 의지한 일뿐이었습니다.

이스라엘 사회는 자비가 없었기에 하나님의 인애 하신 속성을 나타내지 못하였습니다. 이것은 그들이 하나님을 인격적으로 알지 못하고 그분과의 교제가 없었음을 입증합니다. 그들은 형식적인 제사만 올리면서 율법의 참된 목표며 더 중요한 요소인 자비나 인애는 베풀 줄을 몰랐습니다.

호세아가 말한 인애는 율법이 요구하는 제사의 핵심 요소입니다. 형식적인 면에서 보면 율법이 정하는 규정대로 하나님께 동물 희생의 제사를 드리면 됩니다. 물론 율법에서 자비에 대한 요구가 법적 조항으로 두드러지게 언급된 것은 아닙니다. 그러나 율법은 기본적으로 하나님의 성품의 반영이므로 비록 그것이 이스라엘 국가라는 신정체제 기간만 적절했던 잠정법이었어도 하나님 나라의 이상적인 목표를 지향하는 화살표였습니다. 다시 말해서 율법은 예수 그리스도가 오셔서 세우실 하나님 나라의 더욱 높은 수준의 질서를 내다본 것이었습니다.

그렇기 때문에 모세는 율법을 이스라엘 백성에게 설명하고 적용하는 신명기 메시지에서 율법의 신령한 목표를 강조하였습니다. 이 강조점은 다름이 아니고 하나님을 마음으로 섬기는 것입니다. 이것은 예수님의 가르침에서도 가장 중요한 대목이며 성경 전체에 흐르는 대원칙입니다(신 6:5; 막 12:30). 한마디로 우리는 하나님을 몸과 마음과 정성과 힘을 다하여 섬겨야 한다는 것입니다.

> "이스라엘아 네 하나님 여호와께서 네게 요구하시는 것이 무엇이냐 곧 네 하나님 여호와를 경외하며 그의 모든 도를 행하고 그를 사랑하며 마음을 다하고 뜻을 다하여 네 하나님 여호와를 섬기고 내가 오늘 네 행복을 위하여 네게 명하는 여호와의 명령과 규례를 지킬 것이 아니냐... 그러므로 너희는 마음에 할례를 행하고 다시는 목을 곧게 하지 말라"(신 6:12-16).

구약 선지자들도 모세의 이 같은 마음의 할례를 자주 강조하였습니다(렘 4:4; 겔 44:9). 내면의 마음이 참되지 않으면 외면의 형식은 무의미합니다. 마음은 하나님으로부터 멀어도 종교 행위는 외면적으로 잘 행할 수 있습니다. 이것이 바리새인들의 특징이었습니다(막 7:1-23). 그래서 예수님은 계명의 참뜻을 마음을 다하고 목숨을 다하고 뜻을 다하여 하나님을 섬기고 이웃을 내 몸처럼 사랑하는 것이라고 정의하셨습니다(마 22:37-40). 하나님과의 관계에서 마음으로 하는 사랑이 없으면 의식적인 예배나 제사는 헛일이라는 것이 성경의 지적입니다. 그래서 마음에 할례를 받으면 하나님이 주시는 생명과 복을 누릴 수 있었습니다(신 30:6, 10; 11:13-15).

요시야와 아사 왕의 종교개혁도 마음과 뜻을 다하여 하나님을 섬기겠다고 했을 때 우상들을 불태우는 역사가 일어났고 하나님께서 백성에게 평강을 주셨습니다(왕하 23:3-20; 대하 15:12, 15). 또한, 이스라엘 백성은 율법을 어기고 우상 숭배를 하여 타국에 잡혀가는 일이 있더라도 진심으로 여호와께 사죄하면 용서를 받을 수 있었습니다(신 4:27-29; 30:1-4; 왕상 8:46-50). 그러므로 신약의 저자들이 마음에 할례를 받는 문제를 자주 거론한 것은 놀랄 일이 아닙니다(행 7:51; 롬 2:29). 바울은 구약 시대의 희생 제물을 바치는 것의 참뜻을 전인격적인 것으로 풀이하였습니다.

"너희 몸을 하나님이 기뻐하시는 거룩한 산 제물로 드리라 이는 너희가 드릴 영적 예배니라"(롬 12:1).

이제 우리는 하나님께서 호세아를 통하여 "나는 인애를 원하고 제사를 원하지 아니한다"는 말씀이 경배의 핵심임을 알 수 있습니다. 그럼 우리에게 주는 메시지는 무엇입니까? 우리는 현재 하나님을 어떻게 섬기고 있습니까? 몸과 마음과 정성을 다하는 거룩한 산 제물로서 하나님을 섬기고 있습니까? 하나님이 우리에게 원하시는 것은 무엇보다도 우리의 진실하고 겸비한 마음입니다. 주님을 사랑하는 마음이고 주를 간절히 찾는 마음입니다. 마음을 주지 않는데 사랑과 신뢰의 관계가 성립될 수 없습니다. 호세아와 고멜의 관계에서 양편이 다 불행했던 까닭이 무엇입니까? 고멜이 호세아를 마음으로 사랑하지 않았기 때문입니다. 물론 여기서 마음으로 사랑한다는 것은 어떤 추상적인 느낌이나 일시적 감정이 아니고 전인격적인 투신을 의미합니다.

이스라엘이 하나님의 복을 누리지 못하고 타국에 끌려간 까닭이 무엇인지 생각해 보십시오. 그들이 하나님께 제사를 드리지 않아서입니까? 그들에게 제사장이 없고 성소가 없어서였습니까? 그들이 헌물을 가져오지 않았기 때문입니까? 그들이 하나님을 경배하면서 찬송을 부르지 않았기 때문입니까? 그들이 기도할 때에 아멘이라고 하지 않았기 때문입니까? 그들이 절기를 지키지 않았기 때문입니까?

그들은 이런 종교 행사를 부지런히 행하였습니다. 그럼에도 이방 나라로 모두 잡혀갔습니다. 그 까닭이 무엇입니까? 예수님의 진단이 무엇이었는지 기억하십니까? 예수님은 이사야 선지자의 말을 이렇게 인용하셨습니다.

"이 백성이 입술로는 나를 공경하되 마음은 내게서 멀도다"(막 7:6).

우리는 어떻습니까? 우리의 마음을 주님께 바치면서 살고 있습니까? 진심으로 주님을 신뢰하면서 기도합니까? 아니면 마음에도 없는 형식적인 기도를 올립니까? 찬송을 하는 내 마음은 어떻습니까? 찬송가 자체는 즐기면서 찬양의 대상인 하나님은 마음에서 멀리 떨어져 있지 않습니까? 나는 물질과 은사와 시간과 그모든 선물을 하나님을 사랑하는 마음으로 사용하며 관리하고 있습니까? 내 이웃과의 관계는 어떻습니까? 그리스도의 자비와 인애가 드러납니까? 주일 날은 꼬박꼬박 잘 나오지만 병든 자나 가난한 자나 기타 여러 일로 고통받는 자들을 위해 간절히 기도하며 한 번이라도 위로의 말을 해주고 있습니까? 입술로는 하나님을 믿는다고 하면서 하나님의 섭리나 능력은 의지하지 못하지는 않습니까? 하나님의 말씀이 진리라고 동의하면서도 성경을 읽고듣고 깨닫는 일에는 관심이 없지는 않습니까? 나는 빛과 소금의소명을 의식하며 사회생활을 하고 있습니까?

우리는 그리스도인으로 자문해 보아야 할 것들이 많습니다. 하나님은 나의 외모에 감동하시지 않습니다. 세상에 아무리 잘생긴 남녀라도 하나님께서 너 참 잘 생겼다고 칭찬하시거나 이렇게 잘 생긴 사람은 처음 보았다고 하시지 않습니다. 우리 눈에 못생긴 사람들도 모두 하나님의 작품입니다. 외모보다 속마음이 중요합니다. 하나님은 우리의 마음을 보십니다. 우리의 진심을 날마다 달아 보시고 그에 따라 칭찬도 하시고 책망도 하십니다.

이제 우리는 하나님께서 우리에게서 받기를 원하시는 것이 무엇인지를 분명히 알았을 것입니다. 우리가 마음을 드리면서 하나님을 섬기는 것이 하나님의 뜻임을 확실하게 배웠을 것입니다.

우리는 주께서 원하시는 것이 충성과 헌신이라는 사실을 항상 기억해야 합니다.

본인이 참석했던 LA의 한 미국 교회에서 성탄 때 주일학교 아이들이 각자 가지고 온 선물을 크리스마스 츄리 아래에 있는 아기 예수에게 바치는 시간을 가졌습니다. 그런데 한 아이는 아무것도 가지고 나오지 않았습니다. 선생님이 물었습니다.

「넌 예수님께 어떤 선물을 가지고 왔니?」

아이가 손으로 자기 가슴을 가리키면서 'My heart'라고 대답했습니다. 선생님은 가장 좋은 선물이라고 칭찬해 주었습니다.

우리가 하나님께 드리려고 가지고 나가는 것이 무엇입니까? 혹시 마음은 남겨두고 다른 것들만 가지고 가지는 않습니까? 마음을 먼저 드리지 않으면 다른 모든 선물은 겉치레입니다. 바울이 마게도냐 교인들의 풍성한 연보를 어떻게 칭찬했는지를 기억하시기 바랍니다.

"그들이 먼저 자신을 주께 드리고 또 하나님의 뜻을 따라
우리에게 주었도다"(고후 8:5).

27장

어떻게 하나님을 찾는가?

호세아 6:6

"나는 인애를 원하고 제사를 원하지 아니하며 번제보다
하나님을 아는 것을 원하노라" (6:6)

하나님께서는 제사보다 사랑을 원하고 하나님을 아는 것을 원하십니다. 이것이 여호와 하나님의 특징입니다. 만약 하나님께서 이방 종교에서처럼 제사만 원하고 인격적인 교제를 원하시지 않는다면 하나님을 섬기는 일은 자기 유익을 노리는 하나의 상거래가 되고 말 것입니다. 인간이 만든 종교에서는 신과의 밀착된 인격적 교제가 불가능합니다. 타종교의 신은 대체로 너무도 초월적이어서 인간이 전혀 알 수 없거나 혹은 너무도 변덕스러워서 신뢰할 수 없습니다.

그러나 성경의 하나님은 초월적이라고 해서 전혀 알 수 없는 분이 아닙니다. 하나님께서는 자신을 인간의 역사 속에서 드러내셨고 지금도 여전히 창조주 하나님과 구속주로서 활동하십니다.

우리는 하나님의 말씀과 인간 역사에서 드러나는 하나님의 활동을 보고서 그분의 인격을 신뢰할 수 있습니다. 하나님께서는 인간들이 하나님을 찾을 수 있고 알 수 있을 만큼 자신을 드러내셨으므로 제사보다 하나님을 아는 것을 원한다고 하셨습니다.

일개 피조물인 인간이 극히 짧은 생을 살면서 무한하고 초월적인 창조주 하나님을 구속주로서 알며 인격적이고 친밀한 사귐을 가질 수 있다는 사실은 인간의 존재 가치를 극대화하는 일입니다. 우리 삶의 진정한 목적과 동기와 성취는 모두 하나님을 아는 일에서 출발합니다.

하나님을 어떻게 알아야 하는가?

첫째, 예수님을 통해서 하나님을 알아야 합니다.

인간은 하나님을 눈으로 직접 보고서 알 수 없습니다(출 33:20). 거룩하신 하나님은 부패한 인간이 "가까이 가지 못할 빛에 거하시고 어떤 사람도 보지 못하였고 또 볼 수 없는 이"(딤전 6:16)십니다. 그러나 하나님께서는 예수 그리스도를 통해서 자신을 보여 주셨습니다(요 1:18). 예수님은 자신을 하나님께로 가는 유일한 길이라고 하셨습니다(요 14:6). 인간은 예수님을 보고서 하나님을 믿어야 합니다. 이것이 우리가 하나님을 아는 최선의 길입니다. "하나님을 아는 것을 원하노라"는 말씀은 신약 성도에게는 예수님을 아는 것을 원하신다는 의미로 적용해야 합니다. 예수님이 인간으로 태어나신 까닭의 하나는 같은 인간의 모습을 가진 예수님을 보고서 우리가 하나님을 쉽게 알게 하려는 것이었습니다.

하나님을 아는 첫 단계는 하나님께서 예수님에 대해서 증언하시는 말씀을 받아들이는 것입니다. 하나님께서 예수님에 대해서 알리시는 내용이 복음의 골자입니다. 한 마디로 하나님께서 예수님을 인류의 대속주로서 세상에 보내셨다는 것입니다. 조금 더 구체적으로 말하면 다음과 같습니다.

- 예수님은 하나님의 아들로서 세상에 오셨습니다. 예수님은 성자 하나님이신데 우리의 죄를 자신의 십자가 죽음으로 대속하기 위해서 성부 하나님의 보냄을 받고 인간으로 태어나신 유일한 대속주입니다.

- 하나님께서는 예수님을 죽은 자 가운데서 다시 일으키시고 그의 부활 생명을 십자가를 믿는 자들에게 거저 주십니다. 주 예수의 십자가 대속을 믿는 자들은 죄를 용서받고 하나님의 자녀가 되며 온 세상을 새롭게 재창조하시는 하나님의 구원 사역에 동참합니다.

죄인들은 예수님을 통해서 하나님께서 행하신 이 같은 구속의 행위를 자신들을 위한 것으로 믿고 받아들일 때 죄와 사망으로부터 해방되어 하나님의 자녀가 됩니다. 다시 말해서 복음이 제시하는 기본 사실들을 믿고, 자신이 죄인임을 인정하며, 하나님의 사랑과 희생을 감사하면서, 예수 그리스도를 주님으로 믿고 영접하는 것입니다. 이것이 죄와 사망으로부터 구출을 받고 영생을 얻는 유일한 길입니다.

> "하나님이 세상을 이처럼 사랑하사 독생자를 주셨으니 이
> 는 그를 믿는 자마다 멸망하지 않고 영생을 얻게 하려 하
> 심이라"(요 3:16).

둘째, 하나님의 자녀가 되었으면 하나님을 체험적으로 알기
시작해야 합니다.

하나님의 백성이 되었다는 것은 하나님의 영원한 생명을 받았
다는 뜻입니다. 그런데 이 생명은 항상 받아야만 더욱 풍성한 체
험이 됩니다. 이 체험이 풍성해지려면 하나님과 그의 아들이신
예수 그리스도를 날마다 더욱 알아가야 합니다(요 17:3).

하늘 아버지는 초월적이시며 너무도 크신 분입니다. 그래서
온 우주에서 성부 하나님을 온전히 아는 자는 그분의 아들밖에
없습니다. 구주로서의 예수님도 너무 크시므로 아버지 이외에는
아무도 아들의 위대하심을 다 측량할 수 없습니다(마 11:27). 사실
상 예수님은 창조의 동인이시며, 구원의 주님이시며, 세상 만물
을 통치하는 절대 왕권을 가지신 분입니다(마 28:18). 그런데 놀라
운 사실은 예수님이 혼자서만 아시는 하나님을 우리와 함께 나누
시겠다고 하는 것입니다. 이 목적을 위해서 예수님은 세상에 사
람의 모양으로 오셨고 구원 사역을 통해 하늘 아버지가 어떤 분
이시며 하나님과 어떻게 바른 관계 속에서 하나님과의 체험적인
사귐을 가질 수 있는지를 가르치셨습니다.

하나님을 아는 일은 사후 천국에 들어가서도 여전히 계속될 것입니다. 하나님의 나라는 정체된 것이 아니고 생동적입니다. 한 알의 겨자씨가 첫 모습에 비교하면 무한히 크게 자라듯이 하나님 나라에 대한 우리의 체험과 지식도 날로 풍성해질 것입니다. 물론 천국의 본질이 우리의 체험 레벨에 따라서 변화하지는 않습니다. 그러나 천국에 대한 우리의 체험이 증가할수록 천국의 본질에 대한 우리의 이해도 심화합니다. 우리는 이러한 체험을 주님을 믿고 구원을 받은 날로부터 시작할 수 있습니다.

하나님 나라로 들어오라는 초대는 단순히 지옥에 가지 않게 하려는 것만이 아닙니다. 이것은 인간의 상상을 초월하는 사랑과 능력의 하나님을 전인격적으로 알아가며 그분의 영원한 생명을 받아 누리는 삶을 체험하게 하려는 것입니다. 이러한 생명의 체험은 삶에 질적인 변화를 일으키고 하나님의 성품을 드러내게 합니다.

셋째, 하나님을 아는 일은 부분적이며 점진적입니다.

우리는 하나님을 점점 더 알아갈 수 있지만 (골 1:10) 완전히 다 알 수는 없습니다. 하나님에게는 누구도 다 알 수 없고 이해할 수 없는 신비에 속한 부분들이 남아 있습니다(신 29:29; 사 55:8-9). 이것은 사후 천국에서나 예수님이 재림하신 이후에도 마찬가지일 것입니다. 물론 우리가 새 하늘과 새 땅의 마지막 영광에 들어갈 때는 하나님을 현세에서보다 훨씬 더 잘 알게 될 테지만 결코 완전하게 알 수는 없을 것입니다. 그러나 하나님께서 예수 그리스도를 통하여 계시하신 내용은 우리를 위한 것이므로 현세에서부터 깨달아 가야 합니다. 우리는 계속해서 하나님을 찾아야 하고 하나님을 체험적으로 아는 지식을 늘려나가야 합니다.

한편, 하나님에 대해서 아는 것과 하나님 자신을 아는 것은 차이가 있습니다. 하나님에 대해서 아는 것은 하나님에 대한 데이터로 아는 것입니다. 하나님에 대한 바른 정보를 가지고 있는 것은 중요한 일입니다. 하나님에 대한 정보가 없으면 그분을 신뢰할 수 없으므로 인격적인 교제를 할 수 없습니다. 그런데 하나님에 대한 데이터는 기본적으로 중요하지만 그 자체로서는 생명이 없습니다(롬 10:2-3).

반면, 하나님 자신을 아는 지식은 단순히 어떤 사실들을 아는 것이 아닙니다. 예수님이 십자가에서 처형되었다는 역사적인 사실을 아는 사람은 많습니다. 그러나 이러한 지식은 십자가의 의미를 깨닫고 예수님을 자신의 대속주로 믿는 것과는 다릅니다. 하나님을 아는 지식은 예수님을 자신의 주님으로 인정하고 마음으로 영접하는 일이 없으면 단순한 지식에 지나지 않습니다. 하나님을 아는 참지식은 데이터의 영역을 넘어 하나님을 개인적으로 아는 것이며 하나님 자신을 인격적으로 의식하고 체험하는 것입니다. 하나님을 아는 참지식은 자기 백성을 향한 하나님의 선한 뜻과 구원의 섭리들을 이해하는 것입니다. 그 결과로 나오는 것이 아가페적인 사랑이며 친절과 자비와 충성과 신실 등과 같은 열매들입니다.

하나님을 아는 지식은 파급 효과가 커서 실제적인 경건으로 표현되고 적용되는 것이 특징입니다. 예를 들어, 하나님을 아는 참지식은 하나님의 자비와 친절을 체험하므로 이웃에게도 같은 은혜를 베풀게 합니다.

"그는 가난한 자와 궁핍한 자를 변호하고 형통하였나니 이것이 나를 앎이 아니냐 여호와의 말이니라"(렘 22:16).

"하나님 아버지 앞에서 정결하고 더러움이 없는 경건은 곧 고아와 과부를 그 환난 중에 돌보고 또 자기를 지켜 세속에 물들지 아니하는 그것이니라"(약 1:27).

넷째, 하나님을 아는 지식은 주님을 찾을 때 옵니다.

우리는 구원받은 다음에는 더 이상 하나님을 찾을 필요가 없다고 생각할지 모릅니다. 이미 하나님을 찾았기 때문입니다. 그러나 하나님의 자녀들은 하나님을 아버지로서 더 가깝게 알기 위해서 하나님을 더 찾고 더 배워야 합니다. 하나님께서는 자기 자녀들이 하나님께 가까이 나오는 것을 기뻐하십니다. 하나님과의 교제는 만남에서 옵니다. 자녀들이 부모를 날마다 부르면서 가까이 나가듯이 신자들도 하나님을 아빠 아버지로 대하면서 날마다 만나야 합니다. 성경에는 우리가 하나님을 가까이하면 하나님도 우리를 가까이하신다는 약속이 많습니다(참조. 약 4:8; 히 11:6; 시 145:18; 사 66:2; 대하 15:12, 15). 하나님을 찾으라는 명령도 성경에서 자주 나옵니다(참조. 암 5:4, 6; 마 6:33; 7:7-8; 눅 12:31; 행 15:17; 롬 2:7).

하나님 찾는 방법

구체적으로 어떻게 하는 것이 하나님을 찾는 것일까요? 두 측면으로 설명할 수 있습니다.

1) 하나님과 나와의 사귐을 위해서 주님을 찾는 것입니다.

• 자신의 죄를 통회하고 겸비한 자세로 주님의 음성을 듣기 위해 마음을 여는 것이 하나님을 찾는 것입니다.

• 하나님으로부터 지혜를 얻기 위해 간구하며 하나님의 뜻을 알기 위해 성경 말씀을 살피는 것이 하나님을 찾는 것입니다.

• 창조에 대한 경이와 십자가 구원에 대한 감사와 하나님 나라에 대한 소망을 품고 주께로 나가서 영광을 돌리는 것이 하나님을 찾는 것입니다.

• 주님의 가르침에 따라 살면서 주님의 말씀이 진리이며 유익하다는 것을 경험으로 아는 것이 하나님을 찾는 것입니다.

• 고통과 환난 가운데서 주님의 도우심을 구하며 믿음과 인내로써 주를 기다리는 것이 하나님을 찾는 것입니다.

• 날마다 삶을 반성하며 잘못을 회개하고 그리스도 안에서 승리한 것들을 놓고 주님의 이름을 높이며 즐거워하는 것이 하나님을 찾는 것입니다.

• 크고 작은 일들을 쉬지 않고 감사하며 주님이 주시는 평안을 누리려고 힘쓰는 것이 주를 찾는 것입니다.

• 주 예수를 위하여 고난을 달게 받으며 주님의 자녀로서 주

의 나라를 위해 동참하는 것을 영광으로 여기면서 더욱 힘을 얻기 위해 주의 이름을 부르는 것이 하나님을 찾는 것입니다.

• 세속에 물들거나 육신의 정욕에 빠지지 않기 위해서 자신을 쳐서 복종케 하는 것이 하나님을 찾는 것입니다.

• 먹고 마시고 자고 일하는 일상 생활 속에서 주 예수의 이름과 뜻을 앞세우는 것이 하나님을 찾는 것입니다.

• 하나님의 나라가 이 땅에 임하고 주의 이름이 거룩히 여김을 받으며 그분의 뜻이 이루어지기 위해 무엇을 어떻게 해야 할 것인지를 놓고 고심하는 것이 하나님을 찾는 것입니다.

• 하나님에 대한 열망을 품고 주를 위해 사는 삶의 효과적인 실현을 위해 나의 필요를 채워 달라고 주께 호소하는 것이 하나님을 찾는 것입니다.

• 하나님의 성품이 내 삶에서 나타나도록 주님의 생애가 주는 교훈과 모범을 묵상하며 십자가의 삶을 본받으면서 주를 기쁘게 하려는 것이 하나님을 찾는 것입니다.

우리가 그리스도 안에서 계시된 하나님의 사랑을 알고 이를 따르면 하나님을 인식하는 영적 능력이 생기기 시작합니다. 하나님께서는 주님의 삶을 표방하는 자들에게 자신을 더 많이 알려 주신다고 약속하셨습니다(요일 4:8). 이렇게 하나님을 찾기 위해서는 반드시 성경 말씀을 배우면서 기도해야 합니다. 하나님을 아는 일에는 주님의 아름답고 거룩한 품성을 닮아가는 과정이 포함됩니다. 그런데 그리스도의 형상으로 변화되려면 먼저 마음이 새로워져야 합니다(롬 12:2). 그럼 어떻게 해야 마음과 정신이 새로워

질 수 있을까요?⟩

하나님의 말씀을 의식적으로 공부해야 합니다. 우리는 성경에서 모든 참된 지식의 보화가 담긴 예수님에 대해서 배울 수 있습니다. 이 일은 꾸준해야 하고 별도의 시간을 써야 합니다. 우리는 모두 복잡하고 바쁜 세상을 삽니다. 그래서 성경 읽기와 묵상을 위해 시간을 따로 정해 놓는 것이 좋습니다.

바울은 주 예수를 알기 위해 다른 모든 것들을 배설물로 여긴다고 말했습니다(빌 3:8). 이 같은 우선권과 투철한 신념이 바울을 위대한 사도로 만들었고 하나님을 더욱더 깊이 알아갈 수 있게 하였습니다. 그래서 그는 주님을 위해 큰일을 할 수 있었고 교회에 크나큰 이바지를 하였습니다.

우리도 하나님을 간절하고 꾸준한 마음으로 찾으면 하나님께서 우리를 만나 주시고 복을 내리십니다. 그렇게 받는 은혜가 있을 때 하나님의 나라를 위해 다른 사람들에게 무엇인가 나누어 줄 수 있습니다. 우리는 이 같은 나눔의 사역을 위해 부름을 받은 자들입니다. 주 예수의 이름으로 다른 사람에게 나누어 줄 것이 없다면 불행한 일입니다. 복음을 믿은 지 상당한 세월이 지났음에도 하나님을 찾지 않기 때문에 남에게 나눌 것이 없다면 주는 자가 더 복이 있다는 주님의 말씀을 체험하지 못합니다. 주님은 그런 자녀들을 악하고 게으른 종이라고 꾸짖습니다. 하나님께서는 넘치는 복을 주시려고 기다리고 계시는데 우리가 주님 앞으로 나가지 않아서 복을 받지 못한다면 누구를 원망하겠습니까?

우리는 구원받았다는 사실 하나에 마음을 놓고 형식적인 교회 생활만 하는 타성에 젖지 말아야 합니다. 하나님을 찾지 않고 살면 세상을 향해서도 부정적인 영향을 줍니다. 불신자들이 볼 때 예수 믿고 구원받았다는 자들이 다른 사람들에게 나누어 줄 은혜가 없는 것은 고사하고, 극히 이기적이며 마음에 안식이 없고 패배자의 넋두리만 늘어놓는다면 복음의 능력을 어떻게 믿을 수 있겠습니까? 그들은 기독교를 멸시하고 교인들을 업신여길 것입니다.

2) 이웃과 세상과의 관계에서 복음의 빛을 드러내는 것입니다.

신자는 믿음의 형제자매들과 함께 주님을 섬기지만, 죄와 혼란과 고통이 많은 타락한 세상에서 삽니다. 그래서 신약 신자의 표준과 가치관으로 살려면 하나님으로부터 지혜와 능력을 받아야 합니다.

· 우리는 날마다 무엇을 보고 들으면서 삽니다. 귀와 눈을 통해 들어오는 것들은 성령께서 나의 중보 기도의 제목과 대상을 잡아주는 수단일 수 있습니다. 그래서 보고 들은 것을 놓고 이웃과 세상을 위해 무릎을 꿇는 것이 하나님을 찾는 것입니다.

· 어렵고 힘든 세상 문제에 봉착했을 때 하나님께 진지하게 여쭈어보고 하나님의 뜻을 구하면서 인도를 받아야 합니다. 세상에서 소금과 빛의 역할을 하려면 복음의 가치관에 따른 결정을 내릴 줄 알아야 합니다. 이러한 노력이 하나님을 찾는 것입니다.

• 주님의 심판대 앞에서 착하고 충성스러운 종이라는 칭찬을 받기 위해서는 주님이 싫어하시고 인정하시지 않는 일을 이웃에게 행하지 말아야 합니다. 이런 자세로 사는 것이 하나님을 찾는 것입니다.

• 주님께서 약속하신 부름의 상을 받기 위해 하나님께서 세워주신 푯대를 향해 달리는 것이 하나님을 찾는 것입니다(빌 3:13-14).

• 그리스도를 위해서 무엇인가 가치 있는 것을 성취하려고 세상에서의 안락한 삶과 호의호식을 포기하는 것이 하나님을 찾는 것입니다.

하나님을 찾는 일은 어둠 대신에 빛과 진리로 행하는 것입니다. 이것은 하나님 안에 거하면서 하나님과 교제하는 삶입니다. 어둠으로 행하면서 하나님과 교제한다고 말하면 거짓말입니다(요일 1:6). 그러나 "빛 가운데 행하면"(요일 1:7) 하나님과 각별한 사귐을 즐길 수 있습니다. 그럼 구체적으로 빛 가운데 행하는 것은 무엇을 말하는 것일까요?

빛이신 하나님에게는 어둠이 없습니다. 하나님은 완전히 거룩하신 분이기 때문입니다. 그래서 주님의 거룩한 삶을 본받아 사는 것이 빛 가운데 행하는 것이며 이것이 곧 하나님을 찾는 일입니다. 그렇게 살면 하나님이 우리에게 가까이 오셔서 우리를 인정해 주십니다. 그래서 죄가 용서되고 죄로 인해 생긴 양심의 더러움도 씻겨집니다.

과거에 지은 죄를 하나님께 고백하고 용서를 빌었음에도 계속해서 양심의 가책을 느끼는 것은 하나님을 아는 일에 방해가 됩니다. 십자가의 피는 모든 형태의 죄를 용서하고 죄책감을 씻겨냅니다. 돌이킬 수 없는 일일지라도 하나님의 자비와 용서를 믿고 자신의 과거를 하나님께 맡겨야 합니다(롬 8:28). 그렇게 할 때 우리는 하나님을 즐거워할 수 있고 하나님께 우리 마음을 드리면서 친밀한 사귐을 가질 수 있습니다. 우리는 이 같은 하나님의 임재에서 오는 축복을 언제라도 즐길 수 있습니다. 우리는 하나님의 임재를 일상생활 속에서 시간과 장소에 제한을 받지 않고 즐길 수 있어야 합니다.

하나님의 임재는 어떻게 지속될 수 있을까요?

날마다 하나님을 찾기 위해 빛으로 들어가면 됩니다. 빛 속에 머물러 있으면 하나님이 가까이 오시고 우리와 함께 동행하십니다. 우리는 이때 자기 속을 들여다보면서 낙심하지 말아야 합니다. 우리 속에 부끄러운 데가 많을지라도 자신에게서 눈을 떼고 십자가를 바라보아야 합니다. 우리는 하나님께서 십자가를 믿는 자들을 말끔히 용서하시고 하나님의 자녀로 삼아 주신 사실을 기억해야 합니다. 나의 죄는 모두 십자가의 피로써 씻겨지고 사라졌습니다(히 9:14). 하나님께서는 더는 나를 마땅히 죽어야 할 정죄받은 죄인으로 보시지 않습니다. 내가 현재 아무리 부족해도 그리스도 안에서 새 생명으로 살아난 성도로 보십니다.

나는 그리스도의 속죄 피로써 정결케 되어 거룩하신 하나님 앞으로 나갈 수 있는 허락을 받은 하나님의 자녀입니다. 대제사장이신 예수 그리스도께서 나를 위해 하나님 우편 보좌에서 기도하십니다. 예수님은 나의 중보자며 보호자이십니다. 내가 날마다 짓는 죄가 있다면 주께 고백하고 용서를 받으면 됩니다. 그렇게 하면 나는 예수 그리스도의 피로써 깨끗한 양심을 유지할 수 있습니다.

성령께서 밝히시는 나의 죄가 있다면 이를 솔직히 인정하십시오. 주 앞에 고개를 숙이고 새로운 각오를 하는 것이 하나님을 찾는 일이며 주님의 임재와 동행을 체험하는 길입니다. 하나님께서 우리와 함께하시므로 두려워할 필요가 없다는 깊은 확신에서 나오는 평안함이 있어야 합니다(빌 4:7). 이런 평안과 안식은 우리가 지상에서 받고 누려야 할 유업입니다. 이것은 하나님을 찾는 자에게 오는 후한 상급입니다.

"내가 여호와를 항상 내 앞에 모심이여 그가 나의 오른쪽에 계시므로 내가 흔들리지 아니하리로다" (시 16:8).

28장
치료하시는 하나님
호세아 6:7-7:2

하나님은 이스라엘의 우상 숭배를 호세아 선지자의 입을 통해 강하게 지적하셨습니다. 그리고 그들의 죄가 나라 전체에 만연한 사실을 노골적인 언어로 묘사하고 경고하였습니다. 본 항목에서는 다시 이스라엘의 음행과 특히 제사장들의 살인죄가 노출됩니다.

호세아서에서는 이스라엘은 계속 죄를 짓고 하나님께서는 계속 죄를 지적하시면서 경고하십니다. 이 패턴은 반복되기 때문에 어떻게 보면 지겨워서 빨리 끝났으면 싶습니다. 죄, 죄 하는 것이 듣기 싫습니다. 우상 숭배와 갖은 죄악을 범하는 고약한 이스라엘은 당연히 하나님의 준엄한 심판의 맛을 속히 보아야 한다는 생각이 듭니다.

그러나 하나님께서는 화내기를 더디 하시며 오래 참으십니다. 한두 번 죄를 지적하고 경고하는 것으로 끝내신다면 누가 살아남겠습니까? 우리는 이스라엘의 긴 역사를 읽으면서 하나님의 무한하신 인내에 감탄하지 않을 수 없습니다. 우리 자신을 돌아보십시오. 하나님 앞에서 한두 번 죄를 지었습니까? 하나님께서 나의 죄를 오래오래 참아 주시지 않았다면 지금 어떻게 되었겠습니까? 또 앞으로 지을 죄를 생각해 보십시오. 만약 하나님께서 우리가 죄를 지을 때마다 즉시 심판하신다면 우리에게 무슨 소망이 있겠습니까? 이스라엘에 주시는 반복된 죄의 지적과 경고는 지겨워도 감사의 소재가 되어야 합니다. 바로 우리 자신에 대해서 하나님이 얼마나 인내하시는지를 실증하는 것이기 때문입니다.

우리는 한두 번 말해서는 자신의 죄를 잘 인정하지 않습니다. 그냥 내버려 두면 아예 잊어버립니다. 그래서 하나님께서는 조목조목 이스라엘의 죄를 따져서 드러내셨고 이제 다시 이스라엘 사회의 부패와 불신실을 숨김없이 폭로하십니다.

이스라엘은 아담에서 하나님의 언약을 어겼습니다.

"그들은 아담처럼 언약을 어기고 거기에서 나를 반역하였느니라"(7절).

여기서 지적된 죄는 언약을 어긴 죄입니다. 그런데 '아담처럼' 언약을 어겼다고 했습니다. '아담'은 사람이라는 뜻인데 최초의 인류를 그렇게 불렀습니다. 첫 사람인 아담은 하나님의 명령을 어기고 타락하였습니다. 그래서 아담처럼 이스라엘 백성이 하나님의 언약을 어겼다는 뜻으로 볼 수 있습니다. 그러나 다음과 같은 이유에서 '아담'을 지명으로 보는 것이 더 타당할 듯합니다.

첫째, 8절에서 '길르앗은 악을 행하는 자의 고을이라 피 발자국으로 가득 찼도다'라고 했습니다. 그러니까 7절의 아담과 8절의 길르앗은 내용상 대등절 속에 있는 동일 지역을 가리킵니다. 이렇게 보면 9절에서 '세겜으로 가는 길에서 살인'한다는 말과도 연결이 되어 '아담'의 위치가 밝혀집니다. 즉, 아담은 세겜으로 가는 길에 있는 길르앗의 한 동네라는 것을 알 수 있습니다. 여호수아서 3:16절에 보면 이스라엘 백성이 요단강을 건널 수 있도록 강물이 끊어진 곳이 아담이라는 성읍이었습니다.

"곧 위로부터 흘러내리던 물이 그쳐서 사르단에 가까운 매우 멀리 있는 아담 성읍 변두리에 일어나 한 곳에 쌓이고…"(수 3:16).

그래서 '그들은 아담처럼 언약을 어겼다'고 번역하기보다 '그들은 아담에서처럼 언약을 어겼다'라고 이해하는 것이 후속 구절들과 더 자연스럽게 연결됩니다. 새번역의 난외주에는 '아담에서'라고 번역될 수 있음을 부기하였습니다.

둘째, 본 절을 다시 보면 "그들은 아담처럼 언약을 어기고 거기에서 나를 반역하였느니라"라고 되어 있습니다. 후반절의 '거기에서'라는 표현은 분명 장소를 가리킵니다. 그래서 아담을 장소로 보아야 앞뒤가 맞습니다.

셋째, '아담처럼 언약을 어겼다'고 했는데 '언약'이라는 말은 노아의 언약 이전에는 사용되지 않았습니다(창 6:18). 아담과 하와의 스토리에서는 하나님께서 그들과 언약을 맺었다는 시사가 없습니다. 본 절에서 말하는 '언약'은 이스라엘 백성이 하나님과 시내 산에서 맺은 언약을 가리킵니다. 언약은 구체적이며 확정적인 약속으로서 반드시 맹세가 핵심 요소로 들어가야 합니다. 노아와 아브라함과의 언약을 비롯한 다른 모든 언약에는 피의 제물이 맹세의 요소로 들어가 있습니다. 예수님의 새 언약도 마찬가지입니다. 그러니까 언약은 맹세로 맺어진 번복될 수 없는 약속을 말합니다. 낙원에서는 하나님께서 아담과 그런 방식의 언약을 맺지 않았습니다. 따라서 '아담'을 인물이 아닌 장소로 보는 것이 타당해 보입니다.

제사장들이 하나님의 언약을 깨는데 주동 인물이 되었습니다.

"강도 떼가 사람을 기다림 같이 제사장의 무리가 세겜 길에서 살인하니 그들이 사악을 행하였느니라"(9절).

제사장의 무리가 강도들처럼 활보하며 살인하는 끔찍한 죄악이 아담이라는 곳에서 벌어졌습니다. 살인은 시내 산에서 맺은 율법 언약의 위반이었습니다(출19:8). 제사장들의 죄악은 앞에서도 여러 번 지적되었는데 그들은 자기편을 들지 않는 참 선지자들을 박해하였고(호 4:4-5) 하나님의 율법을 잊었으며 백성을 가르치지 않아 말씀에 무지한 자들이 되게 했습니다(호 4:6). 그들은 백성의 우상 숭배를 부추기며 그들이 바치는 제물로 치부하였고 (4:7-8) 올무와 그물을 치듯이 살육 죄를 일삼았습니다(호 5:1-2). 경찰이 범인이 되고 법관이 법을 어기는 꼴이 된 것입니다. 이제 그들은 아담에서 떼를 지어 살인하는 일에 주동이 되었다고 했습니다.

하나님께서는 우리 죄가 자행된 장소까지 다 기억하고 계십니다. 범죄한 장소를 대면 범행 사실을 부인할 수 없습니다. 경찰이 범인을 데리고 현장 검증을 하면 자신이 저질은 죄가 눈앞에서 떠나지 않습니다. 그래서 범인은 자신의 범행을 재연할 수 있습니다. 이처럼 하나님께서는 범행 장소를 지적하심으로써 제사장들이 자신들의 죄를 인정하고 그들의 만행을 깨닫도록 하셨습니다. 그런데 떼를 지어서 작당하고 살인을 일삼는 자들이 무법한 악당들이 아니고, 악을 방지하고 살인을 죄라고 가르쳐야 할 이스라엘의 제사장들이라는 사실이 충격적입니다. 이들은 먹을 것이 없기 때문에 사람을 죽여서라도 살아야 하겠다는 파렴치한 강도들이 아닙니다. 제사장들은 백성들로부터 받는 다량의 제물로 배가 터지도록 먹는 자들이었습니다.

이스라엘 역사에서 제사장들은 정치적 이권을 확보하기 위해

쿠데타에 깊이 관련되는 경우도 있었습니다(참조. 왕하 11장; 15:25). 그래서 길르앗 지역의 제사장들이 세겜 길에서 살인한 것은 정치적인 동기와 목적으로 자행한 악행이었을 것입니다. 이들은 율법의 핵심인 십계명을 스스로 어기고 하나님과의 언약을 깨뜨렸습니다. 이것은 하나님의 눈에 '가증한 일'(10절)이었습니다.

우리는 이런 지경까지 내려간 언약 백성의 작태를 보고 탄식할 것입니다. 그들은 하나님도 모르고 율법도 없는 이교도들이 아니었습니다. 그들은 출애굽을 하고 시내 산에서 하나님과 엄숙한 언약을 맺었으며 약속의 땅에까지 들어간 하나님의 백성이었습니다. 그런데 이 정도로 타락할 수 있는지가 믿어지지 않습니다. 그러나 믿음이 부패하면 우상을 섬기게 되고 우상 숭배의 골이 깊어지면 하나님의 백성도 못 할 일이 없습니다.

교회사를 훑어보십시오. 정치적 이해와 치부를 위해 얼마나 많은 인명이 희생되었는지 모릅니다. 십자군 전쟁을 비롯하여 심지어 미국으로 건너간 일부 청교도들에 이르기까지 현지민들을 학살하고 땅과 재물을 빼앗은 일들이 교회사의 검은 얼룩으로 찍혀 있습니다.

믿음이 정로에서 벗어나면 모든 것이 무너집니다. 하나님 대신 우상 문화가 들어오면 믿음 생활의 기초를 흔들고 기독교의 얼굴을 세속의 얼굴로 성형합니다. 자유와 권리라는 이름으로 모든 것이 허용되고 인정됩니다. 기독교 문화로 시작되고 발전한 서구 사회의 현실을 보십시오. 그들이 하나님을 떠나 우상에게 제사를 드리다가 어떤 지경에 이르렀습니까? 물론 아직도 서구 사회의 근간은 기독교 사상의 틀을 유지하고 있지만, 이것마저도 급속한 세속주의의 강력한 파도에 밀리는 중입니다. 서구 사회가 주는 영향은 더 이상 기독교 영향이 아니고 우상 신의 약속들입니다. 다산의 풍요와 도덕적 부패가 더 나은 방식의 삶이라는 깃발을 흔들며 민주주의와 자본주의의 옷을 입고 전세계로 수출되고 있습니다. 이에 편승한 다른 나라들 역시 자신들의 육욕을 따라 나름대로 우상의 제단 앞에서 춤추기에 분주합니다.

현대 사회는 탐욕과 이기심이 극도에 달한 부패한 물질주의와 대규모의 마약 및 섹스 산업과 신자유주의의 시장경제 구조가 온 세계를 유린하는 불법의 시대입니다. 그 피해는 전 세계적입니다. 과연 이대로 인류가 얼마나 존속될 것인지 두렵습니다. 하나님께서는 과거에 홍수로 인류를 심판하셨고 소돔과 고모라의 죄악을 유황불로 심판하셨습니다. 북부 이스라엘과 남부 유다가 각기 앗수르와 바벨론으로 잡혀간 것도 역사의 경종으로 성경에 기록되었습니다. 하나님께서 이 세상을 다시 심판하실 것은 기정사실입니다. 어떻게 하면 하나님의 무서운 심판을 피할 수 있을까요? 우리는 이스라엘의 역사로 돌아가서 하나님이 내리신 심판의 원인과 해결책을 찾아야 합니다.

"내가 이스라엘 집에서 가증한 일을 보았나니 거기서 에브라임은 음행하였고 이스라엘은 더럽혀졌느니라"(6:10).

에브라임은 북이스라엘의 가장 큰 지파로서 이스라엘에 대한 대표적인 별칭입니다. 그래서 에브라임과 이스라엘은 동격입니다. 7장 1절에서는 "에브라임의 죄와 사마리아의 악이 드러나도다"라고 하였는데 여기서도 에브라임과 사마리아는 이스라엘을 가리킵니다. 사마리아는 북이스라엘의 수도였으므로 사마리아의 죄는 곧 이스라엘 전체의 죄를 대변합니다. 아무튼, 이스라엘의 음행과 우상 숭배는 이스라엘이 하나님의 심판을 받게 된 원인이면서 그들이 처한 현실에 대한 정확한 진단입니다. 북부 이스라엘은 사실상 세워질 때부터 우상 숭배와 밀접한 관계가 있었습니다.

여로보암 1세는 남부 유다로부터 떨어져 나가면서 단과 벧엘에 금송아지 우상을 세웠습니다. 처음에는 백성이 절기 때 예루살렘 성전으로 가는 것을 막기 위한 정치적인 이유에서 시작되었지만, 조만간 온갖 이교도의 사상과 접목되었습니다. 금송아지는 초기에는 이스라엘을 구원하신 하나님을 상징한다고 보았지만, 결국 이스라엘을 깊은 죄에 빠지게 하였습니다. 이것은 열왕기에서 반복해서 지적한 주제입니다. 여로보암 2세가 왕이 되었을 때도 살인과 폭력이 나라에 가득하였습니다. 백성은 금송아지에 담긴 다산 신학에 귀를 기울였고 종교 행사라는 미명하에 이교의 음란 의식들을 행하기 시작하였습니다.

강도들이 거리를 활보하고 힘없는 자들이 불의를 당했지만, 백성의 양심은 그런 일들에 마비된 지 오래되었습니다. 이것을 7

장 2절에서 "그들이 마음에 생각하지 아니한다"고 표현하였습니다. 그들은 육체에 뿌리고 썩음을 수확하고 있었습니다. 국토는 줄어들고 국력은 쇠진되었으며 사회는 급속한 내리막길로 달렸습니다. 이스라엘은 호세아 시대에 붕괴 직전이었습니다. 이제 하나님은 우상 숭배로 찌든 이스라엘을 원수들에게 넘길 것이었습니다.

사람들은 하나님을 의식하지 않고 사는 것이 편하다고 말합니다. 현대인들은 하나님으로부터 제약을 받지 않고 행하는 것이 진정한 자유며 행복의 길이라고 믿습니다. 이것은 인본주의 사상입니다. 물론 교회의 잘못된 전통들 때문에 사람들이 하나님을 오해하기도 하지만 성경의 하나님을 밀어내면 사회는 결국 어떤 형태로든지 내려가고 맙니다. 이스라엘은 하나님을 제쳐 두고 살아도 별 이상이 없을 것으로 여겼습니다. 그들은 부패하고 부도덕한 사회에 익숙하였고 종교적 혼합주의에 만족하였습니다. 그러나 그들의 멸망은 고작 30년 안팎이 남았을 뿐이었습니다.

21세기 세상은 20세기의 발전에 이어 인간 문명이 첨단 과학과 고도의 기술로 박차를 가하는 시대입니다. 불가능이 거의 없다고 생각할 정도로 인간은 혁혁한 문명을 일으켰습니다. 그러나 세계 대전의 참극을 채 잊기도 전에, 세계 도처에서 또 다른 전쟁들과 그로 인한 대규모 난민이 발생하고 있습니다. 곳곳에서 여전히 독재와 학살, 천문학적인 규모의 경제적 부패와 바닥을 모르는 도덕적 타락이 끊임없이 일어나는 중입니다. 그러나 부도덕과 속임과 부패와 폭력의 땅은 오래 가지 못합니다. 거룩하신 하나님이 이 세상의 주인이시기 때문입니다. 하나님은 자신이 창조한 아름다운 세상이 인간들의 악행으로 썩어들어 가는 것을 무한정 보고만 계시지 않습니다.

그런데 인간들은 세상의 문제 해결을 낙관하는 버릇이 있습니다. 2008년 미국 대통령 선거에서 버락 오바마가 미국 역사 최초로 흑인 대통령이 되었습니다. 흑인들의 사기가 올라간 것은 말할 나위도 없습니다. 그런데 이 해는 국제 금융가를 지배해 왔던 미국의 시장경제 체제가 심각한 세계적 경기불황과 금융위기를 일으킨 때였습니다. 그래서 경제 불황을 타개할 수 있는 어떤 변화가 오기를 바라는 미국 시민들은 오바마 후보의 손을 번쩍 들어주었습니다. 흑인을 미국 대통령으로 뽑는 일은 불가능하다고 보았던 일이 현실이 되자 낙관의 무드는 급속하게 퍼졌습니다. 한 시민은 인터뷰에서 '우리에게는 이제 불가능이 없다'라고 확신하였습니다. 그런데 캘리포니아주 총선에서 대통령 선거와 함께 동성 부부의 결혼 권리에 대한 찬반을 묻는 주민 발의 헌법 개정안에 대한 투표도 동시에 시행되었습니다. 동성애 결혼과 같은 도덕적 위기 문제를 투표로 결정해야 할 정도로 타락한 사회에서 불가능은 없다고 낙관하는 것은 인간 문제를 너무도 피상적으로 보는 인본주의의 특징입니다.

지금 세상에 진정으로 필요한 것은 새로운 대통령이나 더 나은 경제 체제가 아니고 영적 각성입니다. 우리에게 참으로 필요한 것은 성경의 하나님이 사회와 국가와 개인의 주권자로 받들어 지는 것입니다. 인류의 존립 자체가 성경의 하나님을 영접하고 죄와 부패로부터 해방되는 영적 갱신에 달려 있습니다.

남부 유다도 하나님의 심판을 받을 것입니다.

불신자들은 악을 행하면서도 하나님을 전혀 의식하지 않습니다. 하나님의 존재 자체를 믿지 않는데 하나님을 의식해서 죄를 삼가할 이유가 없습니다. 그런데 하나님을 믿는 신자중에도 악을 행하면서 죄를 가볍게 여길 수 있습니다. 자기 죄는 다른 사람과 비교하면 죄도 아니라는 것입니다. 그런 신자는 다른 신자가 하나님으로부터 벌 받는 것은 당연시하고 자신은 경건해서 그런 형벌을 안 받는다고 안심합니다. 이것이 남부 유다 백성이 이스라엘이 받는 심판을 보면서 가진 태도였습니다. 그래서 하나님께서는 그들도 심판하실 것이라고 경고하셨습니다. 유다 백성이라고 해서 북이스라엘보다 더 낫다고 여기거나 하나님의 심판을 받을 리가 없다고 착각해서는 안 된다는 말씀이었습니다. 앗수르는 곧 이스라엘을 쓸어갈 것이고 유다만 남게 될 것입니다.

그런데 만약 유다가 자기들은 절대로 그렇게 될 리가 없다고 자신한다면 어떻게 될까요? 그들은 예루살렘에서 예배를 보기 때문에 북이스라엘과 다르다고 여겼을 것입니다. 그러나 그들 역시 우상 숭배에 젖어 있었습니다. 북이스라엘의 운명은 강 건너 불이 아니고 자기들의 집에 언제라도 옮겨붙을 수 있는 바로 옆집의 불이었습니다. 유감스럽게도 이스라엘에 붙은 불이 유대 백성의 잠을 깨우지 못하였습니다. 그들은 정신을 차리지 못하고 우상 숭배로 계속 나라를 더럽혔습니다(렘 3:2). 그들에게도 뿌린 씨를 거둘 때가 올 것이었습니다.

> "또한 유다여 내가 내 백성의 사로잡힘을 돌이킬 때에 네게도 추수할 일을 정하였느니라" (6:11).

'내가 내 백성의 사로잡힘을 돌이킬 때에'라는 말은 포로에서 풀려난다는 의미가 아닙니다. 새번역에서는 "내 백성의 운명을 바꾸어 주고자"(호 6:11)라고 했는데 이렇게 번역해도 역경에서 호전된다는 긍정적인 뉘앙스가 짙습니다. 이 표현은 좋은 의미로도 사용될 수 있지만 나쁜 의미로도 사용됩니다. 여기서는 '추수할 일'이 심판을 가리키기 때문에 부정적인 의미로 쓰였다고 보아야 합니다. 그래야 이스라엘에 대한 심판이 유다에도 내린다는 뜻이 되고 두 나라가 다 포로로 잡혀갔으므로 역사적인 사실임을 알 수 있습니다. 다시 말해서 이스라엘의 우상 숭배가 포로 생활로 끝나야 하고 그다음 멀지 않아 유다도 자신의 음행에 대해 심판을 받게 된다는 말입니다. 양국이 여호와의 진노를 피하지 못한다는 것이 본 절의 요점입니다.

이것은 우리에게 중요한 교훈이 되어야 합니다. 하나님은 이스라엘과 유다의 경우처럼 배경과 신분 혹은 장소나 특권 때문에 차별 대우를 하시지 않습니다. 둘 다 같은 죄를 지었는데 이스라엘은 벌을 하시고 유다는 그냥 보아 주시는 것이 아닙니다. 누구든지 죄를 지었으면 벌을 내리는 것이 하나님의 공의입니다. 왜 모든 사람이 죽습니까? 사람마다 죄가 있기 때문입니다. 하나님은 모든 죄인에게 죽음의 형벌을 내리십니다. 죄의 삯을 사망으로 받지 않는 자는 없습니다(롬 6:23). 호세아서에서 일관되게 강조하는 것은 하나님께서 유다를 이스라엘처럼 똑같이 다루신다는 것입니다(참조. 호 5:12-13; 8:14; 10:11).

한편, 1:6-7절은 하나님께서 북이스라엘은 벌하시지만, 유다 족속은 특별히 긍휼히 여기시고 구원해 주시는 것처럼 들립니다. 그러나 보다 나은 번역에 의하면 유다도 이스라엘처럼 "다시는"(1:6) 긍휼히 여기거나 구원하지 않는다는 뜻입니다. 이렇게 보지 않으면 호세아서 전체에서 유다와 이스라엘을 동등하게 취급하는 문맥과 모순됩니다.

우리는 크고 훌륭한 교회당에서 예배를 본다고 해서 죄를 지어도 벌을 안 받는 것이 아닙니다. 오랫동안 예수님을 믿었기 때문에 하나님의 징계를 면할 수 있는 것도 아닙니다. 우리가 북이스라엘보다 더 건전한 신학을 가졌다고 해서 우상을 섬겨도 형벌에서 면제되는 것이 아닙니다. 우리는 죄를 상대화해서는 안 됩니다. 나의 죄는 나의 죄일 뿐입니다. 죄의 경중을 다른 사람과 비교하거나 다른 사람의 열등한 영적 형편에 비추어 자기 죄를 축소하면 자신은 징벌의 대상이 아니라고 보게 됩니다. 이것은 자기기만이며 의인병의 증상입니다. 모든 죄는 궁극적으로 하나님 앞에서 짓습니다. 하나님은 모든 죄를 다 보시고 기억하십니다.

"내가 모든 악을 기억하였음을 그들이 마음에 생각하지
아니하거니와"(7:2).

하나님께서 나의 죄를 다 기억하신다는 것은 나의 죄가 그냥 넘어가지 않는다는 뜻입니다. 하나님은 예루살렘의 죄는 눈감아 주시고 사마리아의 죄만 들추어내시지 않습니다. 양편 다 하나님의 감찰을 받고 마땅한 벌을 받아야 합니다. 그렇다면 죄인이 어떻게 해야 살 수 있습니까? 그것은 벌을 받고 다시 살아나는 수밖에 없습니다.

하나님은 자기 백성의 병을 치료하십니다.

"내 이름을 경외하는 너희에게는 공의로운 해가 떠올라서
치료하는 광선을 비추리니 너희가 나가서 외양간에서 나
온 송아지 같이 뛰리라"(말 4:2).

북이스라엘과 남부 유다는 하나님과의 언약을 깬 죄로 저주를 받아 앗수르와 바벨론으로 붙잡혀 갈 것이었습니다. 하나님께서는 일찍이 모세를 통하여 언약 백성이 우상 숭배를 하면 "여러 민

족 중에 흩으실 것"(신 4:27)이라고 경고하셨습니다. 이것은 나라가 죽는 것입니다. 그러나 그들이 여호와 하나님을 찾고 회개하면 다시 살아날 것이라는 격려의 약속도 아울러 주셨습니다. 하나님은 형벌 자체를 위해서 자기 백성을 징계하시지 않습니다. 자기 자녀들을 죽이는 목적은 다시 살리기 위한 것입니다. 언약에는 저주와 치유가 동일 선상에 있습니다. 이것이 복음입니다. 죄로 인한 죽음의 저주 다음에는 죄로부터 떠나서 하나님께로 돌아오는 부활의 회복이 있습니다.

하나님께서는 애굽의 노예 생활을 벗어난 이스라엘 백성에게 "나는 너희를 치료하는 여호와임이라"(출 15:26)고 하셨습니다. 그런데 구약의 마지막 책인 말라기에서 하나님은 다시 자신을 "치료하는 광선"(말 4:2)이라고 재언하셨습니다. 이스라엘 역사는 우상 숭배의 역사라고 해도 과언이 아닙니다. 하나님께서는 그들에게 형벌을 내리실 것이었습니다. 그런데 자비하신 하나님께서는 그들을 다시 회복할 계획도 가지고 계셨습니다. 구약 성경 전체가 처음부터 끝까지 하나님을 치유의 주님으로 상기시키는 것은 죄에 빠지기를 잘 하는 우리에게는 너무나 큰 격려가 됩니다.

출애굽 세대에게 하나님께서 주셨던 은혜로운 회복의 약속을 들어 보십시오.

"당신들이 환난을 당하고, 마지막 날에 이 모든 일이 당신들에게 닥치면, 그 때에 가서야 비로소 당신들은 주 당신들의 하나님께 돌아와, 그에게 귀를 기울일 것입니다. 주 당신들의 하나님은 자비로운 하나님이시니 당신들을 버리시거나 멸하시지 않고 또 당신들의 조상과 맺으신 언약을 잊지도 않으실 것입니다"(신 4:30-31, 새번역).

이 약속은 호세아서에서 그대로 되풀이되었습니다.

"그런 다음에야 이스라엘 자손이 돌이켜서 주 그들의 하나님을 찾으며 그들의 왕 다윗을 찾을 것이다. 마지막 날에는 이스라엘 자손이 떨면서 주님 앞에 나아가 주님께서 주시는 선물을 받을 것이다."(호 3:5).

하나님은 출애굽 세대에게 우상 숭배를 하면 이방 나라로 쫓겨날 것이라고 경고하셨고 아울러 '마지막 날'에 회복될 것이라는 은혜로운 약속을 주셨는데 같은 약속을 망국의 문턱에 이른 이스라엘에게 반복하셨습니다.

"내가 이스라엘을 치료하려 할 때에 에브라임의 죄와 사마리아의 악이 드러나도다…이제 그들의 행위가 그들을 에워싸고 내 얼굴 앞에 있도다"(7:1-2).

이 말씀은 하나님께서는 치유해 주기를 원하시지만, 이스라엘의 죄가 이를 막는 것처럼 들립니다. 그렇지만 하나님께서 치유를 원하시는 까닭이 무엇입니까? 이스라엘 백성에게 죄가 있다는 것을 아시기 때문이 아닙니까? 그렇다면 새삼 치유를 하려고 할 때 죄가 드러난다는 것은 무슨 뜻일까요? 그것은 치유의 과정에서 이스라엘의 죄가 얼마나 큰지가 드러난다는 말입니다. 하나님의 치유와 용서의 은혜를 받을 때 우리는 비로소 하나님께서 기억하시는 수많은 죄를 보게 됩니다. 우리가 십자가 앞에서 눈물을 흘리며 가슴을 치는 까닭이 무엇입니까? 주님의 용서가 나의 죄를 절절히 깨닫게 하기 때문이 아닙니까? 이스라엘의 죄는 거짓, 도둑질, 노략질, 음행, 살인 기타 헤아릴 수 없는 죄로 물든 부패한 사회였습니다. 그런데 왜 이렇게 이스라엘 백성의 죄악상이 구체적으로 열거되는 것일까요? 이것은 그렇게 많고 심각한 죄악에도 불구하고 자비하신 하나님께서 그들을 용서하시고 회복시키신다는 것을 나타내려는 것입니다. 이것이 복음이고 주님의 신실하심이며 하나님의 무한한 사랑입니다.

하나님께서는 우리 죄를 낱낱이 기억하십니다(7:2). 그러나 이것은 협박이기보다는 우리의 수많은 죄를 용서받을 수 있는 길이 있음을 알리는 은혜로운 말씀입니다. 하나님께서는 우리 죄를 빠짐없이 기억하십니다. 그런데 또한 빠짐없이 다 용서하시고 모두 잊으실 수 있는 분입니다.

"보라 날이 이르리니 내가 이스라엘 집과 유다 집에 새 언약을 맺으리라…그 날 후에…내가 그들의 악행을 사하고 다시는 그 죄를 기억하지 아니하리라" (렘 31:31-34).

하나님께서는 이스라엘 백성에게 회복과 치유의 때가 될 '마지막 날'에 대한 소망의 약속을 줄기차게 반복하여 알리셨습니다. 이것은 국가적인 차원에서 보면 이스라엘 백성이 바벨론 포로에서 귀향하는 것입니다. 그러나 궁극적으로는 예수님의 새 언약을 통해 받게 될 죄와 사망으로부터의 구원입니다. 이제 이 '마지막 날'의 축복이 우리 모두에게 다가와 있습니다. 예수님이 세상에 오셔서 십자가로 가셨기 때문입니다. 예수님은 자신의 피와 살로써 우리와 새 언약을 맺으시고 온전한 회복을 약속하셨습니다. 우리는 허물과 죄로 죽은 자들이었습니다. 그러나 긍휼에 풍성하신 하나님이 예수 그리스도의 희생을 통하여 누구나 하나님께로 돌아갈 수 있는 구원의 길을 여셨습니다.

여러분은 '마지막 날'의 축복을 누리고 있습니까? 아니면 아직도 우상 숭배에 젖어 있습니까? 우상 숭배는 반드시 벌을 받습니다. 그러나 하나님의 회복의 약속에 의지하여 주의 이름을 부르는 자들은 주홍같이 붉은 죄도 눈과 같이 희어집니다. 죄악이 넘쳐서 하늘에 닿아도(사 1:18; 스 8:6) 모두 다 용서받을 수 있습니다. 주님의 크신 사랑의 약속을 믿으십시오. 하나님이 아닌 것들을 쫓아가는 그릇된 길에서 돌아서면 하나님께서 나의 모든 죄를 하나도 기억하시지 않습니다. 우리는 주님 앞에서 깨끗한 양심으로 밝은 삶을 살 수 있습니다. 부패한 현대 사회가 정화될 수 있는 길도 하나님을 믿고 그분을 따라가는 것입니다. 사람들은 세상 문제들이 하나님을 떠났기 때문에 일어나는 것이라는 사실을 깨닫지 못합니다. 인간 문화는 출에덴 때로부터 지금까지 스스로 세상 문제를 해결하려고 하나님을 제쳐 놓다가 결국 멸망의 문턱에 이르렀습니다. 그러나 하나님께서는 아직도 치유와 회복의 문을 열어 두셨습니다. 하나님을 세상의 주권자로 인정하고 그분의 뜻을 구하면 지금도 늦지 않습니다. 하나님은 우리 죄를 치유하시는 은혜롭고 자비하신 구주이십니다. 나의 모든 죄를 용서받고 구속의 하나님을 찬양하도록 합시다.

29장

달궈진 오븐
호세아 7:3-16

본문은 이스라엘 국가의 정치적 타락을 진술합니다. 그런데 이스라엘의 타락은 한 국가만의 일이 아니고 어떤 사회에서도 인간이 하나님을 떠났을 때 내려갈 수 있는 심연을 그대로 반영합니다. 이스라엘의 지도자들은 하나님을 밀어내고 스스로 주인 노릇을 하려고 했습니다. 그들은 권력을 잡기 위해 살해를 일삼고 안전을 위해 이방 나라들의 도움을 청하였습니다. 개인의 삶에서도 하나님을 무시하고 살 때는 자신의 꾀에 의존하는 어리석은 습성에 빠집니다.

하나님을 주권자로 모시지 않는 리더십은 부패한 정치를 낳습니다.

이스라엘은 남부 유다로부터 독립하여 북이스라엘을 세운 이래로 2백년 동안 우상숭배를 일삼았습니다. 이스라엘의 역사는 하나님을 안중에 두지 않는 정치인들의 악행들을 적나라하게 드러냄으로써 인간의 극심한 타락상을 여실히 보여줍니다. 이스라엘의 왕궁사는 모의와 쿠데타와 살해의 연속 드라마입니다. 타락한 정치인들은 권력욕에 차서 암살을 밥 먹듯 하였고 자기들의 지위와 부를 확보하기 위해 해충처럼 나라를 갉아먹었습니다.

호세아 선지자는 이스라엘이 망하기 전까지 약 30년 이상 사역하였는데 그 시기에 6명의 왕이 폭력에 의해 권좌에서 사라졌습니다. 스가랴 왕은 사마리아에서 여섯 달 동안 다스렸지만 살룸에 의해 살해되었고, 살룸 왕 자신도 한 달이 넘지 않아 므나헴에 의해 살해되었습니다. 그러나 므나헴도 그의 아들 브가히야에게 그의 왕조를 넘겨주었지만 그 역시 2년간의 짧은 통치 후에 그의 장관인 베가에 의해 모살 되었습니다. 그리고 베가는 호세아라는 자의 반역 때문에 암살되었습니다(왕하 15:8-31).

이스라엘은 이 같은 살해와 모반의 역사를 거듭하다가 BC 722년 앗수르에 의해 패망되었습니다. 이스라엘은 국가 안보를 하나님이 아닌 이방 나라의 도움으로 해결하려고 했는데 당시의 강대국인 앗수르에게 추파를 던지고(호 5:13; 8:9) 애굽에도 손을 벌리며 동맹을 맺었습니다. 이스라엘은 우상 숭배는 버리지 않으면서 여호와 종교를 인정하는 것처럼 이중 곡예를 하였고 문제가 있을 때마다 인간적인 편법을 사용하였습니다(호 7:3, 16; 8:4; 왕하 15-18장). 그 결과 나라의 재정이 바닥이 나고 국력이 모두 소진

되었습니다. 그래서 이스라엘은 곰팡이가 난 빵과 같고 흰머리가 가득한 힘 없는 노인과 같았습니다(7:9). 북왕국의 정치적 기반은 복구 불능이었습니다.

인간의 타락한 본성은 달궈진 화덕과 같습니다.

암살과 모반 뒤에는 인간의 타락한 본성이 도사리고 있습니다. 인간은 매우 선한 일을 할 수 있으면서도 악한 생각으로 열이 오르면 무서운 죄악을 감행합니다. 인간은 모든 동물 중에서 가장 지력이 높고 능력이 크지만 이를 쉽게 오용할 수 있기에 위험한 야수로 돌변할 수 있습니다. 인간은 많은 것들을 성취할 수 있지만, 많을 일들을 망쳐놓습니다. 돈과 권력에 눈이 멀고, 이성보다는 감정과 야욕의 지배를 받기 때문입니다. 인간은 마음이 부패했기에 항상 죄의 유혹을 받습니다. 부패한 정치인들은 나라와 국민을 위해 섬기겠다고 약속하지만 결국 자기들의 배를 채우고 동아리 집단을 형성하여 이권을 주고받습니다. 그래서 "그들은 다 간음하는 자라"(7:4)로 했습니다.

인간은 좋은 뜻과 선한 의도를 가지고서도 자기에게 유리한 쪽으로 입장을 바꾸거나 타협하기 일쑤입니다. 아무리 훌륭한 인물이라도 충분한 압력을 가하면 "달궈진 화덕"(7:4)이 되고, 여건이 형성되면 죄의 꽃을 피웁니다. 사람마다 환경과 조건에 따라 정도의 차이가 있을 뿐 죄짓기는 마찬가지입니다. 우리는 날마다 인간의 경이로운 성취를 듣습니다. 해마다 인류의 문명에 기여한 탁월한 인물들이 노벨상을 받습니다. 그러나 인간의 가장 끔찍한 범행들도 날마다 자행되고 있습니다. 악인들을 정죄하는 자들도 자기 속에 죄의 씨앗을 품고 삽니다.

호세아 7:3-7절은 "왕의 날"(7:5)에 만취된 좌석에서 야욕으로 불타오른 자들이 살해를 모의하고 실행하는 장면입니다. 마치 반죽을 해 놓고 오븐을 조절하지 않은 채 잠이 든 경우처럼 아침이 되었을 때 오븐은 용광로가 되었고 빵은 한쪽이 까맣게 타버렸습니다. 야심과 악의와 권력의 자리를 노린 야밤의 파티는 잔인하고 비겁한 암살의 장소가 되었습니다.

이스라엘의 문제가 무엇입니까? 본문은 부패한 지도자들의 패륜을 사실적으로 묘사합니다. 그런데 이들의 악행은 더 깊은 원인의 증상에 불과합니다. 그들의 문제는 하나님을 제쳐둔 것이었습니다. 그들은 여호와 하나님을 섬기는 것이 국정의 근본 방침이었음에도 하나님과의 언약을 저버리고 바알을 섬기며 율법을 떠난 망령된 행위를 일삼았습니다. 언약 백성이 여호와 하나님을 삶의 중심에 모시지 않으면 반드시 낭패를 당합니다(7:13). 지도자들은 여호와를 제쳐두고 악한 야망으로 권력을 잡는 것을 정치적 관례로 여겼습니다. 이들은 뜨거운 오븐처럼 배반과 음모의 열기로 세력을 잡고 왕위에 올랐습니다. 그러나 자신들의 야욕을 따른 것이었지 하나님의 뜻을 따른 것이 아니었습니다.

이처럼 주님을 주인으로 대하지 않으면 교회든 개별 신자든

복을 받지 못합니다. 당분간은 그럭저럭 꾸려갈지 몰라도 하나님의 눈을 피할 수 없습니다. 하나님을 염두에 두지 않고 사는 교인들은 때가 되면 하나님의 징계를 받습니다. 우리는 '왕의 날'과 같은 축일에 음모하고 살해하지 않을지 모릅니다. 그러나 야심과 물욕에 눈이 가려져서 하나님을 보지 못하면 거룩한 삶은 사라지고 신앙생활은 무기력에 빠집니다. 오늘날 교회 지도자들을 위시하여 세속의 욕정을 따라 살다가 수치를 당한 신자들을 곳곳에서 볼 수 있습니다.

욕정의 화덕은 한 번 달아오르면 잘 식지 않습니다.

화덕은 서서히 달아오르기 때문에 일정 수준의 열이 올라간 후에는 좀체 내려가지 않습니다. 죄는 서서히 무르익습니다. 처음에는 작은 것에서 출발합니다. 마음속에서 남모르게 상상하는 죄는 무해한 듯이 보입니다. 그러나 반복된 상상은 죄에 대한 민감성을 둔화시키고 욕정의 불을 지핍니다. 그러다가 급기야 기회를 타고 죄를 짓습니다. 죄의 씨앗은 조금씩 움이 트고 자랍니다. 일단 터를 잡고 뻗치기 시작하면 갈수록 강해져서 제어하기 어렵습니다. 욕구의 화덕은 천천히 열을 올리다가 마침내 모든 것을 불태워 버립니다.

이스라엘은 여로보암 1세 때부터 우상 숭배가 국시(國是)가 되다시피 하였고 백성은 오랜 세월 동안 정치적 혼란과 종교적 혼합주의에 젖어 언약 백성의 특성을 상실하였습니다. 그들은 중독된 죄악의 굳은 악습에서 벗어날 수 없었습니다. 사회는 불의와 속임과 음란으로 가득하였고 폭력과 궁핍으로 시달렸습니다. 그들을 기다리고 있는 것은 하나님의 준엄한 심판이었습니다. 하나님을 멸시하는 사회는 필연적으로 붕괴합니다. 호세아가 진술한 이스라엘은 하나님을 밀어낸 사회가 내리막길의 파멸로 치닫는 모습입니다.

현대 사회도 그리 다르지 않습니다. 기업들은 부정한 방법으로 치부를 하고, 정치는 금력과 결탁하며 권력을 오용하기 일쑤입니다. 우리나라의 경우만 해도 큰 부정부패 뉴스가 나올 때마다 기업가와 정치 지도층과 법조계를 비롯한 공무원들이 예외 없이 관련되어 있습니다. 백성도 돈의 우상 앞에서 수없이 절을 합니다. 자본주의 사회에는 돈이 왕이고 주인이며 신입니다. 사람들은 어떤 방법을 쓰든지 맘몬 신만 잘 섬기면 세상이 살기 좋은 곳이 된다고 믿습니다. 이것이 환상이라는 사실은 현대 자본주의 사회의 부패가 여실히 증명합니다.

우상 숭배가 제거되지 않으면 사회 안정을 기대할 수 없습니다. 창조주며 구속주이신 하나님을 밀어내면 세상 권력은 부패하고 백성은 방자하게 되어 마치 달구어진 화덕에서 솟아나는 맹렬한 열기처럼 부정과 무질서와 향락과 불의의 죄악을 뿜어냅니다. 사람들은 죄에 너무도 익숙해서 더 이상 죄를 죄로 여기지 않습니다. 누구나 행하는 죄는 죄가 되지 않습니다. 다 저지르는 죄라면 더는 수치가 아니고 하나의 보편적인 사회적 현상일 뿐입니다. 악의 세력은 이런 식으로 죄의 실체를 덮고 점차 죄의식이 없는 세상으로 만들어 가는 중입니다.

하나님의 심판을 피하는 길은 하나님께로 돌아가는 것입니다.

하나님의 구원 역사에서 주야로 외쳤던 선지자들의 메시지를 한마디로 요약한다면 "여호와께로 돌아가라"는 것입니다. 호세아 선지자도 동일한 메시지를 외쳤습니다(호 6:1; 14:1-2). 그런데 어떻게 해야 하나님께로 돌아갈 수 있을까요? 무엇보다도 자신의 죄를 직시하고 죄의 실태를 깨달아야 합니다. 선지자들이 백성의 죄를 지겨울 정도로 낱낱이 열거하는 까닭이 여기에 있습니다. 호세아가 이스라엘의 죄를 어떻게 묘사했는지 살펴보십시오.

죄는 신자의 특징을 앗아갑니다.

이스라엘 백성의 특징은 그들이 하나님과 언약을 맺은 백성이라는 것이었습니다. 그러나 그들은 죄를 물 마시듯 했기 때문에 열국의 백성과 조금도 다른 것이 없었습니다. 그들은 성별 된 백성이 아니고 "여러 민족 가운데에 혼합"(7:8)되었습니다. 그들은 이방인들과 함께 섞여 버렸으므로 언약 백성의 특성을 상실하였습니다.

이스라엘은 사무엘 때부터 이방 나라들처럼 되기를 원했습니다(삼상 8:5). 하나님의 백성에게는 항상 세상 사람들처럼 살고 싶은 유혹이 그림자처럼 따라 붙습니다. 신자들은 하나님에게 적응하기보다는 세상에 더 잘 적응합니다. 이스라엘 백성은 출애굽 이후에도 광야에서 애굽의 고기가마와 맛난 음식들을 애타게 그리워했습니다. 우리도 때때로 예수님을 믿기 이전의 삶으로 돌아가고픈 욕망에 사로잡힙니다.

그런데 이상스럽게도 신자들이 세상 사람과 같이 되려고 하면 세상이 좋아하지 않습니다. 불신자들은 교인들이 교인답기를 원합니다. 사실상 교인들에 대한 세상 사람들의 기대는 우리를 부끄럽게 합니다. 교인들이 안 믿는 사람들과 다를 것이 없고 오히려 더 못하다는 말을 우리는 수 없이 듣고 삽니다. 이것은 불신자들도 교인들이 믿음을 지키고 올바른 모습을 보여 줄 것을 기대한다는 의미입니다. 세상이 도리어 교인들을 판단하고 책망합니다. 그래서 성경은 끊임없이 우리에게 죄의 무서움을 상기시키고 죄의 실체를 폭로합니다.

죄는 하나님의 선한 의도를 좌초시킵니다.

이스라엘은 "뒤집지 않은 전병(煎餅)"(7:8)이라고 했습니다. 그들은 뒤집지 않은 빵처럼 한쪽은 익지 않고 다른 한쪽은 타버렸기 때문에 아무짝에도 쓸모가 없습니다. 이스라엘은 하나님의 백성으로서 유익한 용도로 쓰여야 함에도 자신을 방치했기에 무익한 존재가 되었습니다. 타거나 덜 구워져서 버려야 하는 빵은 선한 목적에 사용될 수 없습니다. 죄는 삶을 낭비하고 하나님의 선한 의도를 막습니다. 죄는 하나님을 위해서 소중하게 사용되어야 할 시간과 정력을 허비하게 합니다.

죄는 어리석은 배신입니다.

"에브라임은 어리석은 비둘기같이 지혜가 없어서 애굽을 향하여 부르짖으며 앗수르로 가는도다"(호 7:11).

호세아는 이스라엘을 이리저리 퍼덕이는 비둘기로 예시하였습니다. 그들은 그물을 보지 못하고 먹이를 찾아 날아다니는 새와 같습니다. 한때는 앗수르의 그물을 향해서 날고 또 다른 한때는 애굽의 그물로 날아갑니다. 이스라엘은 자기를 잡으려고 쳐놓은 그물은 생각하지 못하고, 음식 냄새가 나는 곳으로 날아가기만 하면 허기를 채울 수 있다고 믿었습니다. 죄의 눈에는 그물이 보이지 않습니다. 죄는 어리석습니다. 그래서 다윗은 "하나님이여 주는 나의 우매함을 아시오니 나의 죄가 주 앞에서 숨김이 없나이다"(시 69:5)라고 고백하였습니다.

죄는 하나님께 대한 배신입니다. 하나님은 이스라엘을 애굽의 종살이에서 해방시킨 은인입니다. 하나님께서는 그들이 어려움에 빠질 때마다 기꺼이 도와 주시려고 했지만, 이스라엘은 하나님의 도우심을 원치 않았습니다(7:13).

하나님의 백성에게 죄는 언제나 배은(背恩)입니다. 하나님은 이스라엘을 애굽에서 "양 같이 인도하여 내시고 광야에서 양 떼 같이 지도"(시 78:52)하시며 "진노를 여러 번 돌이키시며"(시 78:38) 그들의 구원자가 되셨습니다. 하나님은 "그들의 고통에서 그들을 구원"(시 107:19)하셨고 "말씀을 보내어 그들을 고치시고 위험한 지경에서 건지"(시 107:20) 셨습니다. "이러함에도 그들은 여전히 범죄하여 그의 기이한 일들을 믿지 아니"(시 78:32) 하였습니다. 그들은 하나님께 거짓말을 물 마시듯 하였습니다. 그리고 하나님을 거스르는 행위들을 도모하였습니다. 하나님께서는 항상 그들을 부드럽게 대하셨지만, 그들은 늘 하나님을 원망하고 배반하였습니다.

> "내가 그들 팔을 연습시켜 힘 있게 하였으나 그들은 내게 대하여 악을 꾀하는도다"(7:15).

우리도 마찬가지입니다. 어려움을 당하면 하나님께 가서 앞으로 잘 할 테니까 한 번만 보아달라고 해 놓고서 같은 죄를 반복합니다. 우리가 하나님께 순종을 약속하고서 옛날로 돌아가는 적이 얼마나 많습니까? 죄는 하나님께 대한 배은망덕입니다.

죄는 몸에 곰팡이가 생기게 합니다.

> "이방인들이 그의 힘을 삼켰으나 알지 못하고 백발이 무성할지라도 알지 못하는도다"(호 7:9)

새번역에는 본 절을 "죽을 날이 얼마 남지 않았는데도 깨닫지 못한다"라고 풀어서 옮겼습니다. 그러나 '백발' 대신에 '곰팡이'로 번역하기도 합니다. '백발'은 성경에서 존경의 의미로 사용되었습니다. 백발은 노인의 풍부한 인생 체험에서 나온 지혜의 상징입니다. 백발은 "영화의 면류관"(잠 16:31)이며 "늙은 자의 아름다움"(잠 20:29)이라고 했습니다. 그래서 백발이라고 하기보다는 빵에 핀 곰팡이로 보는 편이 더 적절해 보입니다.

이스라엘은 곰팡이가 핀 빵처럼 냄새가 나고 부패하였습니다. 이스라엘은 한때 품위가 있고 번성하는 나라였지만 이제는 두 나라로 분열되었습니다. 북이스라엘은 전국적인 우상 숭배와 정치적 타락으로 나라 전체에 곰팡이가 슬고 있었습니다.

그런데 이스라엘의 상태를 일반적인 의미에서의 백발 상태로 보아도 내용상 별 차이가 없습니다. 이스라엘의 청춘은 이제 다 시들고 죽음을 기다리는 늙은 노인으로 변하였습니다. 다산을 약속한 바알 종교는 궁핍과 가난을 몰고 왔고 국토는 외세의 침략으로 줄어들었으며 조약을 맺은 강대국들에게 바쳐야 하는 조공 때문에 왕궁과 성소와 백성의 경제력이 침체하였습니다. 그들은 한때는 강성했지만, 지금은 덜 구워진 빵처럼 먹을 수가 없었습니다. 그들은 기력이 쇠해버린 백발이 무성한 노옹과 같았습니다.

불행한 것은 자신의 한심한 처지를 깨닫지 못하는 것입니다. 마치 삼손이 여호와께서 자기를 떠난 줄을 깨닫지 못하고 여느

때처럼 힘을 써보려고 한 것과 같습니다(삿 16:20). 곰팡이가 핀 빵은 먹을 수 없고 백발 노옹은 힘을 쓸 수 없습니다. 하나님을 떠나 우상의 품에 안기는 백성은 그 영혼에 좀이 쓸고 곰팡이가 생깁니다. 하나님과의 언약을 저버리고 야욕에 불타는 자들은 정력을 소비하고 힘없는 노인처럼 쓰러지고 맙니다. 그런데 이스라엘 백성은 이러한 처지를 의식하지 못한 채 망해가고 있었습니다. 우리 자신들은 어떠합니까? 우리의 삶에서 죄로 인해 곰팡이가 핀 곳은 없는지 살펴보아야 하겠습니다.

죄는 인간의 품위를 추락시킵니다.

이스라엘 백성은 지조가 없었습니다. 그들은 반석이신 여호와 하나님을 신뢰하지 않고 어리석은 비둘기처럼 앗수르와 애굽 사이를 왕래하며 도움을 청하였습니다. 그들은 군인이 전쟁터에서 사용하려고 할 때 겨냥한 대로 날아가지 못하는 "속이는 화살"(7:16)과 같았습니다. 이스라엘의 지도자들은 칼에 망할 것이며 "이것이 애굽 땅에서 조롱거리가 되리라"(7:16)고 했습니다. 애굽은 어디입니까? 그들이 노예 생활에서 해방되기 위해서 구속받은 땅이었습니다. 애굽인들은 큰 소리치면서 자기들을 떠났던 옛 노예들이 결국 그런 꼴이 되었다고 조소할 것입니다. 죄는 수치를 당하게 하고 품위를 떨어트립니다.

우리는 하나님께로 돌아가기 전에 자신이 저질은 죄가 얼마나 고약한 것인지를 깨달아야 합니다. 아버지의 집을 떠났던 탕자는 자신의 한심한 처지를 깨달았을 때 아버지께로 돌아가서 잘못을 고백하고 용서를 받았습니다. 호세아서의 목적은 이스라엘의 부패한 모습을 진술하는 것이 전부가 아니고, 해결책을 제시하여 교훈이 되게 하려는 것입니다. 이스라엘 백성은 자신들의 죄를 분명히 알아야 했습니다. 그다음 실패의 원인을 진단하는 것입니다. 그들이 국가적인 파국에 직면한 원인은 정치 구조나 열악한 사회 환경이었기보다는 영적인 것이었습니다. 그들에게는 여호와께 올리는 회개의 기도가 없고 하나님께 대한 믿음이 없었습니다.

"그들 중에는 내게 부르짖는 자가 하나도 없도다"(호 7:7).

하나님을 신뢰하지 않으면 하나님께 기도할 수 없습니다. 내가 우상에게 마음이 붙잡혀 있으면 기도가 나오지 않습니다. 그래서 "너희는 말씀을 가지고 여호와께로 돌아오라"(14:2)고 했습니다. 스스로 살아갈 수 있다고 자신할 때는 기도하고 싶은 마음이 일어나지 않습니다. 그러다가 다급해지면 하나님의 제단으로 나갑니다. 하지만 비록 몸과 제물이 함께 갈지라도 마음을 여호와께 드리지 않으면 소용이 없습니다.

"그들은 돌아오나 높으신 자에게로 돌아오지 아니하니"
(7:16).

그들은 여호와의 제단 앞에서 울고불고할지 모릅니다. 그들은 침상에서도 슬피 부르짖었습니다(7:14). 그러나 참 기도가 아니었습니다. 사실상 그들은 다산(多産) 신 앞에서 곡식과 포도주를 달라고 울부짖으며 몸을 찢어 상처를 내는 자들이었습니다. 이것은 이교의 행습이었습니다. 그래서 그들이 "성심으로 나를 부르지 아니하였다"(7:14)고 했습니다. 그들은 진정으로 여호와 하나님을 신뢰하면서 언약에 따라 살 마음이 없었습니다. 다만 어렵게 되니까 바알 신도 별수 없고 해서 여호와 하나님을 혹시나 하여 찾았을 뿐이었습니다. 그들은 언약 백성의 사상을 가진 자들이 아니고 이교의 사상과 행습에 물든 자들이었습니다. 그들은 진정으로 회개한 적이 없었고 하나님을 위해서 새롭게 살겠다는 각오도 없었습니다. 그들은 단지 현재의 어려움에서 구출 받는 것이 목적이었습니다.

우리도 평소에는 세상 따라 살다가 급해지면 하나님께 부르짖지 않습니까? IMF 사태가 나자 많은 사람이 새벽 기도에 나왔습니다. 그러나 형편이 호전되자 다시 제자리로 돌아갔습니다. 이스라엘 백성은 부르짖는 기도에 능하였습니다. 그들은 기도하면서 울고불고하였습니다. 우리 교인들도 부르짖는 기도에 능하고 우는 일에도 뒤지지 않습니다. 부르짖고 우는 것 자체가 문제라는 말이 아닙니다. 성심으로 하나님을 찾지 않는 것이 문제입니다. 마음과 생각이 복음의 사상으로 바뀐 것이 없으면서 주여 주여 하는 것은 입술에만 달린 습관성 경건입니다.

진지한 부르짖음은 하나님께서 들어 주십니다. 그러나 이스라엘의 부르짖음은 기를 쓰는 것이었지 가슴을 치는 참회의 부르짖음이 아니었습니다. 그들은 하나님을 만나고 싶거나 그분과의 교제를 원해서 찾아온 자들이 아니었습니다. 그들은 하나님 나라와 의를 위해서 기도하지 않았습니다. 그들은 하나님을 갈망한 것이 아니고 자신들의 유익을 갈망하였습니다. 그들은 하나님의 말씀을 찾고 언약 백성의 합당한 삶을 원한 것이 아니고 잘 먹고 잘살기 위해서 더 많은 수확을 원하며 부르짖었습니다(왕상 18:28).

하나님께서는 참회와 진심이 없는 부르짖음을 멸시하십니다. 그래서 바울은 이 세상을 따르지 말고 마음을 새롭게 하여 변화를 받아야 한다고 했습니다(롬 12:2).

하나님께로 돌아가십시오.

죄는 마음의 문제입니다. 마음이 바르지 못하면 온갖 것들이 비뚤어지기 마련입니다. 성경에서 '마음'이라는 단어는 인격체의 중심을 의미합니다. 내 마음이 곧 나 자신입니다. 죄를 짓는 것은 일시적인 실수나 우발적인 사고가 아닙니다. 인간의 악행은 인격체의 가장 깊은 부분에 내적 부패가 있다는 증거입니다. 마음은 "만물보다 거짓되고 심히 부패"(렘 17:9)합니다. 부패한 마음에서 나오는 죄는 굳은 결심이나 어떤 종교의식에 의해 처리될 수 있는 문제가 아닙니다(마 15:19-20). 인간의 마음은 마치 지남철처럼 세상의 악한 것들을 끌어당기는 강한 자력이 있습니다. 어둠의 세력은 우리 인격체 속에 깊숙이 자리 잡고 있는 '마음'을 유혹하여 세상의 악을 끌어안게 합니다.

예수님은 "너희가 어찌하여 마음에 악한 생각을 하느냐"(마 9:4)고 지적하셨습니다. 악은 마음에서 일어납니다. 마음이 부패의 근원입니다. 예수님은 마음이 청결한 자가 복이 있다고 하셨습니다(마 5:8). 구원은 새 마음을 받는 것입니다. 바울이 강조했듯이, 사람이 마음으로 믿어 의에 이르고 입으로 시인하여 구원에 이릅니다"(롬 10:10). 여기서 말하는 '마음'은 부패한 마음이 아니고 성령에 의해 거듭나는 '새 마음'입니다. 나의 인격체 중심에서 솟아오르는 갱신된 청결한 마음입니다. 이 새 마음은 인간 스스로 만들 수 없습니다. 오직 하나님만이 주실 수 있습니다. 주 예수 그리스도를 하나님께서 보내신 대속주로 믿는 자들은 '새 마음'을 받은 자들입니다.

새 마음이 없으면 절대로 우상을 떠날 수 없습니다. 세상 풍조를 따라 사는 것은 새 마음이 없기 때문입니다. 부패한 마음은 우상 숭배 때문에 더욱 가열되고 가속화됩니다. 우리는 죄가 인격체의 깊은 내부에서 솟아난다는 사실을 깨달아야 합니다. 죄가 어디서 출발하는지를 모르면 죄의 실상을 이해한 것이 아닙니다. 왜 새 마음을 받아야 하는지를 모르면 아무도 구원을 이해하지 못합니다. 나에게 새 마음이 있는지 확인해 보십시오. 새 마음이 없으면 이스라엘 백성처럼 하나님 앞으로 나가도 하나님이 들어주시지 않습니다. 습관이 된 이방인의 기도와 우상 신을 섬기는 몸짓만 드러내기 때문입니다.

호세아서 7장에는 하나님께로 돌아가기를 거부하는 모티브가 계속 나옵니다. 하나님께서는 이스라엘 백성이 돌아오기를 원하시지만, 백성은 딴 곳에 마음이 붙잡혀 있습니다. 그들은 성심으로 주님을 찾지 않습니다. 문제가 있으면 넋두리를 하며 울지만 도움의 원천이 되신 하나님 자신을 구하거나 그분의 말씀을 듣지 않습니다. 그들은 모이면 먹고 마시는 데 마음을 쓰고 하나님에게는 무관심합니다.

혹시 우리 교회도 이와 같지 않습니까? 행사는 많아도 하나님은 보이지 않고, 기도는 많아도 하나님의 임재는 느껴지지 않으며, 구역으로 모여도 하나님과 참 교제는 갖지 못하고, 성경을 읽어도 하나님에 대한 참지식은 얻지 못하지 않습니까? 늘어진 화살이 아무리 당겨도 목표에 닿지 않는 것처럼, 마음이 새로워지지 않은 자들은 아무리 하나님께로 나가고 열심히 모여도 하나님은 만날 수 없습니다. 오직 예수님만이 성령을 통해 새 마음을 주십니다.

어떻게 해야 죄의 화덕이 식을까요? 성령의 감화로 생각과 마음이 갱신되는 것입니다. 하나님에게 돌아가서 회개하고 새 출발을 하는 것입니다. 우상을 버리고 세속의 임과 절교하는 것입니다. 욕정으로 달구어진 화덕이 식어야 하나님의 선하고 온전한 뜻을 알게 되며 성령의 열매를 맺습니다(롬 12:1-2; 딤후 1:7).

우리는 주 예수께 새 마음을 달라고 간구해야 합니다. 다윗처럼 큰 죄를 지었을지라도 회개하며 새 마음을 위해 기도하면 자비하신 주께서 은혜로 임하십니다.

"하나님이여 내 속에 정한 마음을 창조하시고 내 안에 정
직한 영을 새롭게 하소서" (시 51:10).

30장

즐겨 쓰지 아니하는 그릇

호세아 8:1-14

본 장은 언약 백성의 신분과 소명에 비추어 무엇이 잘못된 것인지를 진단하고 평가한 것입니다. 요약하면 다음과 같습니다.

- 종교적으로 부패하여 우상 숭배를 하였습니다(8:4-6).
- 정치적으로도 여호와의 왕권 임명에 대한 전유권을 무시하고 마음대로 왕을 세웠습니다(8:4).
- 우상을 숭배하는 이방 나라들과 조약을 맺었습니다(8:9-10).
- 하나님의 말씀을 무시하면서도 하나님을 안다고 고백합니다((8:1-3, 12, 14).
- 하나님은 이스라엘 백성의 여러 죄악을 열거한 후에 그들이 '애굽으로 다시 가리라'는 최후통첩을 내립니다(8:13).

하나님께서 심판의 이유를 지적하십니다.

"나팔을 네 입에 댈지어다 원수가 독수리처럼 여호와의
집에 덮치리니 이는 그들이 내 언약을 어기며 내 율법을
범함이로다"(8:1).

이들이 형벌을 받는 까닭은 여호와의 언약을 어기며 율법을
범하기 때문이라고 했습니다. 언약과 율법은 이스라엘 백성의 행
복을 위해서 준 것입니다. 일찍이 모세는 이스라엘 백성에게 이
점을 주시시켰습니다.

"내가 오늘 네 행복을 위하여 네게 명하는 여호와의 명령
과 규례를 지킬 것이 아니냐"(신 10:13).

여기서 분명하게 하나님께서 언약 백성에게 율법을 주시는 목
적은 그들의 '행복'을 위해서라고 했습니다. 하나님은 자기 백성
이 행복하기를 원하십니다. 자녀들이 잘되기를 원치 않는 부모가
어디 있겠습니까? 하나님은 말할 나위도 없습니다. 그래서 하나
님께서는 자기 자녀들이 가장 행복할 수 있는 길을 마련하셨습니
다. 이를 위해 이스라엘 백성과 언약을 맺으시고 율법을 주셨습
니다.

그런데 중요한 것은 무엇이 행복하냐는 것입니다. 행복은 성
경의 정의에 따라 이해되어야 합니다. 성경은 우리가 하나님을
구원자로 믿고 그분의 가르침과 뜻을 따라 사는 것이 행복이라고

말합니다. 즉, 언약 백성의 소명과 특권을 생각하고 율법의 교훈에 따라 사는 것이 행복이며 그런 삶이 하나님께 영광을 돌리는 것입니다.

행복한 삶을 위해 복 달라고 하나님께 비는 것은 당연한 일입니다. 문제는 하나님께서 의도하신 방법과 목적에 맞게 구하지 않고 내 소원에 맞는 것만 달라고 비는 것입니다.

하나님께서 이스라엘 백성에게 요구하신 것은 "네 하나님 여호와를 사랑하여 그가 주신 책무와 법도와 규례와 명령을 항상 지키라"(신 11:1)는 것이었습니다. 이 표준에 따라서 사는 것이 행복한 삶이며 하나님을 기쁘게 하는 삶입니다. 하나님께서 복을 주시려고 의도하신 말씀을 따라서 살아야 하나님의 선한 뜻이 이루어집니다. 이 뜻의 열매가 곧 성도들의 유업이며 행복이며 하나님과 그의 나라를 체험하는 것입니다.

하나님께서는 신약 교인들이 예수님과 새 언약을 맺었으므로 이제부터 예수님의 가르침을 지켜서 복을 받도록 의도하셨습니다. 산상설교의 팔복은 어떤 사람이 복이 있는지를 말합니다. 산상보훈을 따라 사는 삶은 신약 성도의 가장 행복한 길입니다. 이 길은 율법의 길보다 훨씬 더 높은 수준입니다. 시편 1편의 복 있는 자에 대한 진술도 율법의 수준을 능가하는 그리스도의 산상수훈을 내다본 것이었습니다. 우리가 예수님의 가르침을 따라 살면 율법이 보장하는 복보다 더 큰 복을 받을 뿐만 아니라 율법이 요구하는 상한선을 넘어갑니다.

그런데 하나님의 선한 뜻이 이루어지는 것을 극단적으로 생각하지 말아야 합니다. 하나님의 말씀을 따라 사는 삶에는 고난의 십자가도 있고, 가나안의 번영도 있습니다. 하나님의 백성은 이 양편의 체험을 통해서 하나님을 알아갑니다. 우리는 자기 십자가를 지는 시련을 겪으면서도 그 속에서 역사하는 하나님의 사랑의 돌보심을 체험할 수 있습니다. 그런가 하면, 번영을 누리면서도 믿음의 시련을 당할 수 있습니다. 한 가지 분명한 것은 주의 말씀대로 살면 하나님께서 의도하신 행복을 체험한다는 사실입니다. 우리가 어떤 형태로든지 주님을 기쁘게 해드린다면 그것이 우리의 복입니다. 그 반대는 무엇일까요? 하나님이 주시는 복이 없으면 재앙입니다. 이스라엘 백성은 축복과 생명의 길을 선택하지 않았으므로 앗수르의 공격을 받고 패망하였습니다(신 30:19).

우리는 하나님이 정의하신 행복의 길을 따라 복을 구해야 합니다. 자신이 복된 사람인지 아닌지를 알려면 시편 1편과 산상수훈에 비추어 보면 됩니다. 우리는 다른 사람들을 복되다고 할 때도 겉으로만 보지 말고 그들이 성경이 말하는 복을 받았는지를 생각해 보아야 합니다. 하나님께서 주시려는 복에 관심이 없으면 세상 복을 따르게 되고 그런 복에 매달려 살다 보면 하나님의 눈에 복 없는 자가 되어버립니다. 우리는 하나님께서 복이라고 하시지 않은 것을 복으로 알고 평생을 살 수 있습니다. 이스라엘 백성은 여호와 하나님이 주시는 복을 밀어내었으므로 앗수르의 공격을 받고 큰 화를 당하였습니다.

하나님께서 이스라엘의 상태를 지적하십니다.

그들은 "즐겨 쓰지 아니하는 그릇"(8:8)과 같다고 했습니다. 집집마다 찬장 깊은 곳에 넣어두고 즐겨 쓰지 않는 그릇이 있습니다. 그릇의 모양이 좋지 않거나 흠집이 있거나 사용하기에 불편하거나 혹은 그릇과 연관된 어떤 안 좋은 이유가 있기 때문일 것입니다. 그런 그릇은 집안 식구를 위해서도 잘 사용하지 않고 특히 손님을 초대했을 때는 절대로 내놓지 않습니다. 골동품으로서의 가치도 없기에 내놓을 수 없는 그릇은 불행한 그릇입니다.

옛적에 이스라엘은 다른 나라와 같이 왕을 달라고 하였습니다. 당시의 이스라엘은 하나님께서 그들의 왕이 되시고 율법과 선지자들의 대언을 통해서 다스려지는 신정 체제였습니다. 그러나 그들은 왕이 반드시 있어야 한다고 하나님께 졸랐습니다. 그들은 원하던 왕을 가졌습니다. 그러나 그들의 왕은 무용하였고 나라는 이교국의 밥이 되었습니다(8:7).

> "전에 네가 이르기를 내게 왕과 지도자들을 주소서 하였
> 느니라 네 모든 성읍에서 너를 구원할 자 곧 네 왕이 어디
> 있으며 네 재판장들이 어디 있느냐"(호 13:10).

창세기에 보면 아브라함의 조카였던 롯은 자기 욕심에 이끌려 죄악의 도시인 소돔과 고모라 땅을 원하였습니다.

> "이에 롯이 눈을 들어 요단 지역을 바라본즉 소알까지 온

땅에 물이 넉넉하니 여호와께서 소돔과 고모라를 멸하시기 전이었으므로 여호와의 동산 같고 애굽 땅과 같았더라"(창 13:10).

그런데 어떤 결과가 왔습니까? 롯은 하나님께서 소돔과 고모라를 심판하실 때 모든 재산을 남겨 두고 빈손으로 떠나야 했습니다. 롯이 그다음에 택한 땅 중에 '소알'이라는 지명이 나옵니다. '작다'는 뜻입니다. 우리말의 표기대로 의미를 붙인다면 '작은 알'입니다. '소알'이니 내가 먹어도 큰 문제 없지 않으냐는 식입니다.

「하나님, 그저 '작은 알' 하나 먹겠다는데 왜 그리 엎잖아 하세요. 꼭 좀 먹게 해 주세요.」

하나님의 천사들은 롯에게 산으로 멀리 도망하라고 했습니다. 그러나 롯은 듣지 않고 손쉽게 닿을 수 있는 '소알'을 택했습니다. 소알은 소돔과 고모라에서 멀리 떨어진 곳이 아니었습니다. 하지만 소알은 가져보면 가질 가치가 없는 것입니다. 롯은 소알에서 소돔과 고모라가 멸망하는 것을 보고 두려워서 소알을 떠나야 했습니다(창 19:17-22, 30).

이스라엘도 열국처럼 되고 싶다면서 왕을 원하였습니다(삼상 8장). 왕은 그들의 '소알'이었습니다. 그 결과는 무엇입니까? 이방 나라 흉내 내려다가 이방 나라에 삼키고 말았습니다. '소알'은 작은 것일지 몰라도 그 속에 독이 들어 있습니다. '소알'은 반드시

나에게 해를 끼칩니다. 이스라엘은 한때 위대해질 가능성이 많았습니다. 그러나 이제는 아무도 좋아하지 않는 쓸모없는 그릇이 되고 말았습니다. 그릇된 복은 복어알처럼 해롭습니다. '소알'을 탐하는 자마다 쓸모없는 그릇이 됩니다.

유럽에 가면 무너진 성들이 많습니다. 아름다운 바다가 펼쳐진 언덕 위에 지은 고성(古城)이나 평화로운 녹지대에 그림처럼 서 있는 성채들이 언제부터인가 무너져 있습니다. 엄청난 가능성을 가진 웅장한 건물축이었지만 이곳저곳이 파괴되고 돌기둥이나 석벽들만 덩그러니 남거나 지붕이 내려앉은 것을 보면 안타깝습니다. 한때는 말을 탄 멋진 중세기의 기사들이 번쩍이는 투구를 쓰고 드나들거나 권력과 위엄을 갖춘 성주의 행차가 사람들의 시선을 끌었을 것입니다. 그러나 이제는 대 연회도 없고 풍악 소리도 들리지 않으며, 군사들이나 종들의 모습도 보이지 않습니다. 아무도 찾아오지 않는 인적이 끊어진 외딴곳에서 허물어진 고성은 풍우에 시달리며 야속한 세월과 함께 잊혀 갑니다.

이스라엘은 하나님의 백성으로서 크게 쓰임을 받을 가능성이 많았습니다. 그러나 그들은 우상 숭배와 불순종으로 깨어진 그릇처럼 되었고 무너진 고성처럼 되었습니다. 우리 자신들도 그렇게 될 수 있습니다. 깨어진 그릇은 아무도 원치 않습니다. 나는 어떻습니까? 깨어진 그릇이 되어 본 적이 있습니까? 주인이 즐겨 쓸 수 없는 그릇이 되어 어느 찬장 뒷구석에 밀쳐져 있지는 않습니까? 우리는 본래 주님께서 택하신 신령한 그릇들이었습니다

(행 9:15). 하나님께서 우리를 택하신 목적은 구원에로의 선택뿐만 아니라 하나님을 섬기기 위한 그릇이 되게 하려는 것이었습니다. 그런데 신령한 그릇의 역할을 하지 못하면 어떻게 될까요? 하나님의 심판이 선고됩니다.

"그들은 애굽으로 다시 가리라"(13절).

이스라엘의 문제는 요즘 말로 표현하면 교회가 너무 잘 되는 것이었습니다. 이것은 역설입니다. 이스라엘은 제단을 많이 세웠습니다. 고기를 제물로 많이 바쳤습니다. 그런데도 여호와는 그것들을 기뻐하시지 않았습니다. 오히려 노하시고 그들을 애굽으로 보낼 것이라고 하셨습니다(11, 13절). 그 까닭이 무엇입니까? 제단과 하나님의 말씀 사이에 아무 상관이 없었기 때문입니다.

"이스라엘은 열매 맺는 무성한 포도나무라 그 열매가 많을수록 제단을 많게 하며 그 땅이 번영할수록 주상을 아름답게 하도다."(10:1).

말씀과 거리가 먼 제단은 죄의 온상이 됩니다. 우리는 교회가 너무 많다고 푸념하기도 합니다. 그런데 교회가 많은 것 자체가 문제가 아니고 하나님의 말씀과 얼마나 관계가 있는지가 중요합니다. 진리의 복음이 위주가 되어야 속사람이 변화되고 언약 백성의 삶이 새로워집니다. 그러나 구원의 말씀이 제쳐지면 사람들을 붙잡아 두기 위한 인간 중심의 아이디어들이 나옵니다. 그래서 흥미 본위의 프로그램들이 개발되고 교회당 치장에 급급합니다. 하나님을 섬기는 것이 아니고 인간 중심의 욕구 충족을 섬기게 됩니다. 이것이 예수께서 예루살렘 성전을 심판하신 중요한 원인입니다. 예루살렘 성전을 예시하는 무화과나무는 잎은 무성했지만, 예수님이 드실 열매는 없었습니다. 성전은 주님이 즐겨 잡수실 양식은 차리지 않고 우상들과 사람들의 입맛에 맞는 음식들을 만드느라고 분주하였습니다.

이스라엘 백성은 하나님의 진리의 말씀을 이상히 여겼습니다. 이것은 부패의 증거입니다.

"내가 그를 위하여 내 율법을 만가지로 기록하였으나 그들은 이상한 것으로 여기도다"(8:12).

이스라엘 백성은 하나님의 말씀을 이상한 것으로 여겼습니다. 언약 백성이라면 하나님의 율법이 당연히 귀하게 느껴져야 할 텐데 귀찮고 생소하며 자기들과 무관한 것으로 보였습니다. 그런데도 이스라엘은 자기들이 하나님을 안다고 말했습니다(2절). 하지만 하나님께서는 그들의 말을 받아 이스라엘 백성이 "이미 선을 버렸다"고 하셨습니다(3절). 이것은 율법의 순종에서 오는 축복을 내던졌다는 뜻입니다.

하나님의 말씀을 이상한 것으로 여겨도 예배 잘 볼 수 있습니다. 하나님의 말씀이 없어도 자식 낳고 사회생활하면서 돈 버는데 큰 지장이 없습니다. 단기적으로 보면 하나님의 백성이 하나님을 섬기지 않아도 당장 표가 나지 않습니다. 이스라엘은 '주를 아나이다'라고 자처하면서도 하나님의 말씀을 무시하고 살았습니다.

하나님을 안다고 하면서 하나님이 주시는 축복 된 삶이 무엇인지를 모르는 것은 모순입니다. 이스라엘 백성은 구원의 삶이 가져오는 참된 축복의 의미를 몰랐으므로 엉뚱한 일에 시간과 정력과 재물을 사용하였습니다. 정품이 싫으면 대치품을 가지려는 것이 어리석은 인간들의 아이디어입니다. 이스라엘은 바알과 앗수르 우상신에 희석된 메시지를 듣기를 좋아하였습니다. 하나님께서 인정하시지 않는 지도자를 세웠으며, 하나님이 머무시지 않는 왕궁과 견고한 성읍들을 지었습니다. 그리고는 그런 것이 복 받은 증거라도 되듯이 안심하고 살았습니다. 이스라엘 백성은 하나님의 신령한 그릇으로서 지녀야 할 품위나 특성을 상실하였습니다. 그들은 스스로 하나님께서 즐겨 쓰실 수 없는 그릇들이 되었습니다.

이스라엘은 정규적인 희생 제사를 여러 세기 동안 지속하였습니다. 그러나 희생 제도는 가나안 종교로 물들었고 이제는 앗수르의 우상 숭배로 크게 오염되었습니다. 하나님의 기록된 말씀과 관계가 없는 종교는 하나님의 인정을 받지 못하고 벌을 받습니다 (호 8:13). 그 벌은 애굽으로 돌아가는 것입니다.

애굽으로 돌아가는 것은 무엇일까요?

출애굽의 구원이 번복된다는 뜻이 아닙니다. 하나님의 구원은 애굽으로 되돌아가게 하지 않습니다. 유월절 양의 피를 믿고 출애굽을 한 백성은 비록 둘러가거나 제 자리에 멈추는 일은 있을지라도 애굽으로 돌아가지는 않습니다. 역사적으로 보아도 출애굽을 한 백성 중에 한 사람도 애굽으로 되돌아간 자가 없었습니다.

애굽으로 돌아간다는 말은 문자적으로 지리적인 애굽으로 복귀한다는 뜻이 아니고, 앗수르가 쳐들어올 때 애굽에서 당했던 것과 같은 체험을 할 것이라는 말입니다. 즉, 그들은 다시 한번 애굽에서처럼(출 2:23) 포로 생활을 하면서 고난과 수치를 당하고 (11:5) 유업으로 받은 땅이 이방 나라의 공격으로 황폐하게 된다는 것입니다. 호세아 9장 3절에 보면 애굽과 앗수르는 동의어입니다

> "그들은 여호와의 땅에 거주하지 못하며 에브라임은 애굽
> 으로 다시 가고 앗수르에서 더러운 것을 먹을 것이니라"
> (호 9:3; 비교. 신 28:58, 64, 68).

애굽으로 돌아가는 것은 유업의 상실을 의미합니다. 이스라엘에게는 가나안 땅이 그들이 받은 유업이었습니다(신 4:1; 6:18). 그런데 출애굽을 했던 첫 세대의 이스라엘 백성은 불순종으로 가나안 땅의 유업을 받지도 못하고 광야에서 모두 죽었습니다. 그렇지만 그들은 애굽으로 다시 송환되지는 않았습니다. 그들은 유업으로 받아야 했을 가나안 땅은 상실했지만, 출애굽 때 받은 구속을 박탈당하지는 않았습니다. 그들을 애굽에서 구원한 유월절 양

의 피는 여전히 유효하였습니다. 그들은 불순종으로 한 세대 동안 가나안을 잃었지만 애굽으로 되돌아간 것은 아니었습니다. 그들은 비록 광야에서 묻혔지만, 양의 피를 믿고 출애굽을 한 구속받은 자들로서 묻혔습니다.

주 예수를 믿는 새언약 백성도 유업을 잃을 수 있습니다. 그러나 그들은 천국을 잃지는 않습니다. 이스라엘의 경우는 가나안 땅이 유업이었지만 신약 성도는 땅을 유업으로 받지 않습니다. 성도의 유업은 하나님 나라와 영생에 관련된 것들입니다. 예를 들면 다음과 같은 것들입니다. 하나님과 누리는 평화, 주님을 위해 유용한 일꾼이 되는 것, 하나님 나라의 능력과 축복을 체험하는 것, 하나님의 임재와 사랑을 의식하며 사는 것, 하나님이 주신 소명을 따라 사는 삶의 가치를 깨닫고 기뻐하며 인내하는 것, 하나님의 구원 계획이 차근차근 이루어지는 것을 확신하는 일, 그리스도를 위해 고난을 참으며 성령의 열매를 맺는 삶에서 오는 안식을 누리는 것 등등입니다.

하나님의 말씀과 동떨어진 삶은 신약 성도가 당연히 누려야 할 유업의 축복들을 상실하게 하고 하나님의 진노를 체험하게 합니다. 이것은 마치 자신이 받은 구속이 번복되는 것처럼 보입니다. 그러나 구원이 취소되는 것은 아닙니다.

애굽으로 돌아가는 것은 개인 구원의 상실이 아니고 국가 단위의 유업 상실입니다. 이스라엘은 하나님께서 언약 공동체로 택한 나라입니다. 이스라엘은 열방의 빛이 되어 여호와 하나님을 세상에 알리는 소명을 받은 공동체였습니다. 그러나 우상 숭배와 율법의 불순종으로 이러한 구속의 목적과 역할을 상실하고 '즐겨 쓰지 않는 그릇'이 되었습니다. 그래서 그들은 마치 애굽에 있을 때처럼 고통을 체험하며 가나안 땅의 유업을 박탈당하는 불행을 겪게 될 것이었습니다.

하나님의 교회도 공동체로서의 소명과 역할을 잃을 수 있습니다. 그래서 계시록 2:5절에서 회개하지 않으면 네 촛대를 그 자리에서 옮길 것이라고 경고하였습니다. 그러나 촛대가 옮겨져도 개인이 받은 구원은 상실되지 않습니다. 공동체는 하나님의 교회로서의 역할과 위치를 잃을 수는 있지만, 개개인의 입장에서 보면 양의 피로써 구속 받은 자의 구원이 공동체가 받은 소명의 기능상실 때문에 함께 소멸하지는 않습니다.

그럼 유업이 상실되는 비극을 어떻게 막을 수 있을까요? 즐겨 쓰지 않는 그릇이 되면 어떻게 해야 합니까? 이스라엘 백성의 그릇된 행실을 끊어야 합니다. 갖가지 형태의 우상 숭배에서 돌아서고 복음의 말씀을 자기와 무관한 것으로 여기지 말아야 합니다. 하나님의 기록된 말씀에 대한 우선권을 바로잡고 그의 왕국에서 주님의 다스림을 받는 새생명의 삶으로 돌아가야 합니다. 이것은 우리 힘으로 되지 않습니다. 그래서 하나님께 자기 죄를 자복하고 도움을 구해야 합니다.

하나님께서는 깨어진 그릇들을 다시 새 그릇처럼 사용하실 수 있습니다. 즐겨 쓰지 않는 그릇도 자신의 허물을 인정하고 주인에게로 돌아오면 크게 환영을 받습니다. 하나님은 우리가 언약 백성으로서 쓰임을 받고 유업으로 주신 땅에 있는 여러 축복을 누리기를 원하십니다. 하나님이 즐겨 쓰시는 그릇이 되어야 하겠습니다. 그것이 우리의 최대 행복이며 하나님께 영광이 되는 일입니다.

31장
우상 숭배로 무엇을 잃는가?
호세아 9:1-9

8장은 심판 예고로 끝나고 9장 상반부는 우상 숭배를 하면 무엇을 상실하게 되는지를 진술합니다.

> "이스라엘아 너는 이방 사람처럼 기뻐 뛰놀지 말라 네가 음행하여 네 하나님을 떠나고 각 타작 마당에서 음행의 값을 좋아하였느니라"(1절).

우상 숭배를 하면 유업을 잃습니다(9:1-3).

왜 축제 때 기뻐하지 말라고 했을까요? 축제 때 백성은 하나님께 제사를 드리고 경배하였습니다. 수확했다면 당연히 기뻐해야 하지 않겠습니까? 그러나 본 절에서는 그런 자연적인 기쁨을 막는 것이 아닙니다. "너는 이방 사람처럼 기뻐 뛰놀지 말라"고 했습니다. 이것은 백성이 이방 종교의 부패한 행위를 여호와 종교에 도입했기 때문입니다. 그래서 음행이라고 하였고 하나님을 떠났다고 했습니다. 이스라엘에서는 하나님께 제사를 안 지내서가 아니고 여호와 종교를 부패시켰으므로 축제의 기쁨을 금지당하였습니다.

가나안 종교는 농경 신을 섬겼습니다. 그래서 다산의 축복을 구실로 삼고 경배자들을 성전 매춘부들과 문란한 종교 행위에 참여시켰습니다. 가나안 종교는 다른 이방 종교에서처럼 의식 위주로 제사를 올리면 신이 제물을 좋아해서 복이 보장된다는 사상에 물들어 있었습니다. 이들에게는 신과 경배자와의 인격적이고 도덕적인 관계가 형성될 필요가 없었습니다. 단지 주고받는 거래로서 충분하였습니다.

가나안 종교는 육욕을 자극하는 다산 의식으로 인기가 높았습니다. 바알 경배자들은 절기마다 마음껏 마시고 놀 수 있었습니다. 바알 경배는 스트레스를 풀고 소원 성취를 비는 때였습니다. 신에게 제물을 뇌물로 바치고 자기가 원하는 것을 받아내는 이기적인 상거래에 불과하였습니다.

이스라엘의 제사 방식은 어떻게 다를까요?

첫째, 제사 의식은 문란하거나 요란하게 진행되지 않았습니다. 제사장들과 경배자들은 하나님께서 정해 주신 간단한 몇 가지 절차에 따라 의식을 행하였습니다. 신약교회의 예배도 질서와 품위를 지녀야 합니다(고전 11–14장). 예배의 일부로서 춤도 추고 노래도 할 수 있지만, 그것은 공연처럼 경배자들을 즐겁게 하려는 목적이 되어서는 안 됩니다. 현대 교회는 급속하게 말씀 강해 보다는 흥미 위주의 인본주의 메시지와 자기도취적인 프로그램 쪽으로 기울고 있습니다.

둘째, 이스라엘 제사에는 타종교에서처럼 인신 제물, 자해 행위, 점복이나 개인의 길흉을 묻는 것이 금지되었습니다(신 18:9–11). 이스라엘 백성은 율법을 배워서 하나님의 선한 뜻을 따르고 그분을 기쁘게 해드리는 거룩한 삶을 살아야 했습니다.

이스라엘의 제사가 타종교와 다른 대표적인 측면은 하나님과의 인격적인 관계를 유지하거나 회복하는 것이었습니다. 이스라엘의 제사 제도는 하나님으로부터 용서를 받는 것이 주된 특징이었습니다. 그다음은 하나님의 사랑에 대한 자발적인 감사를 표현하는 것이었습니다. 이스라엘은 이방 종교를 닮지 말고 이 같은 여호와 종교가 지닌 독특성을 지켜야 했습니다.

호세아 선지자가 이스라엘 백성을 향해 축제 때 기뻐 뛰놀지 말라고 한 것은 이러한 여호와 종교의 특성들이 이방 종교로 퇴색되고 부패하였기 때문이었습니다. 그들은 하나님의 축복을 제사 행위로 구매할 수 있다고 생각하였고 거룩한 경배를 음행의 기회로 삼았습니다.

이스라엘은 하나님으로부터 그분의 속성과 구원의 길이 어떤 것인지를 계시의 말씀으로 받았습니다. 그들은 종살이했던 애굽에서 양의 피로써 구원받았고 하나님의 백성으로 언약을 맺었습니다. 그러나 지금은 영적 간음자가 되었습니다. 가나안의 바알 신을 섬겼고 앗수르의 이방 종교를 수입하여 여호와 종교에 동화시켰습니다. 그 목적은 무엇이었을까요? 잘 먹고 잘살기 위해서였습니다.

사람이 생활 수준을 높이려고 하는 것 자체가 잘못된 것이 아닙니다. 그러나 목적과 방법과 동기가 중요합니다. 하나님을 믿고 사는 백성이 이방 종교에 의지해서 번성하려는 것은 어리석고 악한 짓입니다. 앗수르는 당시에 정치적으로 막강하고 세상에서 가장 부강한 나라였습니다. 그래서 그들의 종교가 훨씬 더 효능이 좋아 보였습니다. 이것은 하나님과 맺은 언약에 대한 불신실입니다. 음란한 고멜처럼 남편 되신 여호와를 떠나는 행위입니다. 이들은 음행의 값을 좋아했다고 했습니다(1절). '음행의 값'은 이방 신을 섬기고 받는 곡식이며 포도주입니다. 물론 이방 신들이 양식을 주는 것이 아니고 창조주이신 여호와 하나님께서 모든 필요를 공급하셨습니다. 불행하게도 이스라엘 백성은 이 사실을 알지 못하고 바알의 은덕이라고 믿었습니다(호 3:8)

이스라엘은 어떻게 음행했습니까?

• 거룩하신 여호와 하나님을 가나안의 부패한 바알 종교의 잡신으로 취급하였습니다. 그들은 일정한 종교의식만 행하면 수확의 복을 보장받는다고 믿었습니다.

- 여호와를 경배하면서 바알 종교를 비롯하여 앗수르의 이방 신들까지 끌어들여 덕을 보려고 하였습니다. 이것은 인격적인 하나님을 비인격적인 이방 신들과 대등하게 취급한 것입니다.
- 많은 산당을 짓고 바알을 문란하게 섬겼습니다(호 4:13).

이로써 오직 여호와만 섬겨야 한다는 언약의 약속들을 깨뜨렸습니다. 이스라엘은 남편이신 여호와 하나님에게 불신실하였고, 고멜처럼 다른 남자들의 품을 드나드는 영적 '창녀'가 되었습니다.

이스라엘 백성은 여호와 하나님을 경배하면서 이방 국가들의 번영 종교에 추파를 던졌습니다. 그들의 믿음은 여호와의 크신 이름을 신뢰하고 사는 것이 아니고 세상적으로 잘 되는 것에 쏠려 있었습니다. 그들은 하나님의 성결한 성품을 드러내거나, 하나님의 은혜 구원을 세상에 알리거나, 하나님의 구원의 목적에 부응하는 거듭난 삶에는 관심이 없었습니다. 요즘 식으로 말하면 종교 생활이란 좋은 직장에 취직이 되고, 승진이 빨라지며, 조기 은퇴에 걸리지 않기 위한 일종의 보험입니다. 자식들이 일류 학교에 들어가고, 수입이 좋은 직업을 가진 자와 결혼하는 것입니다. 암에 걸리지 않고, 장사가 잘 되며, 신분이 높아지는 것입니다. 교회에 다니는 것은 고급 승용차로 골프 하러 다니거나, 유명 브랜드 상품을 쇼핑하는 해외여행을 즐기는 라이프 스타일을 누리는 데 도움을 받기 위한 것입니다. 우리 중에는 이러한 소원을 이룬 사람들도 상당히 많습니다. 그런데 그들은 하나님과의 인격적인 관계는 갖지 않은 채 고멜의 행습을 즐기면서 하나님을 잘 믿기 때문에 잘살게 되었다고 착각합니다.

이스라엘은 믿음의 역사가 길었음에도 하나님과의 관계가 고작해야 내 배 불려 달라는 것이었습니다. 그것도 하나님께 부탁하는 것이 부족해서 이방 신들의 이름을 부르며 흥분하고 뛰었습니다. 그런 백성을 하나님께서 어떻게 하셨습니까?

"그들은 여호와의 땅에 거주하지 못하며 에브라임은 애굽
으로 다시 가고 앗수르에서 더러운 것을 먹을 것이니라"
(호 9:3).

이스라엘의 땅은 그들이 받은 유업이었습니다(레 20:24). 그러나 하나님은 유업으로 주셨던 가나안 땅에서 우상에 젖은 백성을 애굽과 앗수르로 내쫓으셔야 했습니다. 호세아서에서는 애굽과 앗수르가 동의어로 병기되었습니다(7:11; 8:9-13; 11:5, 11; 12:1).

회개하지 않고 우상 숭배를 하는 자들은 받은 유업을 상실합니다. 매춘 행위에 대한 형벌로 제재를 받을 때는 곡식과 기름과 포도주를 박탈당합니다(신 28:51; 호 2:9).

"네가 만일 이 책에 기록한 이 율법의 모든 말씀을 지켜
행하지 아니하고 여호와…이름을 경외하지 아니하면…너
희가 들어가 차지할 땅에서 뽑힐 것이요 여호와께서 너를
땅 이 끝에서 저 끝까지 만민 중에 흩으시리니…여호와께
서 너를 배에 싣고 전에 네게 말씀하여 이르시기를 네가

다시는 그 길을 보지 아니하리라 하시던 그 길로 너를 애
굽으로 끌어 가실 것이라"(신 28:58, 64, 68).

이 경고의 말씀이 이스라엘 백성들에게 그대로 응하였습니다.
우상 숭배는 우리 영혼의 눈을 침침하게 만듭니다. 우상에게 마
음을 주면 하나님의 말씀이 들리지 않습니다. 우상은 하나님의
길을 분간할 수 없게 만듭니다. 여호와 종교는 가나안 종교와 앗
수르 이방 신으로 혼합되었습니다. 그 결과 이스라엘 백성은 가
나안 땅의 유업을 상실하였습니다.

유업의 상실은 우리에게도 일어날 수 있습니다. 하나님께서는
21세기를 사는 신자들을 문자적으로 앗수르로 내쫓지 않습니다.
우리가 현재 사는 땅은 가나안이 아닙니다. 지금은 앗수르라는
나라도 존재하지 않습니다. 그러나 우상 숭배를 하면 우리도 하
나님께서 약속하신 여러 형태의 유업을 잃습니다.

교회는 이름만 기독교지 십자가의 복음이 들리지 않는 곳도
많습니다. 많은 교회가 성경의 원칙보다 세속 사상으로 교회를
운영합니다. 일반적으로 보아 교회는 성령의 인도와 성경의 가르
침에 민감하기보다는 외형적 성장과 물질적 성공에 더 민감합니
다. 많은 교회가 사회에 좋은 영향을 주기보다는 오히려 세상의
손가락질을 당합니다.

오늘날 성경 말씀이 교회에서 어느 정도로 진지하게 선포되고
있습니까? 우리는 스스로 물어보아야 합니다. 우리는 성경 말씀

을 최우선으로 삼고 주님을 섬기고 있습니까? 우리는 과연 무엇을 보고 교회에 다닙니까? 지리적인 앗수르는 사라졌지만, 하나님의 교회를 부패시키는 현대판 앗수르는 지금도 우리를 유혹합니다. 그 유혹에 넘어가면 귀한 유업을 잃습니다.

우상숭배는 참 경배를 잃습니다(9:4-6).

"그들은 여호와께 포도주를 부어 드리지 못하며 여호와께서 기뻐하시는 바도 되지 못할 것이라 그들의 제물은 애곡하는 자의 떡과 같아서 그것을 먹는 자는 더러워지나니 그들의 떡은 자기의 먹기에만 소용될 뿐이라 여호와의 집에 드릴 것이 아님이니라"(4절).

앗수르가 침공하면 이스라엘은 여호와 하나님을 경배하는 특권을 전적으로 상실할 것입니다. 포로로 강제 이송을 당하고 나면 일체의 희생 제도가 종식될 것입니다. 이들은 이방 나라에서 살게 될 것이므로 이교의 더러움으로 오염된 음식을 먹게 될 것입니다. 그래서 그들은 마치 장례식에 있는 사람처럼 부정하게 되고 죽음과 접촉된 초상집의 음식을 먹게 될 것입니다(민 19:11-22; 겔 24:17; 렘 16:1-13). 따라서 그들은 그런 부정한 음식이나 포도주를 여호와 앞에 드릴 수 없게 됩니다.

"너희는 명절 날과 여호와의 절기의 날에 무엇을 하겠느냐"(5절).

이스라엘은 절기가 오면 여호와께 제사를 드릴 수 없다는 참담한 현실 때문에 여호와 하나님으로부터 끊어진 사실을 뼈아프게 통감할 것입니다. 물론 그들은 본국에 있을 때 여호와 종교를 부패시켰습니다. 그런데 타국에서 맞는 여호와의 절기는 자신들이 언약 백성이었다는 사실을 상기시킬 것이기에 민족적 특성을 누릴 수 없는 현실을 슬퍼할 것입니다.

"보라 그들이 멸망을 피하여 갈지라도 애굽은 그들을 모으고 놉은 그들을 장사하리니 그들의 은은 귀한 것이나 찔레가 덮을 것이요 그들의 장막 안에는 가시덩굴이 퍼지리라"(6절).

사람들은 위기가 오면 자신의 운명을 바꾸어 보려고 시도합니다. 호세아는 이스라엘 백성의 일부가 앗수르의 공격을 받을 때 애굽으로 도망할 것이라고 했습니다. 그러나 그들은 피신처라고 생각한 곳에서 매장될 것입니다. 그들은 도망하면서 은으로 만든 우상들을 버릴 것이며 그들의 집은 잡초로 덮여 폐허가 될 것입니다. 놉은 북부 애굽의 수도였던 멤피스를 가리킵니다. 본 절에서 애굽과 놉(memphis)은 동의어로 사용된 듯합니다. 애굽은 대형 피라미드를 비롯하여 거대한 공동묘지로 유명하였습니다. 여기서 '모은다'는 말은 출애굽의 사건과 대조됩니다. 하나님은 한때 자기 백성을 출애굽 시키기 위해서 모으셨습니다. 그러나 이제는 애굽이 이스라엘 백성을 매장하기 위해서 그들을 모으고 있다는 사실은 비극적인 역설입니다.

자기들을 잘되게 해 준다고 믿었던 우상들은 그들을 실망시킬 것입니다. 바알 신은 이스라엘 백성이 쫓겨나는 것을 막아주지 못하였습니다. 그들이 이 사실을 깨닫고 하나님께 나아가려고 해도 불가능합니다. 그들에게는 헌신을 상징하는 포도주가 없고, 하나님이 생명이심을 상징하는 빵도 없을 것이기 때문입니다. 그들은 더 이상 율법의 요구대로 하나님을 순수하게 경배할 수 없는 처지가 될 것입니다. 우상을 섬기면 오염되지 않은 순수한 제물로 하나님을 섬길 수 없습니다. 부정한 이방 나라에서의 삶은 희생 제사의 언약 의무를 실행할 수 없게 만듭니다.

우상숭배는 영적 통찰을 상실케 합니다(9:7-8).

> "형벌의 날이 이르렀고 보응의 날이 온 것을 이스라엘이
> 알지라 선지가가 어리석었고 신에 감동하는 자가 미쳤나
> 니 이는 네 죄악이 많고 네 원한이 큼이니라"(7절).

호세아 선지자가 "보응의 날이 이르렀다"고 선포하자 백성은 호세아 "선지자가 미쳤다'고 하였습니다. 그래서 호세아는 백성의 말을 받아서 "이는 네 죄악이 많고 네 원한이 큼이니라"고 반박하였습니다. 여기서 '원한'은 호세아 선지자에 대한 적대감을 가리킵니다. 새번역 성경이 쉽게 풀어 옮겼습니다.

'이스라엘은 알아라. 너희가 보복을 받을 날이 이르렀고, 죄지

은 만큼 벌받을 날이 가까이 왔다. 너희는 말하기를 "이 예언자는 어리석은 자요, 영감을 받은 이 자는 미친 자다" 하였다. 너희의 죄가 많은 만큼, 나를 미워하는 너희의 원한 또한 많다.'(호 9:7).

8절도 개역 성경보다 새번역이 이해하기에 더 쉽습니다.

> "하나님은 나를 예언자로 임명하셔서 에브라임을 지키는
> 파수꾼이 되게 하셨다. 그러나 너희는 예언자가 가는 길
> 목마다 덫을 놓았다. 하나님이 계신 집에서마저, 너희는
> 예언자에게 원한을 품었다."

선지자는 파수꾼과 같습니다(삼하 13:34; 18:24-27; 삼상 14:16; 겔 33:1-6). 선지자는 하나님의 뜻을 다른 사람들보다 앞서 알고 경고하기 때문에 '파수꾼'의 역할을 합니다. 그래서 이스라엘에 선지자가 있다는 것은 복된 일이었습니다. 그러나 이스라엘 백성은 선지자를 무시하였습니다. 사실 이스라엘은 하나님께 제물도 바치고 그 앞에서 즐거워하며 부르짖으면서도(8:2; 9:1) 선지자들을 멸시한 것은 모순입니다. 이스라엘 백성은 호세아를 비롯하여 선지자들의 말을 우습게 여겼습니다(잠 10:8, 10). '신에 감동하는 자'란 경멸어로 사용된 듯합니다. 호세아의 심판 메시지는 난센스로 취급되었습니다. 그들은 호세아가 종교 축제를 즐기는 것을 방해한다고 보았습니다.

「자기 마누라에게나 할 말이지. 왜 우리가 음란하다는 건가? 등잔 밑이 어둡다고 자기 집 안에 음녀를 아내로 둔 사람이 무슨

자격으로 우리를 보고 음행하니 어쩌니 한단 말인가? 요즘 세상에 우상신 한 두 개 없는 자가 누구란 말인가? 그게 어째서 음행인가? 여호와 종교를 시대에 맞추어 업그레이드시킨 것인데 무엇이 그리 못마땅하단 말인가?」

이스라엘 백성은 영적 통찰력이 없어 나라가 처한 환난의 적신호를 볼 수 없었습니다. 하나님과 떨어져 있으면 백성은 선지자의 메시지를 배격합니다. 그래서 자신들의 삶에 대한 하나님의 뜻이 무엇인지를 알지 못하고 공동체 전체에 대한 하나님의 임박한 징계에 눈이 멀어버립니다.

심판의 메시지는 인기가 없습니다. 죄를 지적하면 모두 싫어합니다. 주 예수를 믿는 것이 유일한 구원의 길이니 하나님께로 돌아오라고 하면 복음을 배척합니다. 복음은 그 성격상 육에 속한 사람들에게 적대감을 일으킵니다.

그럼 복음을 전할 때 반대에 부딪히면 어떻게 해야 할까요? 예수님이 주신 보호와 도우심의 약속을 기억해야 합니다. 십자가 구원을 확신하고 주를 위해 살면 머리털 하나도 상하지 않고 충만한 영생의 삶을 누린다고 하였습니다(눅 21: 12-17). 호세아는 정신병자라는 말을 듣고도 굳건히 서서 말씀을 충실히 전하였습니다. 그는 음란한 고멜을 아내로 삼고 살면서도 하나님의 말씀을 위해 하나님 편에 서 있었습니다. 호세아의 이런 믿음과 신실한 자세는 우리가 본받아야 할 귀한 모범입니다.

우상 숭배는 안전을 잃습니다.

"그들은 기브아의 시대와 같이 심히 부패한지라 여호와께 서 그 악을 기억하시고 그 죄를 벌하시리라"(9절).

호세아 선지자는 가는 곳마다 자신의 메시지 선포로 적대감을 일으켰습니다. 기브아 시대는 사사기 19장에서 21장에 나오는 극 도의 타락상을 가리킵니다. 베냐민 지파에 속한 기브아 사람들은 그곳에 유숙하는 한 레위 지파의 첩을 밤새도록 윤간하여 죽게 하였습니다. 이 소식을 들은 이스라엘 지파들은 단합하여 베냐민 지파를 씨가 마를 정도로 철저히 살육하였습니다.

이스라엘의 죄는 사사 시대의 기브아 사건처럼 극에 달하였습 니다. 여호와께서 기브아 사건에 관련되었던 기브아 주민들과 베 냐민 지파를 철저히 심판하셨듯이, 이제 이스라엘의 죄도 기억하 시고 심판하실 것이라고 선언합니다. 본 절은 앞에서 예고된(9:3- 6) 앗수르 포로에 대한 확정적인 선포입니다. 이스라엘 백성은 앗 수르로 잡혀가는 무서운 형벌을 피할 수 없게 되었습니다.

우상 숭배는 안전하지 않습니다. 하나님은 언약 백성이 다른 이방 신을 섬기는 것을 무한정 허용하시지 않습니다. 오래 기다 리시면서 여러 번 권면하시고 경고하시다가 기브아 시대처럼 악 이 쌓이고 심히 부패하면 그 죄를 반드시 벌하십니다. 여호와 하 나님과의 언약 위반이 이미 도를 지나쳤기에 창부가 된 이스라엘 은 보응의 날을 비껴갈 수 없게 되었습니다.

우상 숭배가 주는 교훈

우상은 우리를 앗수르의 포로수용소로 데리고 갑니다. 우상은 하나님의 백성을 애굽의 묘지로 인도합니다. 우상 숭배는 탐심에서 출발합니다(골 3:5). 우상을 처리하지 않는 한, 하나님을 온전히 섬길 수 없습니다. 우상은 좀과 같아서 내 영혼을 좀먹고 하나님에 대한 사랑과 헌신을 앗아갑니다.

우상 숭배가 가져오는 가장 심각한 손실은 유업의 상실입니다. 이스라엘에게 유업은 가나안 땅이었습니다(신 4:1; 6:18). 그러나 신약 시대에 크리스천이 받는 유업은 물질적인 것이기보다는 하나님 나라 안에서 누리는 여러 가지 영적 혜택들입니다.

예를 들면 하나님과 바른 관계에서 체험하는 영적 평안, 성경 말씀을 깨닫고 즐거워하는 것, 하나님의 인정과 사랑을 받는 기쁨, 하나님의 나라를 위해 유용한 쓰임을 받는 것, 하나님께서 동행하신다는 확신 등등입니다. 이러한 유업은 하나님 나라의 능력을 체험으로 알게 합니다. 그래서 생동력이 있고 하나님을 위해 무엇인가 기여하게 됩니다.

그럼 우리가 유업을 얻는 데 방해가 되는 우상을 어떻게 버릴 수 있을까요? 하나님 아닌 것을 하나님 자리에 끌어넣지 말아야 합니다. 교회 생활과 가정생활에서 세속의 가치관과 물질 우선주의가 스며들지 않도록 기회를 주지 말아야 합니다. 마귀에게 틈을 주면 반드시 믿음 생활에 손해를 입습니다. 탐심은 죽이고 물리쳐야 합니다. 내 편에서 그 위험을 직시하고 적극적으로 대응하도록 날마다 성령의 능력으로 무장하며 살아야 합니다(눅 12:15).

우리는 신자가 되었을 때 우리에게 어떤 일이 일어났는지를 교리상으로 숙지해야 합니다. 우리는 어둠의 땅에서 그리스도의 빛의 나라로 옮겨졌습니다. 이것은 확정적이고 영구적인 신분과 소속의 변화입니다. 그다음 우리가 항상 기억해야 하는 것이 있습니다. 그것은 날마다 나의 십자가를 지고 주님이 가신 길을 따르는 것입니다.

마귀의 유혹은 십자가 용병으로서의 전투적인 자세를 취할 때 극복될 수 있습니다. 우리는 주님의 십자가와 부활 생명으로 새 삶을 살도록 구원을 받았습니다. 우리는 마귀에게 속한 자들이 아니고 하나님의 의로운 백성입니다.

우상이 주는 것은 좋게 보여도 모두 허상이며 속임수입니다. 우상을 만지기만 해도 내 몸에 더러운 흔적이 남습니다. 우상은 내가 받고 누려야 할 고귀한 유업을 훔쳐가고, 하나님의 자녀가 지녀야 할 품위를 실추시키며, 나를 가장 나답지 않은 자로 전락시킵니다. 우리는 우상의 나라인 애굽과 앗수르에서 더러운 것을 먹어서는 안 됩니다(9:3). 우리 삶의 장막이 가시덩굴로 덮이지 않도록 미리 막아야 합니다(9:6). 우리는 우상의 땅에 묻힐 수 없습니다. 이스라엘이 우상을 버리지 못하다가 마침내 이방의 땅에 묻힌 것은 우리에게 경종이 되어야 합니다.

하나님의 반복된 경고에서도 몇 가지 교훈을 받아야 합니다.

호세아서에서는 지겨울 정도로 이스라엘의 죄악이 열거되고 반복됩니다. 백성은 호세아의 심판 메시지를 들을 적마다 호세아 선지자가 음란한 아내인 고멜로부터 받는 스트레스와 불만을 애매한 백성에게 푼다고 생각했을 것입니다. 그러나 호세아의 반복된 심판 메시지는 호세아 선지자의 개인적인 감정이 아닙니다. 우리는 그의 메시지가 하나님에 대해서 무엇인가 매우 중요한 측면을 말하고 있음을 주목해야 합니다. 왜 하나님께서 같은 메시지를 반복해서 전하게 하셨을까요? 백성이 우상 숭배를 접고 속히 회개하고 돌아오기를 심히 원하셨기 때문입니다. 만약 심판 자체가 목적이었다면 한두 번 경고한 후에 처벌하고 말았을 것입니다.

하나님은 죄를 미워하십니다. 그래서 죄를 벌하셔야 합니다. 하지만 형벌을 늦추시고 진노를 즉시 퍼붓지 않으십니다. 그 까닭은 죄인들을 긍휼히 여기시며 그들의 회개를 고대하시기 때문입니다. 그래서 자꾸 반복해서 죄를 지적하시고 거듭하여 경고하십니다. 이러한 하나님의 성품을 누가 싫어할 수 있겠습니까? 하나님께서는 인내에 인내를 거듭하시며 죄인들이 회개할 수 있는 길을 모두 열어 두십니다. 하나님께서는 마지막 징계의 옵션이 남을 때까지 백성의 유익을 위해 타이르시고 경고하시며 회유하십니다. 그들에게 동기부여를 하시고 과거의 충성을 회상하시며 칭찬도 아끼지 않으십니다.

우리는 어떤 반응을 보입니까? 죄를 거듭 지적하시면서 한탄하시고 슬퍼하시며 답답해하시는 하나님을 동정하거나 송구스럽게 여기지 않습니다. 사춘기 아이들이 부모의 교훈과 꾸중을 듣기 싫은 잔소리로 여기는 것과 비슷합니다. 호세아서는 장마다 죄를 반복해서 지적하는 메시지로 채웠다고 말해도 과언이 아닙니다. 그런데 매 장을 읽으면서 몇 번이나 하나님께 감사하였습니까? 심판을 피하게 하시려고 죄를 지적하고 경고하시는 것을 감사하기는커녕 그런 것이 오히려 성경을 멀리하는 원인이 되지는 않습니까? 죄에 대한 진노를 미루고 또 미루시는 하나님의 인내에 감탄하며 감사해야 정상적인 언약 백성의 반응입니다.

하나님께서는 마침내 이스라엘 백성의 포로를 불가피한 것으로 보시고 경고하셨습니다. 그런데 이 마지막 경고도 거듭 말씀하셨습니다. 그 까닭이 무엇입니까? 심판의 메시지 속에 자비의 말씀을 담아 두셨기 때문입니다. 하나님은 포로 이후에 회복이 있을 것을 약속하셨습니다. 이는 하나님께서 자기 백성을 영원히 버리지 않으실 것을 믿게 하려는 것이었습니다. 비록 언약 백성으로 이방 나라에 붙잡혀 가서 노예가 되는 환난을 겪어도 약속의 땅으로 귀환할 날이 있을 것을 알리셨습니다.

하나님께서는 이스라엘 백성을 마치 죽음에 던지시는 듯하였습니다. 그러나 다시 살리시고 약속의 땅으로 모으실 것이었습니다. 하나님께서 자기 백성의 죄를 거듭 지적하시며 심판의 메시지를 선포하셔도 갱신과 회복의 소망이 끊어진 것은 아닙니다.

호세아서는 출애굽기 34:6-7절에 명시된 하나님의 성품에 대한 역사적인 예시입니다. 여호와는 "자비롭고 은혜롭고 노하기를 더디하시며 인자와 진실이 많은 하나님"(출 34:6)이십니다. 하나님은 우리의 "악과 과실과 죄"(출 34:7)를 너그럽게 용서하십니다. 그러나 계속되는 악행을 반드시 처벌하십니다.

신자는 하나님의 품성을 닮고 그분의 인격에 비추어 살아가야 합니다. 하나님의 성품을 믿는 언약 백성이라고 하면서 적당히 죄짓고 적당히 교회 생활 한다면 빨리 고쳐야 하겠습니다. 우리는 하나님의 신성한 성품에 참여하기 위해서 부름을 받았습니다(벧후 1:4). 탐심에서 나오는 각종 형태의 우상 숭배는 하나님의 심판 대상입니다. 우상은 신자들의 건강을 위태롭게 하는 영적 발암물질입니다. 해로운 이물질을 거두어내고 맑은 양심으로 우리를 구속하신 주님을 신실하게 섬기도록 합시다.

32장

회상에 젖은 하나님

호세아 9:10

영어에 Silver lining이라는 말이 있습니다. 직역하면 '은으로 된 안감'입니다. 먹구름과 관계된 표현인데 빽빽한 검은 구름 사이로 흰 구름이 잠시 비쳐 나오는 은빛 채광을 가리킵니다. 그래서 '먹구름마다 실버 라이닝이 있다'(Every cloud has a silver lining.)는 속담이 생겼습니다

하나님은 선지자들을 통해 이스라엘의 죄를 누누이 지적하시고 심판을 경고하셨습니다. 심판의 먹구름은 불안과 공포를 일으킵니다. 이제 마지막 경고가 떨어진 상황에서 이스라엘의 장래는 암울하기 그지없었습니다. 이런 시점에서 하나님은 이스라엘에 대해 놀라운 고백을 하십니다. 이것은 겹겹이 쌓이는 먹구름의 임박한 심판 선언에서 비쳐나오는 은빛 채광의 소망입니다.

"옛적에 내가 이스라엘을 만나기를 광야에서 포도를 만남
같이 하였으며 너희 조상들을 보기를 무화과나무에서 처

음 맺힌 첫 열매를 봄 같이 하였거늘…"(10절).

하나님은 이스라엘을 처음 만났을 때 사랑에 빠지셨습니다. 이스라엘을 메마른 광야에서 만난 포도와 같다고 했습니다. 광야에서 포도를 발견한다는 것은 거의 불가능합니다. 황막한 광야를 피곤과 목마름 속에서 여행하는 자에게 포도는 에너지와 수분을 공급합니다. 광야에서 발견하는 포도는 큰 기쁨이 아닐 수 없습니다. 하나님은 이스라엘 백성을 만난 것이 너무도 큰 기쁨이었습니다.

또한, 이스라엘과의 만남은 하나님께 무화과의 첫 열매를 보는 것과 같았습니다. 미가 선지자는 무화과의 첫 열매를 "내 마음에 사모하는 처음 익은 무화과"(미 7:1)라고 표현했습니다. 이스라엘 백성이 얼마나 좋았기에 하나님께서 이런 고백을 하셨을까요? 그러나 우리는 그들의 실체를 압니다. 그들은 좋은 것의 반대였습니다. 에스겔 선지자의 말을 들어보십시오.

"네 근본과 난 땅은 가나안이요 네 아버지는 아모리 사람
이요 네 어머니는 헷 사람이라 네가 난 것을 말하건대 네
가 날 때에 네 배꼽 줄을 자르지 아니하였고 너를 물로 씻
어 정결하게 하지 아니하였고 네게 소금을 뿌리지 아니하
였고 너를 강보에 싸지도 아니하였나니 아무도 너를 돌보
아 이 중에 한 가지라도 네게 행하여 너를 불쌍히 여긴 자
가 없었으므로 네가 나던 날에 네 몸이 천하게 여겨져 네
가 들에 버려졌느니라"(겔 16:2-5).

이스라엘 백성 자체가 잘 나고 귀해서 하나님께서 그처럼 반가워하고 사랑한 것이 아님을 알 수 있습니다. 그들이 하나님의 백성이 된 것은 순전히 하나님의 긍휼이었습니다. 에스겔은 다시 말합니다.

"내가 네 곁으로 지나갈 때에 네가 피투성이가 되어 발짓하는 것을 보고 네게 이르기를 너는 피투성이라도 살아 있으라 다시 이르기를 너는 피투성이라도 살아 있으라 하고"(겔 16:6).

이스라엘 백성은 하나님의 선민이 될 아무런 자격도 매력도 없는 버린 자식이었습니다. 그러나 하나님이 불쌍히 여기셔서 죽기 전에 살리시고 자기 백성으로 삼으셨습니다. 그리고 그들과 언약을 맺으셨습니다. 하나님께서는 그들의 주가 되시고, 그들은 하나님을 순종하기로 굳게 맹세하였습니다. 그런데 그들이 여호와 하나님을 어떻게 순종하였습니까? 출애굽 이후에 어떤 일들이 있었는지를 상기해 보십시오.

홍해를 건너기 전에 애굽 군대가 이스라엘 백성을 추격하였습니다. 그때 백성이 모세에게 불평했습니다.

"애굽에 매장지가 없어서 당신이 우리를 이끌어 내어 이 광야에서 죽게 하느냐…애굽 사람을 섬기는 것이 광야에서 죽는 것보다 나았겠노라"(출 14:11-12).

이들은 열 재앙으로 출애굽을 시킨 여호와 하나님의 막강하고 초월적인 능력을 벌써 다 잊고 더는 믿지 않았습니다. 그러나 하나님께서는 그들의 목전에서 홍해 바다가 갈라지게 하셨습니다. 그들은 바다를 마른 땅을 걷듯이 건너 광야로 들어섰습니다. 그런데 조금 가다가 마라에 이르러 마실 물이 없다고 또 불평했습니다(출 15:24). 그다음 얼마 가지 않아 신 광야에 도착하였는데 모세와 아론을 원망하며 굶주려 죽게 되었다고 불평했습니다.

> "우리가 애굽 땅에서 고기 가마 곁에 앉아 있던 때와 떡을 배불리 먹던 때에 여호와의 손에 죽었더라면 좋았을 것을 너희가 이 광야로 우리를 인도해 내어 이 온 회중이 주려 죽게 하는도다"(출 16:3).

하나님은 그들이 광야에서 생존하기에 필요한 물과 먹을 양식을 주셨습니다. 누구 한 사람 광야에서 목말라 죽거나 굶어서 죽은 자가 없었습니다. 그래도 그들은 계속해서 불평하였고 하나님을 시험하였습니다. 이들은 출애굽한 지 3개월 후에 시내 광야에 도착했습니다. 그때 모세가 시내산으로 올라간 사이에 백성이 어떤 짓을 했습니까? 모세가 산에서 늦게 내려온다면서 자기들을 인도할 신을 만들라고 아론에게 독촉했습니다. 그래서 여자들의 귀에서 금귀고리를 빼어 금송아지 우상을 만들었습니다. 그들은 금송아지 우상이 출애굽 신이라고 받들며 제사를 올리고 난잡하게 놀았습니다(출 32:1-6).

이런 백성인데 어떻게 하나님께서 그들을 만난 것이 광야에서 포도를 만난 것과 같고 무화과나무의 첫 열매를 보는 것과 같다고 하셨을까요? 이스라엘 백성의 작태를 보면 이런 고백은 통 어울리지 않습니다. 그러나 얼마나 큰 위로와 격려가 되는 말씀인지 모릅니다. 이것이 오늘 본문의 강조점입니다.

우리는 이스라엘 백성보다 조금도 더 낫지 않습니다. 우리가 처음 하나님을 만났을 때 잘난 것이 있었습니까? 물론 세상의 눈으로 보면 이미 출세한 사람도 있고 학벌도 좋고 사회적인 신분이 높은 분들이 있습니다. 그러나 여기서는 그런 것들을 말하는 것이 아닙니다. 세상에 속한 것으로는 하나님의 자녀가 될 수 없습니다. 아무리 잘난 사람도 하나님 앞에서는 죄인입니다. 우리는 주 예수를 믿기 전에는 모두 우상 숭배자들이었습니다. 어둠에 갇힌 영적 맹인들이었고 어둠에 속한 일을 하였습니다. 우리는 주 예수를 믿은 이후에도 자주 탐심의 유혹에 넘어가고 이런 저런 부끄러운 죄를 짓습니다. 그렇다면 어떻게 하나님의 사랑의 고백을 들을 자격이 있겠습니까? 그러나 주 예수를 믿고 하나님의 인도에 따라 광야 길을 걷기 시작한 자들에게 하나님께서는 동일한 사랑의 고백을 하십니다. 얼마나 놀랍고 감사한 일입니까!

하나님은 완전하시고 거룩하십니다. 하나님에게는 죄가 전혀 없습니다. 하나님의 거룩한 속성은 죄를 용납할 수 없습니다. 그래서 죄인은 누구도 하나님 앞으로 나갈 수 없습니다. 죄인의 신

분으로는 하나님과 사랑의 관계를 맺지 못합니다. 그러나 그리스도의 속죄 피로써 용서를 받고 의롭다는 칭의의 선언을 들은 자는 하나님께 나아갈 수 있습니다. 출애굽 세대처럼 유월절 피를 믿고 구원을 받은 자가 주님을 따르기 시작하면 그들은 하나님의 눈에 광야에서 만난 포도송이 같고 무화과의 첫 열매와 같습니다.

하나님은 완벽하십니다. 그러나 완벽주의자는 아니십니다. 하나님은 죄를 용납하시지 않습니다. 그러나 용서받은 자의 허물에 대해서는 관대하십니다. 출애굽 세대는 모두 유월절 양의 피로써 애굽의 속박에서 벗어나 하나님의 자녀가 되었습니다. 그들은 하나님의 눈에 귀한 자녀들이었습니다. 비록 여호와를 따르는 걸음이 일정하지 않았을지라도 하나님은 그들을 자녀로 대하시고 계속 돌보시며 인도하셨습니다.

하나님은 예레미야 선지자를 통해서도 이스라엘 백성을 회상하시는 말씀을 주셨습니다.

"내가 너를 위하여 네 신혼 때의 사랑을 기억하노니 곧 씨 뿌리지 못하는 땅, 그 광야에서 나를 따랐음이니라"(렘 2:2).

이것은 이스라엘의 초기 광야 시절에 대한 하나님의 깊은 회상입니다. 하나님께서 이스라엘 백성과 가지셨던 신혼의 추억은 광야의 이미지를 배경으로 안고 있습니다. 주님은 예레미야서에서 광야를 이렇게 묘사하셨습니다.

> "그 황량하고 구덩이가 많은 땅에서, 죽음의 그림자가 짙
> 은 그 메마른 땅에서, 어느 누구도 지나다니지 않고 어느
> 누구도 살지 않는 그 땅에서"(렘 2:6, 새번역).

그런데 초기 광야 시절에 이스라엘 백성이 하나님께 얼마나
신실하였습니까? 신실했던 때보다 신실하지 못했던 때가 더 많
았습니다. 그런데도 하나님은 그때의 이스라엘 백성을 짙은 연정
으로 회상하십니다. 하나님은 그들이 깊은 사랑으로 신실하게 주
님을 따랐다고 감격해 하시면서 그 사실을 가슴에 담아 두셨다고
고백하십니다. 이것은 퍽 놀라운 일입니다. 이스라엘 백성의 한
심한 상태는 역사가 증명합니다. 그럼 하나님께서 초기 이스라엘
백성과 신혼을 즐기시고 기뻐하셨다는 뜻은 무엇일까요?

첫째, 하나님은 자기 백성에 대한 평가에 매우 후하십니다.

만일 하나님께서 이스라엘 백성의 불순종을 엄격하게 따져서
평가하셨다면 결코 그들과의 신혼 시절이 행복했다고 회상하실
수 없었을 것입니다. 그들은 광야에서 여러 번 하나님의 벌도 받
았습니다. 그러나 하나님의 시선은 이스라엘 백성의 불순종과 불
신의 행실들에 쏠려 있지 않았습니다. 하나님은 거친 '광야'로 자
기 백성을 인도하신 것을 감안하셨습니다. 광야는 씨를 뿌려 수
확을 할 수 없는 곳이었습니다. 아무 열매를 거둘 수 없는 곳인데

도 이스라엘 백성이 하나님을 따랐다는 사실을 높이 평가하셨습니다. 그래서 광야 생활에 지친 백성을 생각할 때마다 하나님의 마음은 그들에 대한 동정으로 가득하였습니다.

물론 초기 광야 백성은 불평불만으로 일관했습니다. 물 타령과 고기 타령을 하였고 심지어 애굽으로 돌아가자고까지 하였습니다. 그들은 금송아지 우상을 만들기도 했습니다. 그러나 하나님은 그 모든 어리석은 행실들을 마치 모르시기라도 하듯이 초기 광야 시절을 온통 신실함과 참사랑의 신혼 시기로 회상하셨습니다.

둘째, 하나님은 자기 백성과의 사랑에 목말라 하십니다.

이스라엘은 하나님께 광야의 포도처럼 귀하고 무화과나무의 첫 열매처럼 달았습니다.

이것은 무엇을 의미합니까? 이스라엘의 걸음이 불신실하여 비틀거렸을지라도 하나님의 손을 잡고 광야를 걸은 것이 너무도 행복한 일이었다는 것입니다. 사랑에 목마른 자는 극히 작은 사랑의 몸짓이나 한 마디 긍정적인 응답에도 마음이 녹을 듯이 기쁘고 행복한 법입니다. 하나님께서는 언제나 우리와의 사랑에 목말라 하십니다. 그래서 아주 작은 사랑과 순종의 표현이라도 하나님에게는 두고두고 추억할 달콤한 포도와 무화과의 첫 열매와 같습니다.

셋째, 하나님은 자기 자녀들이 죄에 빠졌을 때 과거를 돌이켜

보게 하십니다.

초기 이스라엘에 대한 하나님의 회상은 현재의 타락한 이스라엘의 상황과 대조시키기 위한 것입니다. 이것은 이스라엘 백성을 격려하는 동기부여이기도 합니다. 이스라엘 백성은 자신들이 항상 나빴던 것이 아니라는 사실을 기억할 필요가 있었습니다. 그들의 조상들이 초기 광야 시절에 여호와 하나님을 기쁘게 해 드린 적이 있었다는 사실은 자신들도 그렇게 살 수 있다는 가능성을 알리는 일이었습니다. 하나님은 질책이나 심판을 하시기 전에 동기부여를 위한 격려의 말씀을 자주 하십니다. 하나님께로 다시 돌아와서 주님을 기쁘게 해 드리는 일은 결코 어려운 일이 아니라는 것입니다. 이것이 초기 광야 시절에 대한 하나님의 회상이 의도하는 것이었습니다.

하나님께서 초기 이스라엘 백성의 심각한 죄악들을 얼마나 크게 용서하셨습니까? 얼마나 자주 그들의 반역과 불순종과 불평을 참으셨습니까? 그들은 목이 곧은 백성이었습니다. 그런데도 하나님은 그들과의 광야 생활을 신혼의 단꿈으로 기억하시고 좋게 평가하셨습니다. 그렇다면 우리에게 큰 격려가 되지 않습니까? 우리도 예수님의 대속의 피를 믿고 주님의 손에 의지하여 이 세상 광야를 걷는 중입니다. 죄 많고 슬픔 많은 세상에서, 열매를 거둘 수 없는 척박한 땅에서, 죽음이 기다리는 허무한 지상에서 삽니다. 그러나 우리가 구원의 하나님을 체험하고 그분을 따라나섰다면 우리는 귀한 존재입니다. 하나님의 눈에는 우리가 광야에서 만난 포도송이 같고 제철에 막 익은 무화과의 첫 열매처럼 보입니다. 십자가 대속을 믿는 거듭난 신자는 주님과 행복한 밀월을 시작한 자들입니다. 그런데 지금은 어떻습니까? 어느새 주님에 대해 사랑이 식고 내 가슴에 세속의 임이 들어와 있지는 않습니까?

이스라엘은 하나님과의 허니문 이후에 우상 숭배에 빠졌습니다(호 9:10-11). 이스라엘의 신혼 시절을 결정적으로 망치게 한 것은 그들이 바알브올에 도착했을 때였습니다. 바알브올은 장소명이면서 우상 신의 이름입니다. 바알브올은 바람과 구름과 비를 통제하는 모압의 다산 신이었습니다. 이스라엘은 가나안을 향해 전진할 때 모압 땅을 통과해야 했습니다. 그때 싯딤이란 곳에 잠시 머물게 되었는데 이스라엘 남자들이 모압 여자들과 함께 바알브올의 이방 종교의식에 참여하였고 거기서 모압의 딸들과 행음하였습니다(민 25:1). 이 사건으로 이만 삼천 명의 이스라엘 백성이 전염병으로 죽었습니다(민 25:1-9; 신 4:3; 시 106:28).

우리에게는 바알브올과 같은 우상이 없다고 생각할지 모릅니다. 현대인들은 기상 신이나 다산 신을 믿지 않습니다. 그러나 바울 사도는 바알브올 사건을 지적하며 경고하였습니다(고전 10:8).

"그들에게 일어난 이런 일은 본보기가 되고 또한 말세를 만난 우리를 깨우치기 위하여 기록되었느니라 그런즉 선 줄로 생각하는 자는 넘어질까 조심하라"(고전 10:11).

현대판 바알은 근본적으로 가나안의 바알과 다르지 않습니다. 우상 숭배는 탐심에서 시작됩니다. 하나님이 아닌 것과 하나님이 인정하시지 않는 것을 쫓아다니는 것이 우상 숭배입니다. 성과 돈과 각종 부패에 탐닉하는 것이 바알 경배입니다. 세속의 풍습과 가치관에 따라 살면서 하나님을 뒷켠으로 밀쳐내는 것이 우상 숭배입니다. 세상 신들에게 귀를 기울이는 것이 우상 숭배입니다.

자신의 삶 속에는 바알이 없다고 여기는 자들은 넘어질까 조심해야 하고 자기를 속이며 살지 않는지 살펴야 합니다. 나에게는 주님에 대한 첫사랑이 흐려지고 있지 않습니까? 하나님의 임재를 더는 못 느끼면서 살지는 않습니까? 나는 세상 복에 마음이 빼앗기지 않았습니까? 성경 말씀이 진리라는 확신으로 교회에 다니십니까? 나는 날마다 하나님을 간절히 찾으면서 삽니까?

이런 질문에 긍정적인 대답을 할 수 없다면 이스라엘의 경우처럼, 에브라임의 영광이 새 같이 날아가는 때가 올 것입니다(호 9:11). 자신의 영광이라고 생각되는 것들은 바알을 따르는 동안에 시들고 사라집니다. 영적으로 내려가기 시작하면 성령의 인도나 하나님의 능력을 체험하지 못하고 '맛있던 무화과 열매'가 시어집니다.

"저희가 사랑하는 우상 같이 가증하여졌도다"(호 9:10)라는 말은 우상을 좋아하면 우상처럼 된다는 뜻입니다. 주님을 사랑하면 주님의 모습이 나타나고(고후 3:18) 우상을 사랑하면 우상의 모습이 드러납니다. 헛된 우상을 따르면 나 자신도 허무하게 됩니다.

"너희의 조상이 나에게서 무슨 허물을 발견하였기에, 나에게서 멀리 떠나가서 헛된 우상을 쫓아다니며, 자신들도 허무하게 되었느냐?" (렘 2:5).

넷째, 하나님은 우리에게 완전무결한 사랑을 요구하시지 않습니다.

하나님께서 우리의 사랑이 완전해야만 받으신다고 생각하는 것은 오해입니다. 하나님이 이스라엘을 신부로 택하셨을 때 그들의 상태는 한심하였습니다(겔 16:6-14). 그들이 광야에서 하나님을 따랐지만 완벽한 순종을 했기 때문에 하나님의 눈에 포도송이가 되고 무화과 열매가 된 것이 아닙니다. 하나님께서 자기 백성에게 요구하시는 것은 절대적인 의미에서의 완전함이 아니고 적극적인 신뢰입니다. 하나님께서 원하시는 것은 첫 출발의 투신이며 주님만 바라고 사는 꾸준한 믿음의 자세입니다.

이 세상에서 죄 없는 완전은 불가능합니다. 하나님께서는 이 사실을 우리보다 훨씬 더 잘 아십니다. 그렇다고 해서 적당히 살아도 된다는 뜻은 아닙니다. 절대적인 순종이나 흠 없는 삶은 불가능할지라도 주님이 받아주실 수 있는 수준의 삶은 가능합니다. 우리에게 죄가 있다면 언제라도 그리스도의 피로써 씻김을 받을 수 있습니다. 다시 일어나서 꾸준하게 주님을 따라가면 우리의 연약함을 동정하시는 자비하신 주께서 기뻐하시는 성도의 삶을 살 수 있습니다.

하나님께서는 극히 작은 순종의 몸짓과 미흡한 사랑의 표현에도 얼굴을 밝히시며 반기십니다. 복음의 빛 속에 머물면서 주님을 따라가면 때때로 실족할지라도 주님이 달게 여기시는 열매를 거둘 수 있습니다.

물론 하나님께서는 우리 삶의 모든 구석에서 흠을 발견하실수 있습니다. 그러나 하나님은 우리의 결점보다 주님을 따르는 조악한 '광야'의 환경을 고려하십니다. 그래서 우리의 미약한 사랑을 비롯하여 부족한 순종, 미흡한 기도, 부분적 헌신 등에도 불구하고 하나님은 우리를 기쁘게 받아주십니다. 주님은 쉽게 감동을 하시는 분이기 때문입니다.

주님은 이스라엘 백성의 초기 광야 시절을 회상하시는 분입니다. 우리가 한때는 하나님의 눈에 광야에서 만난 포도송이와 무화과나무의 첫 열매와 같이 보인 적이 있었다는 사실을 아십니까? 주님은 그때로 돌아가기를 원하십니다. 주님은 우리의 초기광야 시절을 신령한 가슴 속에 깊이 품고 자주 추억하십니다. 우리가 죄에 빠질 때마다, 바알브올의 우상에 끌릴 때마다, 주께서는 우리와의 밀월여행의 행복했던 추억들을 짙게 떠올리십니다. 주님이 우리를 광야의 포도송이와 무화과의 첫 열매로 보셨다는 말씀이 얼핏 실감이 가지 않을지 모릅니다. 죄책감과 부족감에 늘 사로잡혀 있으면 하나님께서 우리를 그처럼 그리워하시며 우리의 하찮은 사랑을 그토록 반기신다는 사실을 믿기 어렵습니다. 그러나 주님은 우리의 첫걸음의 사랑을 늘 마음에 담아 두시고 회상하십니다. 그렇다면 헛된 바알의 영광을 위해 살지 말고 광야에서의 첫사랑의 추억을 안고 오늘도 우리를 기다리시는 주님께로 돌아가야 하겠습니다.

33장
에브라임의 영광
호세아 9:10-17

"옛적에 내가 이스라엘을 만나기를 광야에서 포도를 만남
같이 하였으며 너희 조상들을 보기를 무화과나무에서 처
음 맺힌 첫 열매를 봄 같이 하였거늘 그들이 바알브올에
가서 부끄러운 우상에게 몸을 드림으로 저희가 사랑하는
우상 같이 가증하여졌도다"(호 9:10).

이스라엘의 사랑스러운 모습은 가증한 모습이 되었습니다. 가
증하게 된 이스라엘은 광야 초기의 모습에 비교하면 너무도 충격
적입니다. 광야에서 하나님과 밀월여행을 하던 시기에 이스라엘
은 포도송이와 같고 무화과 열매와 같았습니다. 하나님은 그들을
무척 기뻐하며 사랑하셨습니다. 그러나 아름다운 신부는 음란한
우상 숭배로 흉물이 되었습니다. 우상과 놀아나면 우상을 닮습니
다. 드라큘라에게 물린 자가 드라큘라의 이빨을 가진 흡혈귀가
되는 것과 같습니다. 가증하다는 말은 우상을 가리키는 표현입니

다. 우상이 가증하기에 우상을 섬기는 자도 가증하게 됩니다. 그래서 시편에서도 "우상들을 만드는 자들과 그것을 의지하는 자들이 다 그와 같으리로다"(시 115:8)라고 하였습니다. 그런데 가증한 자에게는 한 가지 독특한 점이 있습니다. 그것은 영광이 없는 것입니다.

"에브라임의 영광이 새 같이 날아 가리니 해산하는 것이
나 아이 배는 것이나 임신하는 것이 없으리라"(호 9:11.).

에브라임은 이스라엘을 가리킵니다. 새는 순식간에 날아가 버립니다. 새가 발 한쪽이나 날개 죽지 하나를 나무에 걸어 놓고 나머지 몸만 날아가지 않습니다. 새는 날아가면 완전히 몸 전체로 자리를 떠납니다. 이처럼 이스라엘은 자신의 영광을 순식간에 하나도 남김없이 완전히 상실하게 될 것입니다.

'에브라임의 영광'이라는 말은 여로보암 2세와 아합과 같은 왕들의 통치 때에 누린 국가적 강성을 가리킬 수 있습니다. 그런데 실제로 그들의 국권은 그다지 큰 영광은 아니었습니다. 호세아 시대에 벌써 나라가 회복될 수 없는 불의와 부패에 젖어 있었습니다. 그래서 문맥상 '에브라임의 영광'은 제한적인 의미로 보는 것이 낫습니다. 11절과 12절에서 에브라임의 영광에 이어 해산과 임신이 언급된 것은 그들이 애지중지하는 자식들과 그로 인한 인구 증가를 개인과 나라의 영광으로 여겼음을 시사합니다.

그들은 자녀가 자기들의 영광이기에 자녀가 잘못되는 것은 어떤 일이 있어도 막아야 했습니다. 그래서 몸까지 바치면서 바알

에게 도움을 청했습니다. 그 결과 하나님의 선물이 우상이 되었고 마침내 자신들까지 가증하게 되어 심판을 받았습니다. 그들이 애지중지하던 '에브라임의 영광'이 새처럼 날아가 버렸습니다.

우리도 자식을 영광으로 여기고 살 수 있습니다. 자식에 대한 집착은 우리나라 문화에 깊이 젖은 정서입니다. 신자는 자식을 하나님의 선물이라고 믿습니다. 그런데 하나님이 주시는 귀한 선물이 자식뿐이라고 생각하거나 자식 이외에 귀한 것이 없다고 보면 잘못입니다. 자녀를 잘 기를 책임이 부모에게 있고 자녀가 행복의 한 요소가 될 수 있지만 '그리스도인의 영광'은 자녀들이 누리는 물질적인 풍요나 사회적 출세가 전부가 될 수 없습니다. 그리스도인이 오직 자녀들을 위해서 모든 것을 다 희생하며 자녀 중심으로 산다면 자녀가 하나님의 자리를 대신하는 우상이 된 것입니다. 자녀들과 물질에 집착했던 이스라엘이 큰 화를 당한 것은 우리에게 큰 경고가 되어야 합니다.

영광이란 무엇일까요?

성경에서 말하는 영광의 근원은 하나님이십니다. 엄밀한 의미에서 하나님만이 영광스러운 분입니다. 인간이 영광스럽다면 그것은 자생적으로 생기는 영광이 아니고 하나님의 영광을 반사하는 것입니다. 인간은 원래 타락하기 이전의 에덴동산에서 하나님의 영광을 반사하였습니다. 그러나 타락으로 인해 하나님의 영광을 더 반영하지 못하고 어둠에 갇혔습니다. 구원은 잃어버린 하나님의 영광을 회복하는 것이라고 할 수 있습니다. 그래서 하나님께서는 인간들이 타락으로 반영할 수 없는 하나님의 영광을 되찾게 하려고 독생자를 세상에 보내셨습니다. 예수님은 하나님의 영광을 비춰 줍니다. 그래서 예수님을 본 자는 하나님의 영광을 본 자입니다(요 14:9).

> "어두운 데서 빛이 비취리라 하시던 그 하나님께서 예수 그리스도의 얼굴에 있는 하나님의 영광을 아는 빛을 우리 마음에 비춰셨느니라"(고린도후서 4:6).

그리스도의 영광의 빛은 죄인들이 하나님의 부름을 받고 복음을 믿을 때 받습니다. 그리스도의 영광은 믿음에 의해서만 볼 수 있고 얻을 수 있습니다(요 1:14; 2:11).

> "이를 위하여 우리 복음으로 너희를 부르사 우리 주 예수 그리스도의 영광을 얻게 하려 하심이니라"(살후 2:14).

> "내게 주신 영광을 내가 저희에게 주었사오니 이는 우리 가 하나가 된 것같이 저희도 하나가 되게 하려 함이니이 다"(요 17:22).

영광은 하나님 되심을 드러내는 것으로서 그분의 거룩하신 품성과 권능을 가시적으로 보고 느끼게 하는 광채입니다. 구약 시대에는 하나님의 영광이 지성소 안에서 비쳐 나왔습니다. 모세도 불붙는 떨기나무와 시내 산에서 하나님의 영광의 일면을 보았고 (출 3:2-6; 33:18-23). 예수님의 제자들도 변화 산에서 주님의 영광의 광채를 보았습니다(눅 9:29; 벧후 1:17). 사도 요한은 성육신으로 오신 예수님의 인격체 전체가 영광의 모습이었다고 증언합니다.

> "말씀이 육신이 되어 우리 가운데 거하시매 우리가 그의 영광을 보니 아버지의 독생자의 영광이요 은혜와 진리가 충만하더라"(요 1:14).

우리는 하나님께서 예수 그리스도의 인격과 복음을 통해서 주시는 하나님의 영광을 덧입은 사람들입니다. 이 영광은 그리스도를 구주 하나님으로 믿고 그분의 성품을 반영하며 그분의 생명과 능력으로 살 때 드러납니다.

이스라엘의 경우에는 영광이 국가적인 차원에서 일차적으로는 하나님의 품성을 드러내는 것이었고, 이차적인 의미로는 언약 백성으로서 누렸던 특권과 영예를 가리킵니다. 이것은 단순히 자녀들에 그치는 것이 아닙니다. 자녀보다 더 귀히 여기고 누려야 할 특권이 있습니다. 그것은 그리스도의 성품과 새 생명을 드러내는 것입니다. 즉, 성별 된 백성으로서 오직 주 예수 그리스도와 그분의 가르침에 신실한 새 삶을 사는 것입니다. 다시 말해서 바알 종교를 따르는 세상 사람들과 다르게 사는 것입니다. 세속의 번영이 아니고 하나님이 주시는 언약 백성의 특권과 약속들을 넘치게 받는 것입니다.

예수님과 맺은 새 언약 백성의 특징이 드러나는 것이 우리의 영광이어야 합니다. 언약 백성이 언약을 깨면 성별 된 백성의 특징이 사라진 것입니다. 이스라엘 백성은 이러한 진정한 의미의 영광을 생각하지 않고 극히 제한적인 자식의 영광이나 물질적인 풍작을 바알 신의 축복으로 소유하려고 했습니다. 하나님을 믿는다고 하면서 그분의 영광을 드러낸 것이 아니고 바알의 헛된 영광에 속았습니다.

나는 무엇을 영광으로 여기고 삽니까? 나의 영광이 하나님의 영광의 광채를 반영하고 있습니까? 아니면 나의 영광이 비록 하나님께서 주신 선물이라도 바알의 옷을 입히고, 바알의 노래로 찬양하지는 않습니까? 이스라엘에 성전도 있고 제단도 많았습니다. 물질도 있고 자식도 많았습니다. 그러나 그것들이 하나님의 영광의 성품과 신령한 구속의 목적에 이바지하지 못하고 하나님의 영광을 가렸을 때 모두 새처럼 날아가 버렸습니다. 이 같은 재앙은 우리에게도 일어날 수 있습니다. 지금 현재 내 삶에서 하나님의 임재나 사랑을 느끼지 못한다면 무엇을 자기의 영광으로 여기고 사는지를 자문해 보아야 합니다.

이스라엘의 타락과 하나님의 심판

이스라엘 백성은 한두 번 어쩌다가 실족한 것이 아니고 습관적으로 깊이 타락하였습니다. 그래서 첫 출애굽 세대 중에서는 갈렙과 여호수아를 제외하고는 아무도 가나안 땅에 들어가지 못하였습니다. 심지어 모세도, 아론도, 미리암도, 이스라엘의 70인 장로들도 못 들어갔습니다. 그런데 가나안에 들어간 신세대 역시 타락하기는 마찬가지였습니다. 그들은 "여호수아가 사는 날 동안과 여호수아 뒤에 생존한 장로들, 곧 여호와께서 이스라엘을 위하여 행하신 모든 큰 일을 본 자들이 사는 날 동안은"(삿 2:7) 대체로 하나님을 잘 섬겼습니다. 그러나 그 후로는 점차 타락하기 시작하였습니다. 사사 시대를 거쳐 왕정 시대를 맞았지만 얼마 가지 않아 남북으로 갈라졌고 북부 이스라엘은 에브라임 지파를 중심으로 우상 숭배에 빠졌습니다.

하나님은 그들의 타락을 수백 년 동안 바라보시면서 참고 참으셨습니다. 선지자들을 부지런히 보내시고 율법을 가르치며 불순종에 대해 경고하셨습니다. 또한 여러 좋은 말로 격려하며 우상 숭배에서 돌이키도록 호소하였습니다. 그러나 북이스라엘은 종교적 배신과 사회적 불의를 거듭하면서 언약 백성의 특이성을 내던졌습니다. 이스라엘은 국가적으로 더 버틸 수 없는 지경에 이르렀습니다. 그들은 모두 벼랑 끝까지 갔습니다. 남은 것은 그들을 벼랑 아래로 밀쳐버리는 하나님의 준엄한 심판이었습니다.

그들이 받은 심판의 내용은 무엇일까요? 크게 두 가지입니다. 하나는 인구가 격감한다는 것이고 다른 하나는 유랑 민족이 된다는 것입니다. 이 형벌은 모두 이스라엘의 우상 숭배와 관련된 것입니다. 그들은 다산 종교를 믿었습니다. 이스라엘을 대표하는 에브라임 지파는 인구가 많았습니다. 당시에는 인구가 국력이었습니다. 그들은 바알 덕분에 자손이 많다고 생각하였고 자식들에게 집착하며 살았습니다. 그래서 그들이 받을 형벌은 다산 신에 대한 환상을 깨는 것이었습니다. 임신과 해산과 자녀 양육은 바알의 능력으로 되는 것이 아니고 여호와 하나님의 소관이라는 것을 알아야 했습니다. 그래서 출산을 못 하게 함으로써 다산 신을 무력하게 만들고 비록 아이들을 낳아도 자라지 못하고 죽을 것이라고 했습니다. 그런데 하나님께서는 이 일을 이스라엘 백성에게 직접 오셔서 행하신 것이 아니고 그들을 떠나심으로써 일어나게 하셨습니다.

"내가 그들을 떠나는 때에는 그들에게 화가 미치리로다"
(12절).

하나님이 떠나실 때 인구가 줄어드는 것은 무엇을 의미할까요? 하나님이 그들과 함께하실 때만 생명이 유지된다는 뜻입니다. 즉, 바알이 아닌, 하나님께서 생명을 주기도 하시고 거두기도 하신다는 말씀입니다. 이스라엘 백성은 조만간 이 진리를 뼈저리게 통감할 것이었습니다. 하나님은 16절에서 반복하여 다산과 관련해서 자식의 열매를 거두어 가신다고 예고하십니다. 이스라엘 백성은 바알이 풍작을 주고 자식들을 준다고 믿었습니다.

그러나 하나님께서는 그들의 다산을 역행시키는 벌을 내리셨습니다. 불임은 하나님을 순종하지 않는 데 대한 저주였습니다 (신 28:18). 다산 신을 섬기고도 자식이 없다는 것은 무엇을 말합니까? 다산 신이 거짓이라는 것입니다. 이스라엘 백성은 하나님이 자연을 다스리시고 자기 백성의 모든 필요를 공급하신다는 사실을 믿지 않았습니다(호 3:8).

그러나 하나님은 다산도 지배하시고 무자(無子)도 통제하신다는 것을 이스라엘 백성은 뼈아픈 체험으로 알게 될 것이었습니다. 이스라엘의 인구는 다산의 축복에서 제외될 것입니다. 결국, 이스라엘은 자기들이 섬기던 바알 신으로부터 버림을 받은 셈이었습니다. 이것이 호세아의 아내였던 고멜이 당한 체험이었습니다. 고멜은 다른 남자들이 자신의 필요를 채워 준다고 믿고 호세아를 배신하였습니다. 그러나 고멜은 모든 것을 잃고 노예로 전락하였습니다. 그때 그녀를 구해 줄 세속의 연인들은 한 사람도 없었습니다. 그녀는 자기와 정사를 나누었던 모든 남자로부터 철저한 버림을 당하였습니다. 하나님이 벌을 내리실 때는 세상 우상들이 나를 도울 수도 없으려니와 그럴 마음도 없습니다. 이스라엘은 하나님의 징벌을 고스란히 다 받아야 했습니다.

또 하나의 형벌은 유랑 민족이 되는 것입니다(17절). 전쟁이 나면 이스라엘 백성은 고국에서 끌려나가 여러 나라에서 떠돌이가 될 것이었습니다. 이것은 하나님께서 모세에게 미리 예고하셨던 경고였습니다(신 4:25-28). 그런데 하나님은 길갈의 죄악도 지적하셨습니다.

"그들의 모든 악이 길갈에 있으므로 내가 거기에서 그들을 미워하였노라"(9:15).

길갈은 이스라엘의 초기 역사에서 매우 중요한 의미가 있었습니다. 여호수아가 이곳에서 가나안을 정복하기 전에 12지파의 수효대로 돌기둥을 세웠습니다. 이것은 광야를 지나 약속의 땅으로 오게 하신 하나님의 능력과 선하심을 기념하기 위해서였습니다(수 4:19-24; 5:7-9). 그리고 이곳에서 백성에게 할례를 베풀었습니다. 이것은 하나님께 속한 언약 백성이라는 사실을 주지시키는 의식이었는데 애굽의 노예 생활을 완전히 벗고 영토가 있는 주권 국민이 된 것을 엄숙히 선언하는 일이었습니다. 그래서 길갈은 하나님의 선하심을 기념하고 그분께 충성을 서약하는 곳이었습니다.

'길갈'은 굴러간다는 뜻입니다. 애굽에서의 수치가 떠났다는 의미입니다. 길갈은 사울이 이스라엘의 초대 왕으로 세움을 받은 곳이기도 합니다(삼상 11:15). 그러나 길갈은 점차 타락의 본거지로 탈바꿈하였습니다. 길갈은 북왕국을 죄로 이끈 왕권제가 시작된 곳입니다. 길갈은 바알 종교의 안방이었고 온갖 죄악의 텃밭이었습니다. 그래서 아모스 선지자도 길갈을 죄의 소굴로 비난하였습니다(암 4:4; 5:5).

하나님께서는 이스라엘 백성을 "내 집에서 쫓아낸다"고 하셨습니다. '내 집'이란 가나안 땅을 말합니다. 이스라엘은 땅도 잃고 언약 백성으로서의 정체성도 상실할 것이었습니다. 하나님은 길갈에서 바알 신을 섬기는 백성과 그들의 지도자들을 미워하시고 다시는 그들을 사랑하지 않겠다고 하셨습니다. 그 결과는 무엇입니까? 하나님과의 언약을 깨뜨렸을 때 받는 저주를 당하였습니다(레 26:14-39). 그것은 약속의 땅에서 쫓겨나는 것이며 인구가 감소하는 것입니다. 또한, 열국에서 유리하는 신세가 됩니다(15-17절). 한 마디로 하나님의 버림을 받습니다(17절).

우리는 이러한 이스라엘의 역사가 우리와 무슨 상관이 있느냐고 물을지 모릅니다. 우리는 바알 신과 아무 상관이 없어 보입니다. 우리는 농경 신을 믿지 않습니다. 농사 잘 되게 해 달라고 바알 신에게 빌지 않습니다. 바알은 수천 년 전의 팔레스타인의 농경 신이었습니다.

그러나 바알 신은 지금도 활개를 치고 있습니다. 바알 종교의 핵심이 무엇입니까? 에로스와 물질입니다. 현대 사회가 에로스 문화가 아닙니까? 물질 만능의 맘몬 문화가 아닙니까? 바알은 죽지 않았습니다. 세상은 지금도 바알의 수중에서 놀아나고 있습니다. 옛날과 다른 것이 있다면 팔레스타인의 우상 숭배 영역이 전 세계적으로 넓혀졌다는 것입니다. 교회와 교인들의 삶에도 바알의 영향이 깊숙이 들어와 있습니다. 교회사를 보면 교회가 바알 신의 강력한 영향으로부터 자유로웠던 적이 별로 없었습니다. 바알 숭배에 대한 하나님의 엄중한 심판은 현대 교회에 대한 경고입니다.

우리나라 교회도 겉으로는 하나님을 섬기는 곳이라고 하면서 속으로는 바알 신을 섬기며 바알의 자녀들을 낳았습니다. 지나친 말일지 모릅니다. 그런데 이것은 교회 안에서보다 교회를 바라보는 세상 사람들의 평가입니다. 하나님께서 바알 숭배에 빠졌던 북이스라엘을 어떻게 심판하셨는지 기억하고 회개하지 않는다면 우리에게 하나님의 심판이 내릴 것입니다. 그러나 우리가 진정으로 참회하고 하나님께로 돌아선다면 교회는 회복될 수 있다고 믿습니다. 교회로부터 바알을 퇴치하는 일은 우리 모두의 소명입니다.

34장

첫사랑의 추억
호세아 9:11-17

본문에서 가장 당황하게 하는 말씀이 하나 있습니다. 그것은 호세아 선지자의 기도입니다.

"여호와여 그들에게 주소서 무엇을 주시려 하나이까?
아이 배지 못하는 태와 젖 없는 유방을 주시옵소서"(호
9:14).

자식이 없어질 것이라는 무자(無子)의 재앙은 놀랍게도 호세아의 기도에서 역설적인 공증을 받습니다. 하나님의 결정이 옳다는 것입니다. 그런데 한술 더 떠서 하나님의 말씀보다 더 소름 끼치는 탄원을 합니다. 불임의 태에다가 젖이 나오지 않는 유방을 달라는 것입니다. 한 개인을 보고 한 기도가 아니고 나라 전체를 향해 올린 소원 기도입니다. 자신이 몸담고 사역하는 이스라엘 백성에게 이런 끔찍한 재앙이 내리기를 기도합니다. 혹시 고멜에

대한 호세아 선지자의 악감이 앙금으로 남았다가 이스라엘 백성에게 퍼부어지는 것은 아닐까요? 이런 소원을 가진 선지자를 어떻게 이해해야 하겠습니까?

본 기도를 굳이 긍정적으로 해석한 경우를 보면 앞으로의 환난에 대비해서 차라리 자식이 없는 것이 복이라는 뜻에서 올린 중보 기도라는 것입니다. 혹은 하나님의 일에 동조하는 선지자의 의분이라고 보기도 합니다. 그러나 지금 호세아는 백성의 입장에서 기도한 것이 아니고 하나님 편에서 그분의 뜻이 이루어지기를 위해 기도한 것입니다.

이스라엘은 하나님과의 언약을 깨고 심지어 자식들을 제물로 이방 신에게 바치는 지경까지 이르렀습니다(9:13). 호세아는 이런 부패한 백성을 하나님께서 반드시 처벌하실 것을 알았습니다. 하나님께서는 일찍이 이스라엘 백성이 가나안 땅으로 들어가기 전에 모세를 통하여 크게 경고하셨습니다. 그들이 타락하여 우상 숭배를 하면 약속하셨던 다산의 축복을 거두시고 불임의 재앙을 내리시며 살아 있는 자녀들도 저주를 받을 것이라고 하셨습니다(신 28:4, 11, 18, 32, 53, 57). 호세아는 이러한 하나님의 뜻을 알았기에 불임과 젖 없는 유방을 주심으로서 하나님의 공의가 집행되기를 빌었습니다.

아마 호세아 선지자의 사역에서 이때처럼 괴로운 적이 없었을 것입니다. 누가 재앙 기도를 좋아하겠습니까? 더구나 하나님의 신령한 부름을 받고 백성의 돌이킴을 위해 평생을 헌신한 호세아가 아닙니까? 그는 이스라엘의 음란한 우상 숭배를 지적하기 위해 하나님의 명령에 따라 음란한 고멜과 결혼까지 하면서 백성에게 돌아오라고 외쳤습니다. 그런데 이제 와서 이런 기도를 드린다는 것은 이스라엘 백성에 대한 모든 기대를 접고 자신의 사역도 포기한 듯한 느낌을 줍니다. 그가 정녕 이스라엘 백성을 위해서 사역한다면 하나님께서 재앙을 선포하셔도 오히려 그것을 막아 달라고 탄원해야 하지 않겠습니까?

우리는 여기서 좀 더 냉정하게 생각해 보아야 합니다. 사람 귀에 좋게 들려야 좋은 기도가 되는 것은 아닙니다. 하나님의 뜻에 따라 드리는 기도라야 좋은 기도입니다. 선지자는 하나님의 말씀을 받아서 백성에게 전하고 하나님의 뜻이 이루어지도록 힘쓰는 사람입니다. 그는 이스라엘이 하나님의 진노를 받는 것이 하나님의 굽힐 수 없는 확고한 뜻임을 알았습니다. 이스라엘은 더는 현 상태로 계속될 수 없었습니다.

호세아는 하나님의 지시에 따라 그들의 갱신과 회복과 회개를 위해 평생을 바쳤습니다. 그러나 이제 심판 이외의 다른 옵션이 없었기에 주의 뜻이 이루어지기를 기도하였습니다. 그는 하나님의 진노를 메시지의 형태가 아닌 기도의 형태로 백성 위에 부었습니다. 고멜과의 불행한 결혼에서 쌓인 개인적인 악감에서가 아니고 자신의 소명에 충실한 선지자의 양심으로 하나님 편에서 기도한 것이었습니다. 이것은 조국과 백성에 대한 배신이 아니라 하나님의 공의의 실현을 위한 의인의 기도였습니다. 아이를 제물로 살해하는 거짓 종교는 심판을 받아야 하고 선한 하나님이 아닌 악한 우상 신을 따르는 백성은 다산 신과 함께 망해야 하는 것이 하나님의 공의입니다.

그런데 이런 의로운 기도는 확실하게 믿는 것이 있어야 올릴 수 있습니다. 즉, 하나님께서 공의로우실 뿐만 아니라 자비하신 분이라는 사실을 확신해야 합니다. 호세아는 심판 이후에 있게 될 약속된 회복을 굳게 믿고서 이 같은 기도를 올렸습니다. 만약 형벌로서 그냥 끝나고 마는 것이라면 구태여 기도할 필요도 없었을 것입니다. 그러나 호세아는 회복의 날을 앞당기기 위해서라도 하나님의 정하신 심판을 속히 받는 편이 낫다고 믿었습니다. 그러고 보면 호세아의 기도는 하나님의 뜻에 맞는 기도였고, 믿음의 기도였으며, 이스라엘 백성의 조속한 회복을 바라는 사랑의 기도였습니다. 우리는 호세아의 기도에 실망하거나 놀랄 것이 아니라 선지자의 소명에 담긴 역설적인 측면을 이해해야 합니다.

하나님의 임재가 거두어지는 심판

"내가 그들을 떠나는 때에는 그들에게 화가 미치리로다"
(12절).

하나님의 임재는 언약 백성이 받아 누릴 수 있는 가장 큰 영광입니다. 이 영광이 없다는 것은 신자로서의 특성을 잃었다는 뜻입니다. 처음에는 이 사실이 실감 나지 않습니다. 하나님의 임재가 없다는 것을 의식하지 못한 채 하루하루가 지나갑니다. 그러다가 이스라엘 백성처럼 하나님의 축복이 완전히 거두어질 때 비로소 하나님께서 떠나신 사실을 깨닫습니다.

예를 들어, 엘리 선지자 때 하나님의 법궤를 블레셋 사람들에게 빼앗겼습니다. 이 소식이 들어왔을 때 엘리 선지자는 충격으로 뒤로 넘어져 죽었고 그의 며느리는 갑자기 해산하면서 "이스라엘에서 영광이 떠났다"고 외치며 아이 이름을 '이가봇'이라 짓고 죽었습니다(삼상 4:18-22). 법궤는 하나님의 임재의 영광을 상징했기 때문입니다.

에스겔 선지자도 하나님의 영광이 예루살렘으로부터 떠나는 환상을 보았습니다(겔 11:23). 그런데 그 이유는 북이스라엘 백성으로부터 하나님의 영광이 떠난 것과 동일합니다. 그들 역시 우상 숭배를 했기 때문입니다. 그들은 심지어 성소에서 온갖 우상들에게 절하고 가증한 우상들을 성전 벽에 그려놓았습니다(겔 8장).

이스라엘 백성은 하나님의 임재가 거두어졌을 때 유업으로 받았던 가나안 땅에서 쫓겨났습니다. 이것은 무엇을 의미합니까? "내 집에서 그들을 쫓아내고 다시는 사랑하지 아니하리라"(15절)고 하셨습니다. 축복의 땅에서 벗어나면 하나님의 사랑을 의식하지 못하고, 하나님의 보호의 임재를 누릴 수 없으며 열매 없는 삶을 삽니다. "에브라임은 매를 맞아 그 뿌리가 말라 열매를 맺지 못하나니 비록 아이를 낳을지라도 내가 그 사랑하는 태의 열매를 죽이리라"(16절)고 하였습니다. 이스라엘은 열매를 맺지 못하고 "여러 나라 가운데에서 떠도는 자"(17절)로 전락할 것입니다.

우리에게 주는 메시지는 하나님의 백성으로서 우상 숭배를 하면 마침내 하나님의 축복영역에서 쫓겨난다는 것입니다. 그 결과는 수치와 고통입니다. 우리는 옛 이스라엘처럼 국가적으로 다른 나라에 잡혀가거나 국적이 없는 유랑민으로 살지 않습니다. 그러나 하나님의 임재와 사랑과 보호와 열매가 없는 영적 방랑자가 될 수 있습니다.

첫사랑의 시선

"내가 보건대 에브라임은 아름다운 곳에 심긴 두로와 같으나…" (13절).

하나님께서 무서운 심판을 예고하시는 때 우리가 꼭 기억해야 할 것이 있습니다. 그것은 하나님께서 원래 우리를 어떻게 보셨느냐는 것입니다. 하나님은 이스라엘을 광야에서 포도송이를 만나고 무화과나무에서 제철에 막 익은 첫 열매를 보는 듯하셨습니다(10절). 이것이 앗수르로 잡혀가는 망국의 설움 앞에서 이스라엘 백성이 기억해야 할 말씀이었습니다.

하나님께서는 에브라임의 영광이 떠나고 이스라엘에 화가 미친다는 말씀 다음에 이어서 다시 한번 자기 백성을 보는 주님의 시선이 어떤 것인지를 상기시켰습니다. "그들은 아름다운 곳에 심긴 두로"와 같다고 하였습니다. '두로'는 해상 무역으로 막대한 부를 누리며 풍성하게 살았고 아름다운 환경으로 유명한 곳이었습니다(참조. 겔 27장).

그럼 이스라엘을 하나님이 그처럼 멋있고 아름답게 보셨다는 말을 왜 새삼스럽게 심판이 선포되는 현시점에서 언급해야 했을까요? 물론 그렇게 잘 나가던 이스라엘이 자식들을 우상에게 바칠 정도로 타락했다는 사실을 대조하는 말씀이기도 합니다. 그러나 더 중요한 측면이 있습니다. 그것은 하나님의 시선에는 그런 악한 백성이 되었음에도 여전히 '두로'와 같이 아름답게 보였던 모습이 지워지지 않았다는 것입니다. 그래서 하나님은 이스라엘의 영광이 새 같이 날아가는 시점에서도 이스라엘에 대한 아름다운 인상을 아직도 쉽게 기억해 낼 수 있었습니다. 하나님께서는 이스라엘의 최선의 모습을 잊지 않으셨습니다. 이것이 본문에 나타난 위로의 말씀입니다. 한 절의 절반에 불과하지만, 하나님의 자비가 없는 듯한 징계를 당할 때 꼭 기억해야 할 말씀입니다. 하나님은 우리가 현재 악에 빠졌다고 해서 아름답던 우리의 과거의 첫 모습을 삭제해 버리시지 않습니다. 오히려 행복했던 옛 추억을 되살리시고 그때로 돌아가기를 갈망하십니다.

우리도 한때 하나님의 첫눈에 광야에서 만난 포도송이였고, 무화과나무의 첫 열매였으며, 아름다운 곳에 심긴 두로와 같은 적이 있었습니다. 우리가 자신의 모습을 볼 때 전혀 동의할 수 없을지라도 하나님의 눈에는 우리의 보다 나았던 모습이 지워지지 않고 선명히 남아 있습니다. 하나님께서 우리를 아직도 그렇게 기억하시는 한, 우리 모두에게 희망이 있습니다.

하나님께서 "다시는 사랑하지 아니하리라"(15절)고 하셔도 우리에게는 소망이 있습니다. 하나님은 우리의 첫 모습을 소중하게 기억하십니다. 그때의 우리 모습은 하나님의 가슴에 영원한 사랑의 철필로 새겨졌습니다. 이사야 선지자는 우리의 이름이 하나님의 손바닥에 새겨져 있다고 하였습니다(사 49:16). 하나님께서는 그리스도의 십자가로 구속한 하나님의 자녀들을 영원히 기억하십니다. 아무리 우리가 하나님을 멀리 떠났을지라도 우리는 여전히 주님의 것입니다.

하나님께서는 언약을 깨는 자기 백성을 징계하십니다. 언약에 명시된 저주를 받게 하시고 고난의 쓴잔을 마시게 하십니다. 땅을 빼앗기고 자녀가 죽임을 당하며 남의 나라에 잡혀가고 방황하는 신세가 되게 하십니다. 그러나 그것은 최종 목적이 아닙니다. 하나님께서 배도하는 자녀들을 버리셨다면 아주 폐기한 것이 아니고 회복을 위한 잠정적인 자비의 조치입니다. "하나님이 그들을 죽이실 때에 그들이 그에게 구하며 돌이켜 하나님을 간절히 찾았다"(시 78:34)고 하였습니다. 징계는 하나님께로 돌아오게 하는 수단입니다. 하나님은 사랑하는 자녀를 징계하십니다. 징계는 당시에는 기를 죽이지만 의와 평강의 열매를 맺게 합니다(히 12:11).

하나님은 자기 백성의 돌이킴을 위해서 다시 사랑하지 않겠다고까지 말씀하십니다. 형벌의 순간에는 하나님의 사랑을 느낄 수 없습니다. 그런데 하나님께서 자기 백성을 타국의 포로로 잡혀가게 하실 때는, 귀향하는 자녀들을 양팔로 환영할 준비가 이미 완료된 때입니다.

- 하나님은 다시 사랑하기 위해서 사랑을 중단하십니다.
- 하나님은 다시 받아주기 위해서 자기 백성을 내버리십니다.
- 하나님은 자기 백성을 회복시키기 위해서 그들을 우상의 나라로 쫓아냅니다.
- 하나님은 자녀들을 가깝게 끌어안기 위해서 멀리 내쫓습니다.

하나님께서는 회복과 치유를 미리 준비하시지 않고서 자녀들을 추방하는 일이 없습니다. 하나님의 징계는 준비된 치유책입니다. 우리에게 만약 하나님의 임재와 사랑이 전혀 느껴지지 않거나 언약의 저주가 내렸다면 어떻게 생각해야 하겠습니까? 하나님의 버림을 받아 모든 것이 끝났다고 생각하고 자포자기해야 하겠습니까? 우리가 깊은 죄에 빠졌다가 징계를 받고 수치를 당했다면 어떻게 생각해야 하겠습니까? 회복될 수 없는 매장을 당했다고 생각하고 모든 것을 체념해야 할까요?

우리가 어떤 재앙을 맞았던지 하나님은 우리를 포기하시지 않습니다. 자식을 내쫓은 부모는 자식을 잊는 적이 없습니다. 아담과 하와를 낙원에서 내쫓으신 하나님은 그들을 다시 찾아오셨습니다. 그리고 새로운 낙원으로 그들을 부르셨습니다. 하나님이 준비하신 새 하늘과 새 땅은 첫 창조 때의 낙원보다 무한히 더 좋은 곳입니다(계 22:1-5).

하나님은 회생과 화해의 준비를 마친 후에 자기 자녀들을 비로소 징계하십니다. 그러므로 주께로 돌아가는 자는 아무리 긴 이방의 포로 생활과 영적 방황을 했어도 하나님의 뜨거운 환영을 받습니다. 회개하고 하나님께로 돌아가는 자에게는 하나님의 사랑이 몇 배로 더 깊이 느껴집니다. 하나님께서 과연 나를 사랑하신다는 사실을 그때 비로소 영혼 깊이 절감합니다.

에브라임은 매를 맞고 그 뿌리가 말라 열매를 맺지 못하고 태의 열매도 죽는다고 했습니다(16절). "에브라임"이라는 이름은 많은 과실을 맺는다는 뜻입니다(창 41:52). 그러나 에브라임의 이름은 이제 무의미합니다. 전혀 열매가 없을 것이기 때문입니다(레 26:20). 마지막 17절은 두 번째 재앙의 선언입니다.

"그들이 듣지 아니하므로 내 하나님이 그들을 버리시리니
그들이 여러 나라 가운데에 떠도는 자가 되리라"(17절).

이스라엘이 우상 숭배로 하나님을 철저히 배척했기에 하나님께서도 그들을 철저히 배척하십니다. 이것은 일시적인 감정이나 일대일(一對一)의 보복이 아니고 하나님과의 언약에 명시된 조항의 이행입니다. 언약은 낮은 상대방이 높은 상대방에게 충성과 순종을 피로써 맹세하는 것입니다(출 24:7-8). 그래서 언약에는 축복과 함께 저주의 조항들이 포함되었습니다. 이제 호세아는 무자(無子)의 재앙 기도에 이어 두 번째 재앙인 포로와 방황의 저주를 선포합니다. 호세아는 이번에도 가슴이 찢어지는 고통을 받았을 것

입니다. 자신이 평생을 경고하고 호소한 조국이 끝내 하나님께로 돌아오지 않고 우상 숭배를 포기하지 않다가 언약의 저주를 받기에 이르렀기 때문입니다.

하나님께서는 절대로 일시적인 충동으로 언약 백성에게 사랑의 단절을 선포하시지 않습니다. 하나님은 벌써 심판을 해야 했을 나라를 참고 다시 참으셨습니다. 그러나 더 이상 가는 것이 무의미한 단계에 이르렀을 때 언약의 저주대로 심판하는 길밖에 없음을 확인하셨습니다. 그래서 그들을 곧 몰아내고 다시 더 사랑하지 않을 것이라고 하셨습니다(15절). 이스라엘이 당하는 재난은 자업자득이었습니다.

그럼 이제 이스라엘은 완전히 끝난 것일까요? 그렇지 않습니다. "다시는 사랑하지 아니하리라"는 말씀은 하나님의 마지막 말씀이 아닙니다. 어떻게 이것을 확인할 수 있을까요? 원래의 언약에서 그렇게 약속하셨기 때문입니다. 하나님은 레위기 26장에서 저주의 형벌을 열거하신 후에 놀라운 소망의 약속을 주셨습니다.

"그런즉(그렇지만) 그들이 그들의 원수들의 땅에 있을 때에 내가 그들을 내버리지 아니하며, 미워하지 아니하며, 아주 멸하지 아니하고, 그들과 맺은 내 언약을 폐하지 아니하리니 나는 여호와 그들의 하나님이 됨이니라" (레 26:44).

하나님은 자기 백성과의 언약을 절대로 폐기하지 않는다고 약속하셨습니다. 이스라엘은 마침내 회복될 것입니다. 하나님은 자신의 언약에 신실하십니다. 우리는 주님과 새 언약을 맺은 자들입니다. 주님은 새 언약에 신실하십니다. 나는 현재 어느 땅에 있습니까? 하나님이 약속하신 언약의 땅에서 하나님을 잘 섬기며 살고 있습니까? 내게 열매가 맺히고 있습니까? 나는 수확이 없고 광야처럼 메마르지 않습니까? 나는 지금 누구에게 내 몸과 마음을 주고 있습니까? 내가 믿는 것이 무엇입니까? 나는 우상을 섬기다가 축복의 영역에서 벗어나 영적 떠돌이로 방황하고 있지는 않습니까? 그렇더라도 낙심하거나 포기하지 마십시오.

주님 자신의 피로써 세운 새 언약은 폐기되지 않습니다. 죄가 아무리 크고 많아도 주님은 돌아오는 자녀들을 양팔로 안으십니다. 주님 앞에서 많은 불평을 하며 주님을 따르지 않다가 바알브올의 올무에 걸려 하나님의 영광을 드러내지 못하고 삶을 망친 자들이 누구였습니까? 하나님의 놀라운 출애굽을 직접 경험했던 언약 백성이었습니다. 누가 바알에게 몸과 마음을 던졌습니까? 여호수아를 따라 가나안을 정복했던 자들의 후손이었습니다. 그들에게 성소가 있었고 여호와의 제단이 있었으며 선지자들의 메시지가 있었고 예배가 있었습니다. 그러나 언약 백성의 이러한 특권들을 가졌던 자들이 가장 극심한 우상 숭배에 빠졌습니다.

우리도 예수님의 십자가를 체험하고 새 언약 백성이 된 자들입니다. 우리에게도 교회가 있고 성경 말씀이 있고 예배가 있습니다. 그럼에도 바알을 섬기고 있지는 않습니까? 오늘날 대부분 교회는 성경이 인정하지 않는 것들을 인정하고 사랑하지 말아야 할 것들을 사랑합니다. 하나님이 싫어하시는 것들을 분명하게 선포하지 않고 사람 귀에 좋게 들리는 이야기들을 골라서 전합니다. 우리에게는 선지자의 메시지가 들리지 않습니다. 교회는 바알 신의 제단에서 여호와의 이름을 부르고 바알의 축제에서 하나님의 축복을 기원합니다.

이런 현실에 대한 우리의 반응이 무엇입니까? 우리는 타락한 교회에 실망하고 지도자들의 부패에 분노합니다. 그런데 우리는 교회와 자신을 분리할 수 없습니다. 모두 교회의 일원이기 때문입니다. 어쩌면 우리 각자에게도 바알의 우상이 있는지 모릅니다. 우리의 죄가 우리를 주님으로부터 멀리 떨어지게 하고 영적 방황자가 되게 했는지 모릅니다. 적어도 우리는 그럴 가능성을 항상 지니고 삽니다. 행여나 주님을 떠나 방황한다면 낙심하지 마십시오. 현재의 내 모습이 민망하여도 그대로 주저앉지 마십시오. 이방의 땅에 계속 머물면 허무하게 될 뿐입니다.

탕자의 아버지처럼 주님께서 우리를 기다리고 계신다는 사실을 기억하십시오. 주님의 눈과 마음에는 우리가 아직도 아름다운 곳에 심긴 두로의 모습으로 남아 있습니다. 지금도 늦지 않습니다. 우상들을 버리고 주께로 돌아가십시오.

35장
심판과 경고
호세아 10:1-8

"이스라엘은 열매 맺는 무성한 포도나무라 그 열매가 많을수록 제단을 많게 하며 그 땅이 번영할수록 주상을 아름답게 하도다 그들이 두 마음을 품었으니 이제 벌을 받을 것이라 하나님이 그 제단을 쳐서 깨뜨리시며 그 주상을 허시리라"(10:1-2).

이스라엘은 하나님의 후한 선물을 오용하였습니다.

하나님은 애굽에서 노예 생활을 하던 이스라엘 백성을 구속하시고 젖과 꿀이 흐르는 땅으로 데리고 가셨습니다. 하나님은 그들에게 넘치도록 풍성한 가나안의 소산을 선물로 주셨습니다. 그래서 이스라엘 백성은 "열매 맺는 무성한 포도나무"(1절)처럼 번창하였습니다. 그들은 가나안의 다산 신을 섬길 필요가 전혀 없었습니다. 여호와 하나님이 가나안 땅을 창조하셨고 그곳의 모든 산물을 주관하시기 때문입니다. 다산(多産)은 창조주 하나님의 소관입니다. 이스라엘 백성은 어리석게도 이 사실을 몰랐습니다.

> "곡식과 새 포도주와 기름은 내가 그에게 준 것이요 그들
> 이 바알을 위하여 쓴 은과 금도 내가 그에게 더하여 준 것
> 이거늘 그가 알지 못하도다"(2:8).

이스라엘 백성은 풍성한 가나안의 소산을 하나님이 주신 것으로 인정하지 않았습니다. "그들의 마음이 거짓으로 가득 차"(2절, 새번역) 있었기 때문입니다. 하나님이 주셨다고 인정하면 하나님께 감사도 해야 하고 청지기의 책임도 져야 할 것이기에 아예 이를 부정해 버렸습니다. 그 대신 바알이 준 것이라고 간주하거나 자기 손이 벌었다고 보거나 혹은 운이 좋아서 생긴 재물이라고 생각하면 자기가 좋아하는 대로 사용할 수 있습니다.

신자가 재물의 청지기 역할을 잘 하지 못한다면 근본 원인은 자기 것이라는 생각이 있기 때문입니다. 그런 신자들은 하나님이 주셨다고 말하면서도 쓰는 것을 보면 자기 원하는 대로 사용합니다. 하나님이 주신 재물을 하나님의 뜻에 따라 선하게 사용하지 않는 것이 문제입니다.

이스라엘 백성은 수입이 늘수록 제단과 돌기둥을 많이 세웠습니다. 종교적인 목적으로 사용되는 것이니까 좋은 일로 보일지 모릅니다. 그러나 하나님은 그런 것들을 파괴하신다고 하셨습니

다(2절). 그 까닭이 무엇입니까? '두 마음'을 품었기 때문입니다. 부패한 마음은 부패한 제단을 세웁니다. 제단이나 제물이 중요한 것이 아니고 하나님을 알고 사랑하는 것이 중요합니다(호 6:6). 이 스라엘 백성은 하나님을 진정한 의미에서 다산을 지배하는 신으로 인정하지 않았습니다. 그들은 부패한 우상 종교의 제단에 마음과 물질을 올렸습니다.

현대 교회의 신자들은 어떻게 다를까요? 말로는 하나님이 모든 것을 주시는 분이라고 합니다. 그러나 하나님을 섬기는 것을 보면 일편단심이 아니고 두 마음을 품은 자들처럼 처신하는 경우가 적지 않습니다. 이스라엘 백성처럼 제단을 꾸미고 흥을 돋우는 프로그램과 활동에는 열심이면서, 하나님 나라의 건전한 발전을 위한 일에는 별로 관심이 없습니다. 하나님을 찬송하고 주의 이름을 부르지만 주된 관심은 세속적인 성공과 물질적 성취와 이기적 유익에 사로잡힙니다. 강단의 가르침도 성경 자체의 말씀과 사상에서 나온 것이라기보다는 인본주의 사상과 인기 있는 성공 사례의 노하우를 설교의 내용으로 소개하는 일도 자주 있습니다. 우리도 이스라엘 백성처럼 가장 종교적이면서도 가장 불경하고, 많은 열심을 내면서도 많은 불순종을 할 수 있습니다.

이스라엘 백성이 가나안 종교를 도입했을 때 제사장들은 물질적 수익을 올렸고 백성은 문란한 바알 경배를 통해 음란과 방탕을 즐겼습니다(4:13-14). 그들은 풍성한 물질과 많은 제단이 안전을 보장한다고 믿었습니다. 그러나 그들은 결국 언약 파기자로서 하나님의 심판을 받았습니다. 당시의 이러한 이스라엘의 증상들은 현대 교회에서도 얼마든지 볼 수 있습니다. 예배와 신앙생활 전반에 걸쳐 바알의 요소들을 몰아내지 않으면 이스라엘이 당했던 비참한 운명을 우리도 당하게 될 것입니다.

사마리아 백성은 송아지 우상을 섬기다가 그들의 송아지와 함께 정복자의 손에 의해 타국으로 끌려갔습니다(10:5-6). 그들의 잘난 왕들도 사라졌고, 날마다 절하며 돈 많이 벌게 해 달라고 빌던 금송아지도 빼앗겼으며, 많은 건축으로 화려하고 든든하게 꾸몄던 사마리아 수도도 완전히 파괴되었습니다. 하나님과 하나님이 아닌 것들을 함께 놓고 섬길 수 없습니다. 두 마음을 품고 두 주인을 섬기는 자들은 반드시 값을 치러야 할 때가 옵니다(마 6:24).

이스라엘은 하나님의 능력을 믿지 않았습니다.

"그들이 이제 이르기를 우리가 여호와를 두려워하지 아니하므로 우리에게 왕이 없거니와 왕이 우리를 위하여 무엇을 하리요 하리로다"(3절).

이스라엘은 건국 초기부터 여호와 하나님을 왕으로 받드는 신정 국가로 출발하였습니다. 그래서 인간 왕을 뽑지 않았습니다. 그들은 하나님께서 모세를 통해서 주신 율법을 국법으로 삼고 제사장과 선지자 및 사사들과 지역 장로들의 다스림을 받고 살았습니다. 이스라엘의 지도자들은 모두 하나님의 통제를 받는 자들이었습니다. 그러나 사무엘 때 와서 이스라엘 백성은 주변 국가들의 왕권제를 도입하였습니다. 그때 하나님께서는 마음이 상한 사무엘에게 "그들이 너를 버림이 아니요 나를 버려 자기들의 왕이 되지 못하게 함이니라"(삼상 8:7)고 하셨습니다.

하나님은 이스라엘 백성을 광야에서 마치 왕이 군대를 통솔하듯이 인도하셨습니다. 백성이 캠프를 칠 때는 진영 중앙에 성막을 배치하였고 행진할 때는 법궤가 앞서갔습니다. 가나안에 들어와서도 성막과 법궤는 하나님의 왕궁과 보좌를 상징하였습니다. 그러나 이스라엘 백성은 가나안의 바알 우상을 섬기면서부터 부패하기 시작하였고 주변의 이방 국가들이 가진 왕정 체제를 모방하였습니다. 이것은 여호와 하나님의 왕권을 인정하지 않으려는 시도였습니다. 그들의 고백대로 여호와를 두려워하지 않았습니다(3절). 이들은 더 이상 여호와 하나님이 왕으로서 자기 백성을 인도하고 적군으로부터 넉넉히 지켜줄 수 있다고 믿지 않았습니다. 이 같은 불신은 하나님의 백성이 영적으로 타락했을 때 드러나는 증상입니다.

여호와로부터 마음이 멀어진 백성의 생각에는 바알 신을 섬기는 것이 번영을 위해 더 손쉬운 길 같고 인간 왕을 앞세우고 전쟁에 나가는 것이 더 안심이 되었습니다(삼상 8:5, 19-20). 그러나 인간 왕권제는 하나님과의 언약을 준수하지 않는 불순종이었으며 하나님께서 인정하시지 않는 제도였습니다. 그래서 "그들이 왕들을 세웠으나 내게서 난 것이 아니며 그들이 지도자들을 세웠으나 내가 모르는 바"(8:4)라고 하였습니다.

언약에서 금지된 일을 하면 형벌을 받습니다. 인간의 왕권은 파괴된다는 것이 신명기에 실린 경고입니다(신 28:36). 사실상 이스라엘 백성은 머지않아 "우리에게 왕이 없거니와 왕이 우리를 위하여 무엇을 하리요"(3절)라고 자탄할 날을 맞게 될 것이었습니다. 백성이 의지하려고 했던 왕들은 나라를 보호하지도 못했고 사회질서를 유지하지도 못하였습니다. 그들은 공수표만 날리며 금지된 이방 국가들과 "거짓 맹세로 언약"(4절)을 맺었습니다. 그들은 "밭이랑에 돋는 독초"(4절)처럼 나라를 망치는 자들이었습니다.

신자들이 바알의 함정에 빠지지 않는 길은 여호와 하나님이 왕이시라는 사실을 기억하면서 사는 것입니다. 하나님은 우리를 처음에 바로 왕의 손에서 구출하셨습니다. 그래서 이 세상의 또 다른 바로 왕들로부터도 우리를 넉넉히 구출해 줄 수 있습니다. 하나님의 손이 짧아진 적이 없고 하나님의 왕권이 무너진 적도 없습니다. 하나님은 바알의 산당들을 모두 깨뜨리시는 주권적인 왕이십니다. 하나님을 왕으로 모시고 굳게 서 있어야만 바알에게 몸이 팔리는 수치와 어리석음을 당하지 않게 됩니다.

우상 숭배는 반드시 심판을 받습니다(4-8절)

이스라엘 백성은 처음에는 여호와 하나님을 잘 섬기다가 점차 우상 신을 섬기기 시작했습니다. 그 결과 언약 백성으로서의 특징을 상실하였고 이방 나라와 조약을 맺게 되었습니다. 당시에는 국가 간의 조약 체결에는 상대 국가의 신(神)도 함께 인정해야 하는 종교적 의무가 따랐습니다. 그런데 종주국이 아닌 종속국으로서 조약을 맺으면 종주국의 신을 자기 나라에서 받들어야 했습니다. 이스라엘은 앗수르와 동맹을 맺었습니다. 그래서 앗수르의 주신(主神)의 이름을 부르면서 조약이 체결되었습니다. 그런데 이스라엘은 어떤 언약에도 신실하지 않았습니다. 앗수르와의 조약 체결은 곧 무시되었고 애굽에 추파를 던지며 새로운 종주국을 택하였습니다.

이런 배신의 습관은 "밭 이랑에 돋는 독초"(4절)처럼 국가에 해악을 끼치고 불의한 사회를 만들어냅니다. 앗수르와의 조약 체결은 처음부터 맺으면 안 되는 일이었습니다. 이스라엘이 맹세한 체결에 등을 돌렸을 때 앗수르의 공격을 받고 나라가 망하였습니다(왕하 17:3-6).

하나님과 언약을 맺고 오직 하나님께만 충성하기로 약속한 백성이 하나님께 등을 돌리면 반드시 언약에서 정해진 벌을 받습니다. 그 벌은 자신의 삶 속에 독초가 돋는 것입니다. 이스라엘은 하나님이 땀 흘려 경작한 밭이었습니다. 이 밭은 하나님의 진리의 말씀과 신실한 삶으로 풍성한 열매를 맺어야 할 언약의 텃밭이었습니다. 그러나 이스라엘은 이것을 죄와 우상들의 밭으로 버려놓았습니다.

우리도 하나님께서 십자가의 큰 사랑과 희생으로 갈고 닦은 새 언약의 밭입니다. 그런데 지금 우리의 밭이랑에 잡초가 보이지는 않습니까? 하나님의 언약에서 벗어났을 때 이스라엘의 밭에는 사회불의의 악덕이 무성하였고 이방 나라의 침입을 받았습니다. 하나님을 무시하고 살면 독초가 돋습니다. 처음에는 독초인지 아닌지도 분간하기 어렵습니다. 그러나 잠시 후에 온 밭은 독초로 가득 차게 됩니다.

이스라엘은 마침내 망하게 될 것이었습니다. 그때 이스라엘이 좋아했던 송아지 우상을 앗수르에 강제로 빼앗길 것입니다. 그들의 아름다운 우상 신은 백성과 함께 잡혀가고 앗수르 왕의 전리품이 되어 골동품 취급을 받을 것입니다. 하나님을 모셔야 할 언약의 밭에 송아지 우상이 서 있었다는 것은 하나님께 대한 모독입니다.

이스라엘 백성은 여호와의 임재보다 송아지의 임재를 자랑스럽게 여겼고 송아지 우상을 아름답게 장식하였습니다. 이 송아지는 그들의 기쁨이었고 영광이었습니다(5절). 그래서 송아지가 제거되자 그들은 무한히 슬퍼했습니다. 제사장들까지 눈물을 흘렸습니다. 이것은 하나님에 대한 깊은 배신입니다. 여호와의 임재를 즐거워하고 소망으로 삼아야 할 언약 백성이 우상 때문에 슬피 우는 것은 어리석음의 극치며 모순의 극점입니다. 그들이 여호와로 인해 운 적이 언제였습니까? 여호와의 제단이 깨어지며 그분의 귀한 이름이 모욕을 당할 때 가슴을 치며 운 적이 있었습니까?

우리도 혹시 이스라엘 백성처럼 금송아지 우상이 없어졌다고 슬퍼하지는 않습니까? 금송아지가 수입의 근원이고 안전의 보장이며 자랑거리였다면 그것이 박탈될 때 절망하고 슬퍼할 것입니다. 우리가 흘리는 눈물은 하나님과의 관계를 재는 정밀한 눈금입니다. 우리는 하나님을 위해서 얼마나 슬퍼합니까? 하나님의 말씀이 무시를 당하고 그의 백성이 송아지 앞에서 절하며 뛰노는 것을 보고 가슴을 치면서 슬퍼한 적이 있습니까? 주의 나라와 그의 이름을 위하여 의로운 눈물을 흘린 적이 몇 번이나 됩니까? 우리 죄를 놓고 눈물을 흘리며 회개했던 때가 언제였습니까?

이스라엘에는 우상을 위해 우는 자들로 가득했습니다. 그렇다면 그들을 모두 우상의 나라로 보내는 것이 하나님의 공의의 심판입니다. "사마리아 왕은 물 위에 있는 거품 같이 멸망할 것"(7절)이라고 했습니다. 왕이 당하는 운명은 곧 백성의 운명을 대변합니다. 이스라엘 왕은 거짓 맹세와 우상 숭배 정책으로 나라를 안정시킬 수 있다고 믿었습니다. 그러나 자기 자신부터 물 위의 거품이나 떠내려가는 나무토막과 같은 신세가 될 것이었습니다.

"여호와께서 너와 네가 세울 네 임금을 너와 네 조상들이 알지 못하던 나라로 끌어 가시리니 네가 거기서 목석으로 만든 다른 신들을 섬길 것이며 여호와께서 너를 끌어 가시는 모든 민족 중에서 네가 놀람과 속담과 비방거리가 될 것이라"(신 28:36-37).

이스라엘이 받는 심판은 대 심판의 전식입니다.

"그 때에 그들이 산더러 우리를 가리라 할 것이요 작은 산
    더러 우리 위에 무너지라 하리라"(8절).

1절에서 이스라엘은 열매가 풍성한 포도나무라고 했습니다.
이스라엘의 땅은 번창하였습니다. 그러나 백성은 하나님이 주신
재물로 우상의 제단들을 늘리며 음란한 바알 축제를 일삼았습니
다. 그런데 이제 그들의 많은 산당은 파괴되고 기름진 땅은 가시
와 엉겅퀴로 덮이며 이방인들의 잔인한 살육으로 나라가 초토화
될 것이었습니다.

그때 백성은 산들이 무너져 그 밑에서 깔려 죽기를 원한다고
부르짖을 것입니다. 재앙이 너무도 심해서 사는 것보다 죽는 것
을 원할 것이라는 말입니다(참조. 렘 8:3). 앗수르의 공격이 얼마나
혹독했으면 이렇게 말했겠습니까? 하나님께서 선지자들을 통해
서 그토록 오래 참으시면서 경고하시고 거듭해서 타이르시며 호
소했는데 결국 심판을 받고 말았습니다. 차라리 산이 무너져서
어서 죽었으면 좋겠다고 소원할 것이라는 호세아의 예언은 이스
라엘의 멸망 때 성취되었습니다. 그런데 그 산들이 무슨 산입니
까? 이스라엘 백성이 산당들을 무수히 짓고 바알을 경배하기 위
해서 오르내렸던 죄악의 산들이었습니다. 그들은 과연 소원대로
BC 722년에 우상들과 함께 멸망하였습니다.

예수님은 호세아서 10장 8절의 말씀을 AD 70년에 있을 예루

살렘 멸망에 대한 예고로 인용하셨습니다. 예수님은 십자가로 가실 때 그의 처형을 슬퍼하는 무리를 돌이켜 보시면서 말씀하셨습니다.

"그 때에 사람이 산들을 대하여 우리 위에 무너지라 하며 작은 산들을 대하여 우리를 덮으라 하리라 푸른 나무에도 이같이 하거든 마른 나무에는 어떻게 되리요 하시니라" (눅 23:30-31).

여기서 푸른 나무는 무죄한 예수님을 가리키고 마른 나무는 예수님을 배척하고 십자가에 못 박는 죄악 된 예루살렘을 가리킵니다. 푸른 나무는 젖어서 잘 타지 않지만 마른 나무는 쉽게 불이 붙습니다. 예수님은 슬피 우는 무리들에게 그를 배척한 자들이 받을 하나님의 진노의 심판을 생각하고 울라고 하셨습니다. 그 심판은 너무도 끔찍한 형벌이어서 산들이 무너져 내리기를 빌 것이라고 했습니다. 실제로 로마 군인들은 예루살렘에 들어가서 무자비한 살육을 자행하였습니다. 그런데 호세아서 10장 8절은 요한계시록에서 다시 한번 인용됩니다.

"땅의 임금들과 왕족들과 장군들과 부자들과 강한 자들과 모든 종과 자유인이 굴과 산들의 바위 틈에 숨어 산들과 바위에게 말하되 우리 위에 떨어져 보좌에 앉으신 이의 얼굴에서와 그 어린 양의 진노에서 우리를 가리라" (계 6:15-16).

이것은 세상 종말에 있을 악인들에 대한 무서운 공포의 심판입니다. 계시록 9장 6절에서 "그 날에는 사람들이 죽기를 구하여도 죽지 못하고 죽고 싶으나 죽음이 그들을 피하리로다"라고 하였습니다. 너무도 고통스러워서 죽음으로 끝내고 싶지만, 그때에는 스스로 죽을 수도 없습니다. 얼마나 두려운 심판입니까? 이 심판의 날은 아직 도착하지 않았습니다. 그러나 이 예언의 말씀은 반드시 이루어질 것입니다. 그러므로 살아 있는 우리에게는 지나칠 수 없는 경고가 되어야 합니다.

우리는 이스라엘 역사에서 하나님이 행하신 심판들을 장차 있게 될 더 큰 심판들에 대한 경고로 보고 회개의 기회로 삼아야 합니다. 노아의 홍수와 소돔과 고모라의 멸망이 대표적인 실례입니다. 또한, 이스라엘과 유다가 각기 앗수르와 바벨론에 포로로 잡혀간 것도 우리에게 경종이 되어야 합니다. 특히 예루살렘이 로마에 의해서 완파된 것은 앞으로 도래할 하나님의 가공할 세상 심판에 대한 전식입니다.

그럼 하나님의 무서운 심판을 피하는 길은 무엇일까요? 우리에게는 아직도 시간이 있습니다. 호세아 메시지의 두드러진 특징의 하나는 심판 메시지와 함께 회복의 메시지가 병행되는 것입니다.

- 1장에서 호세아는 이스르엘의 심판을 선포하였습니다. 그러나 1장 끝 절에서는 이스르엘의 날이 클 것이라고 예언하였습니다.

- 2장에서도 전반부는 모두 이스라엘의 음행에 대한 심판입니다. 그러나 후반절에서는 이스라엘이 여호와를 내 남편이라고 부르고 하나님과 화목한 관계를 갖게 된다고 합니다.
- 3장도 이스라엘이 다른 신을 섬기지만, 그들이 여호와께로 돌아올 것을 예고합니다.
- 4장과 5장은 이스라엘의 여러 죄악을 열거합니다. 그러나 그들이 고난의 심판을 받을 때 여호와를 간절히 찾을 것이라는 소망의 말로 마칩니다(5:15).
- 6장에서는 호세아 선지자가 직접 이스라엘 백성에게 하나님께로 돌아가면 치유를 받는다고 호소합니다.
- 7장부터 10장까지는 이스라엘의 죄악상이 다시 적나라하게 지적되고 심판이 선포됩니다. 그러나 10장 후반부에서 다시 회개하고 여호와께로 돌아오기를 호소합니다.
- 11장에서는 이스라엘의 불순종에도 불구하고 하나님의 불 붙는 긍휼로 다시 이스라엘이 회복될 것을 내다봅니다(11:9-11).
- 12장에서도 정치적으로 부패한 이스라엘의 죄가 지적되면서 하나님께로 돌아오라는 호소가 함께 나갑니다(8절).
- 13장은 이스라엘이 심판을 받는 처참한 모습이 기술되면서 사망에서 그들을 구속하는 여호와의 승리가 예고됩니다(14절).
- 마지막 장에서는 드디어 이스라엘의 회개가 나오고 하나님과의 화해가 이루어집니다.

그러니까 이스라엘의 죄악상과 그에 대한 심판의 메시지는 회개를 위한 경고입니다. 동시에 하나님의 불절의 사랑이 자기 백성을 마침내 돌이키게 하신다는 소망을 일으킵니다. 이스라엘에 대한 심판의 소식은 결코 듣기 좋은 것이 아닙니다. 그러나 그들에게 일어난 재앙과 그들에게 주신 하나님의 메시지에서 우리는 경고와 함께 회복의 가능성을 믿어야 합니다.

이스라엘은 우상 숭배로 큰 벌을 받고 패망하였습니다. 하나님께서는 자기 백성의 죄악을 심판하십니다. 그러나 그들을 아예 죽음으로 끝내버리는 심판이 아닙니다. 하나님께서는 자기 백성을 죄로부터 살리기 위해서 경고하시고 교훈하시며 호소하시고 심판하십니다. 주님은 자비하셔서 자기 백성이 회개하고 돌아오면 모든 것을 용서하시고 오히려 복을 내리시며 기뻐하십니다. 우리는 세상의 우상과 주님의 제단을 오고 가는 '두 마음'을 품지 말아야 합니다. 오직 우리를 위해서 모든 것을 다 바치신 주 하나님만 신뢰하고 사는 것이 최선의 안전책입니다.

36장

지금 여호와를 찾으라
호세아 10:9-15

본 항목에서 우리는 호세아서가 지닌 특징들을 쉽게 알아볼 수 있습니다. 호세아 선지자는 이스라엘의 죄를 낱낱이 지적하고 노출합니다. 그리고 심판을 피할 수 없다고 경고합니다. 그러면서도 마지막 기회가 있다고 격려하며 이스라엘의 보다 나았던 과거를 회상합니다. 그는 엄하게 명령하기보다는 정감 어린 시적 표현으로 여호와를 찾으라고 부드럽게 권유합니다. 하나님께서는 언약을 저버리고 우상을 따라가는 자녀들을 반드시 징계하시고 심판하십니다. 그러나 인애하신 하나님은 오래 참으시며 자녀들을 거듭 타이르시고 기다리십니다. 하나님은 탈선의 길을 고집하는 자기 백성에게 매로 위협하십니다. 그러나 회개하는 자녀들 앞에서 언제라도 매를 내던지고 그들을 안으실 준비가 되어 있습니다. 이스라엘의 자애로우신 하나님은 우리의 불순종과 불신실한 삶에 대해서도 같은 모습으로 임하십니다.

하나님은 이스라엘의 지나간 죄를 상기시켰습니다.

"이스라엘아 네가 기브아 시대로부터 범죄하더니 지금까
지 죄를 짓는구나 그러나 범죄한 자손들에 대한 전쟁이
어찌 기브아에서 일어나지 않겠느냐"(9절).

기브아 사건은 당시로부터 약 4백 년 전 사사시대에 있었던 매
우 불미스러운 일이었습니다(삿 19:1-29). 기브아라는 동네에서 묵
게 된 한 레위인의 첩을 베냐민 지파 사람들이 욕보이고 죽게 한
사건인데 이로 인해 베냐민 지파가 나머지 이스라엘 지파들에 의
해 거의 전멸되다시피 하였습니다(삿 20:1-46). 이스라엘이 기브
아 사건 이래로 줄곧 죄를 지었다는 말은 4세기가 지난 후에도 이
스라엘에는 악독한 죄악들이 여전히 만연하였다는 뜻입니다(9:9).
하나님께서 기브아의 죄악을 기점으로 잡으신 것은 사사 시대부
터 왕정 시대가 거의 끝날 즈음까지 심판을 미루시고 오래오래
참으셨다는 것을 강조하기 위한 것입니다.

하나님은 보안관처럼 무기를 들고 범인들을 그때그때 즉시 처
벌하는 분이 아닙니다. 하나님의 가장 두드러진 속성의 하나는
오래 참으시는 것입니다. 하나님은 쉽게 노하시지 않습니다. 죄
인들을 불쌍히 여기시기에 그들을 돌이키기 위해서 많은 시간을
참고 기다리십니다. 만일 범죄하는 죄인들을 즉심에 넘기듯이 처
벌하신다면 아무도 살아남지 못할 것입니다. 하나님께서는 죄인
들에게 언제나 넉넉한 시간을 주십니다. 죄를 계속 더 짓게 하시
려는 것이 아니고 늦게라도 회개하기를 원하시기 때문입니다.

하나님은 "내가 원하는 때에 그들을 징계"(10절)하실 것이라고 하셨습니다. 하나님의 최후통첩은 아직도 회복의 가능성이 있다는 뜻입니다. 만약 그렇지 않다면 경고하실 필요가 없었을 것입니다. 하나님의 경고는 자비의 표식입니다. 하나님은 죄를 가볍게 넘어가시지 않습니다. 특히 사랑하는 자녀들을 징계하십니다. 하나님의 징계는 "우리들의 유익을 위하여"(히 12:10) 필요한 것이라고 했습니다.

이스라엘은 아직도 나라 전체가 기브아의 죄악에 머물러 있었습니다. 이제 전쟁에 의한 파멸은 불가피합니다. "만민이 모여서 그들을 치리라"(10절)고 한 것은 마치 이스라엘 지파들이 모여서 베냐민 지파를 쳤듯이, 열국이 모여 그들을 칠 것이라는 말입니다.

이스라엘 백성은 하나님께서 오래 참으시는 선한 뜻을 무시하다가 결국 앗수르의 공격을 받고 포로로 잡혀갔습니다. 하나님은 죄를 오래 참으시지만 일단 충분한 회개의 시간이 주어진 이후에는 반드시 징계하십니다. 그렇다면 우리 자신들의 삶에서 발견할 수 있는 기브아에 해당하는 죄악들을 정리해야 합니다. 하나님께서 주시는 회개의 시간을 무시하거나 미루면 큰 화를 자초하고 후회할 것입니다.

우리는 기브아에서 일어난 끔찍한 죄는 짓지 않는다고 자부할지 모릅니다. 그러나 교회적으로나 사회적으로 기브아 사건에 준하는 악행들이 우리 시대에도 만연합니다. 동일한 죄는 아닐지라도 여전히 가증한 죄가 교회와 성도의 삶을 부패시키고 있음을 부인할 수 없습니다. 최근 부쩍 늘어난 미디어에 노출된 교회의 죄악상은 극히 일부에 불과합니다. 교회 개혁은 절저한 회개가 없으면 불가능합니다. 우리는 본문에서 지적한 죄악이 오랜 옛적의 이스라엘 백성에게만 해당한 것으로 읽어서는 안 됩니다. 우리라고 해서 크게 다르지 않기 때문입니다.

하나님은 이스라엘의 보다 나은 과거의 모습을 상기시켰습니다.

11절은 하나님께서 이스라엘의 과거를 회상하시며 앞으로 그들을 어떻게 다루실 것인지를 알립니다. 본 절은 새번역으로 보는 것이 이해에 도움이 됩니다.

"한때 에브라임은 길이 잘 든 암소와 같아서, 곡식을 밟아도 잘도 떨었다. 그러나 이제 나는 그 아름다운 목에 멍에를 씌워 에브라임은 수레를 끌게 하고, 유다는 밭을 갈게 하고, 야곱은 써레질을 하게 하겠다."(11절).

이스라엘의 초기 상태가 아름다운 시적 은유로 표현되었습니다. 지금까지 노출된 이스라엘의 죄악상을 보면 그들을 칭찬할 것이 아무것도 없어 보입니다. 그런데 하나님께서는 이스라엘의 과거를 회상하시며 그들의 보다 나은 모습을 상기시켰습니다. 그 목적은 두 가지입니다.

첫째 하나님은 죄인을 고발하시지만, 과거의 좋은 점들을 잊지 않으십니다. 사람들은 남을 비판할 때 잘한 일은 거의 기억하지 않거나 무시해 버립니다. 그러나 하나님은 비록 우상 숭배에 빠져 언약을 위반한 백성에게서도 그들의 보다 나은 과거를 회상하시며 자랑스럽게 여기시고 그리워하셨습니다.

둘째, 하나님께서 이스라엘의 보다 나은 "한때"를 기억하시는 것은 이스라엘이 힘을 내도록 동기를 부여하기 위한 것이었습니다. 자녀들에게 잘못을 계속 지적하며 '너는 나쁜 아이야'라고 꾸짖기만 한다면 그 아이가 어떻게 되겠습니까? 자포자기에 빠지거나 더 반발할 것입니다. 그렇게 되면 자존감이 낮아져서 도무지 긍정적인 일을 못 하게 만드는 결과를 초래합니다. 그래서 하나님께서는 외도하는 이스라엘에 전혀 그렇지 않았던 정숙하고 순종적인 "한때"가 있었음을 상기시켰습니다. 이것은 무엇을 시사합니까? 하나님께서 행복했던 그 옛날의 "한때"를 아쉬워하며 그 시절로 돌아가기를 간절히 원하신다는 뜻이었습니다.

그럼 이스라엘의 과거의 모습은 어떠한 것이었을까요?

그들은 길이 잘 든 암소와 같았습니다. 그래서 곡식 밟는 일을 좋아했습니다. 두 마음을 품지 않고 한눈을 팔지 않았습니다. 자신이 해야 할 일에 충실하였고 주인이 베푸는 친절한 대우를 감사하며 기쁨으로 봉사했습니다. 율법에는 "곡식 떠는 소에게 망을 씌우지 말라"(신 25:4)는 규정이 있었습니다. 그래서 곡식을 밟으면서 타작하는 소는 일하면서도 얼마든지 먹을 수 있었습니다.

이것은 한때 하나님을 잘 따르면서 누렸던 이스라엘의 복된 정경입니다. 그들은 하나님의 사랑과 보호를 받았습니다. 그들은 율법에 의한 이상적인 신정국가를 이룰 수 있는 모든 필요를 공급받았습니다. 그러나 얼마 가지 않아 "길이 잘 든 암소"의 모습을 벗어버리고 순종하지 않는 못된 암소의 버릇을 드러내었습니다. 그들은 어느새 "두 마음"(10:2)을 품기 시작하였고 여호와가 아닌 다른 우상 신들에게 눈길을 주기 시작하였습니다.

그런데 하나님께서 그들을 어떻게 대하셨습니까? 광야 세대의 이스라엘 백성을 생각해 보십시오. 그들은 출애굽을 한 이후 한동안 하나님을 잘 따랐습니다. 그들은 길들인 암소와 같았습니다. 그들에게는 우상이 없었습니다. 그래서 예레미야는 그 '한때'를 광야의 밀월여행이었다고 묘사했습니다.

> "내가 너를 위하여 네 청년 때의 인애와 네 신혼 때의 사랑을 기억하노니 곧 씨 뿌리지 못하는 땅, 그 광야에서 나를 따랐음이니라"(렘 2:2).

유감스럽게도 광야의 신혼 기간은 무척 짧았습니다. 이스라엘 백성은 하나님께 대한 불평불만으로 광야에서 40년간 방황하였습니다. 광야 40년은 커다란 시련이었고 고된 훈련이었습니다. 이제 호세아 시대의 이스라엘 백성도 목에 멍에를 메고 수레를 끌면서 써레질을 해야 했습니다. 이것은 단순히 하나님께서 배역의 백성을 벌하시는 것이 아니고 그들을 포기하지 않고 강훈련을 통해서 그들과의 관계를 바로잡으시겠다는 뜻이었습니다. 이것이 하나님의 사랑의 열정이며 잘못된 자식을 회복시키려는 부정의 진면목입니다.

하나님은 이스라엘이 여호와를 찾기를 원하셨습니다.

"너희가 자기를 위하여 공의를 심고 인애를 거두라 너희 묵은 땅을 기경하라 지금이 곧 여호와께서 오사 공의를 비처럼 너희에게 내리시리라"(12절).

하나님은 배도하는 이스라엘의 목에 멍에를 씌우고 수레를 끌게 하심으로써 단련을 받고 묵은 땅을 갈기를 원하셨습니다. 이스라엘은 음란과 불의와 우상 숭배로 가득 찬 땅이었습니다. 그들은 오랫 동안 갈지 않아 굳어버린 묵은 땅과 같았습니다. 그들은 이제 하나님께서 메워주시는 단련의 멍에를 지고 부지런히 불의와 불순종의 땅을 갈아엎어야 했습니다. 그렇게 하면 하나님께서 정의로운 사회를 이루게 하실 것이었습니다.

하나님은 이스라엘을 넘치게 훈련하시지만, 그들에게 주는 공의의 약속도 넘치는 것이었습니다. 공의를 비처럼 내리신다고 하셨습니다. 단단한 땅에 충분한 비가 내리면 풍작이 오듯이, 불신과 불의의 가슴을 뒤집고 죄로 굳어진 악한 마음 밭을 회개의 써레질로 갈면서 하나님의 말씀을 심으면 풍성한 의의 열매를 거둘 것이었습니다.

하나님께서는 자기 백성에게 기대하시는 것이 있습니다. 그것은 하나님이 지워주시는 멍에를 지고 순종의 열매를 맺는 것입니다. 다시 말해서 이스라엘은 하나님과 맺은 언약에 신실한 새 삶을 살도록 부름을 받았기에 자신의 소명에 충실할 때에만 하나님의 보호와 안전을 누릴 수 있었습니다.

우리는 새 언약 백성입니다. 우리는 주 예수님의 십자가 희생의 피로써 하나님의 백성으로 부름을 받았습니다. 그 목적은 단순히 죽은 후에 천국에 가게 하는 것이 아니고 이 세상에서 주님과 맺은 새 언약의 삶을 살게 하는 것입니다. 우리도 이스라엘 백성처럼 우상에게 시선을 주기 쉽고 하나님이 허락하시는 은혜의 시간을 불의한 일에 오용할 수 있습니다. 그것은 마음 밭을 굳은 땅이 되게 하여 의의 열매를 맺지 못하게 합니다. 예수 그리스도의 가르침과 모범을 따라 의로운 삶을 살고 사랑의 열매를 거두는 것이 하나님께서 우리를 부르신 목적입니다.

하나님의 공의를 체험하는 일은 하나님에 대한 확신을 높여줍니다. 우리는 비처럼 내리는 하나님의 공의가 어떤 것인지를 날마다 체험하면서 살도록 의도되었다는 사실을 기억해야 합니다. 하나님의 공의를 비처럼 내리신다는 약속은 언약에서 약속된 축복들입니다. 우리는 누구나 하나님의 축복을 원합니다. 그런데 복을 받는 길을 택하지 않는데 어떻게 약속된 복을 받을 수 있겠습니까? 하나님의 복을 원하면서 하나님께서 분명하게 제시하신 복 받는 길을 택하지 않는 것은 모순입니다.

비근한 예로써, 산상설교에는 새 언약 백성의 복 받는 길을 자세하게 열거해 놓았습니다. 아무도 여기서 복 받는 길이 무엇인지 모른다고 말할 수 없습니다. 너무도 분명하게 적혀 있기 때문입니다. 심령이 가난하고, 애통하며, 온유하며, 의에 주리고 목마르며, 긍휼히 여기며, 마음이 청결하며, 화평하게 하며, 의를 위하여 박해를 받는 자는 복을 받는다고 하였음에도 대부분 우리는 그렇게 살지 않습니다.

이스라엘 백성이 목에 멍에를 메고 수레를 끌며 써레질을 하면서 묵은 땅을 흙갈이하는 것은 새 언약 백성에게는 자기 십자가를 지고 주 예수를 따르는 것입니다(마 10:38). 이러한 삶을 살면 사랑의 열매를 거두며 언약의 축복들을 체험하게 됩니다. 그러면 하나님께서 자신의 약속에 신실하시다는 것을 확인할 수 있습니다. 하나님과 이러한 관계를 유지하면 우상이 주는 거짓된 약속에 넘어가지 않습니다. 이것이 불의했던 과거의 기브아 사건이 반복되지 않는 길입니다.

하나님은 이스라엘 백성에게 '지금이 곧 여호와를 찾을 때'라고 하셨습니다. 이것은 이스라엘의 묵은 죄의 습성에도 불구하고 하나님께서 그들을 용서하겠으니 돌아오라는 은혜로운 초대였습니다. 그런데 어느 시점에서 이 같은 초대의 말씀이 주어졌습니까? 이스라엘은 곧 앗수르에 의해 멸망될 것이었습니다. 그들은 장기간의 우상 숭배와 이방나라와의 실없는 조약으로 영적 무기력에 빠졌고 국력은 더 이상 지탱할 수 없는 지경에 이르렀습니다. 인간적으로 보면 회복이 불가능한 상태입니다. 그럼에도 하나님께서는 기회를 주셨습니다. 이것은 무엇을 의미할까요?

하나님께서 돌아오라고 호소하시는 한, 회복의 가능성이 있다는 것입니다. 하나님께서 '지금'이 여호와를 찾을 때라고 하시면 오늘이 곧 구원의 날이 될 수 있습니다. 바울의 외침을 들어 보십시오.

"보라 지금은 은혜 받을 만한 때요 보라 지금은 구원의 날이로다"(고후 6:2).

그런데 '지금'은 영원하지 않습니다. 이스라엘의 문밖에는 앗수르가 대기 중이었습니다. 하나님께서 '지금' 우리를 향해 여호와를 찾으라고 하십니다. '지금'은 긴급한 때입니다. '오늘'이 구원의 날이 되어야 합니다. '내일'은 앗수르 군대가 우리를 망하게 하는 날입니다. 그러나 '오늘'이 구원의 날이 되게 하면, 우리를 망하게 하려고 기다리는 앗수르의 '내일'은 영원히 오지 않게 될 것입니다.

하나님을 찾으려면 어떻게 해야 합니까?

첫째, 우리의 회복을 위해 하나님께서 상기시키시는 것에 주목하십시오.

하나님께서는 이스라엘 백성이 '한때' 길들인 암소처럼 언약에 순종했었다고 상기시켰습니다. 하나님은 한때 우리가 주님을 잘 따랐기에 자랑으로 여기신 적이 있었습니다. 하나님께서는 과거의 보다 나은 우리의 모습을 기억하시면서 돌아오라고 호소하십니다. 이것은 과거의 보다 나은 모습으로 우리가 회복될 수 있다는 격려입니다. 그렇다면 우리의 현재의 모습이 아무리 부족하고 흉한 죄에 얽혀 있어도 다시 과거의 아름다운 모습으로 돌아갈 수 있다고 보아야 합니다.

둘째, 우리의 죄로 무성한 삶의 텃밭을 하나님의 자비에 힘입어 뒤집기로 결단해야 합니다. 그렇게 할 때 하나님께서 우리의 모든 죄를 용서하시고 언약의 축복들을 비처럼 내리신다는 약속을 굳게 신뢰해야 합니다.

셋째, 묵은 땅이 무엇인지 구체적으로 밝혀야 합니다.

이스라엘은 의의 씨가 아닌 사악의 씨를 뿌리고 부패와 불의로 가득한 사회를 거두었습니다. 타락의 근본 원인은 하나님과의 언약에 따른 거룩한 생활 방식을 따르지 않고 세속에 물든 바알의 물질적이고 관능적인 생활 스타일을 따른 것이었습니다. 그래서 그들은 세속 사상에 젖은 이방 외교를 하였고 "용사의 많음을 의뢰"(13절)하였습니다. 그들은 "악을 밭 갈아 죄를 거두고 거짓 열매"(13절)를 먹었습니다. 그 결과는 무엇이었습니까? 언약에 명시된 전쟁의 저주를 받았습니다. 벧아벨은 살만의 공격으로 무너지고 많은 가족이 몰살을 당한다고 하였습니다(14절).

'살만'은 살만에셀 1세의 준말입니다. 그런데 또 다른 앗수르의 살만에셀 5세에 의해 이스라엘은 더 무서운 침략을 당하고 나라를 완전히 빼앗길 것이었습니다(왕하 17:1-6). 이스라엘은 죄악으로 굳어진 묵은 땅을 참회와 순종으로 갈지 않으면 새벽이 확실히 오듯이 왕과 함께 나라 전체가 망하게 될 것은 너무도 분명한 일이었습니다(14-15절). 하나님은 우리가 행해온 죄악들을 속히 정리하기를 원하십니다. 새벽의 심판은 하루의 여명처럼 어김없이 찾아옵니다.

우리 각자에게 하나님의 말씀과 순종으로 경작하고 수확하지 않은 구석들이 있습니다. 굳은 흙덩이와 가시덤불은 여러 가지 죄악의 응어리들입니다(11절. 렘 4:3). 그것들은 혼자 즐기는 숨은 죄들일 수 있고 세상 불의와 손을 잡고 주고받는 공적인 죄악일 수 있습니다. 혹은 세속적인 야망이나 물질에 대한 집착이나 비복음적인 사상들일 수 있습니다. 묵은 땅을 뒤엎으려면 삽질과 괭이질과 써레질이 필요합니다. 이것은 손이 부르트고 어깨가 쑤시는 일입니다. 단단히 작정하고 날마다 하나님 앞에서 자신의 어떤 부분들이 깎이고 잘려야 하는지를 직시하며 하나님의 도우심을 구해야 합니다. 또한, 믿음의 공동체가 함께 매일 권면하여 죄의 유혹으로 마음이 완고해지지 않도록 해야 합니다(히 3:13).

넷째, 묵은 땅은 하나님의 축복을 체험할 때까지 계속 뒤집어야 합니다.

"…지금이 곧 여호와를 찾을 때니 마침내 여호와께서 오사 공의를 비처럼 너희에게 내리시리라" (12절).

본 절은 여호와가 오셔서 공의를 비처럼 내리실 때까지 여호와를 찾으라는 뜻입니다(NIV, 킹제임스역 참조). 갈다 마는 땅은 아니함만 못합니다. 오히려 잡초들을 더 무성하게 할뿐입니다. 의의 씨앗을 뿌리고 복을 수확하려면 철저하고 지속적인 흙갈이 작업을 하루라도 멈출 수 없습니다. 죄악의 씨앗들이 쉬지 않고 번식하므로 하나님의 의의 소나기를 체험할 때까지 쟁기에서 손을 떼지 말아야 합니다. 예수님은 "손에 쟁기를 잡고 뒤를 돌아보는 자는 하나님의 나라에 합당하지 아니하니라"(눅 9:62)고 하셨습니다.

다섯째, 하나님을 찾으려면 무엇보다도 마음과 시간을 주님께 내드려야 합니다. 시간을 내어서 마음을 주지 않으면 어떤 관계도 의미 있게 이루어질 수 없습니다. 날마다 일정 시간을 떼어서 복음의 말씀을 묵상하며 주님의 은혜를 찬양하십시오. 성경을 진지하게 공부하면서 하나님과 그분의 구원에 대해서 새롭게 깨닫는 것이 있어야 합니다. 하나님의 성품과 구원에 비추어 삶의 동기와 자세를 살피고 어떻게 주님 앞에서 살아가야 하는지를 숙고해 보아야 합니다. 이렇게 하나님을 찾는 것은 영적 회복과 성장의 지름길입니다.

우리는 삶의 회전이 급하게 돌아가는 분주한 세상에서 삽니다. 특별히 정신을 차리지 않으면 물질주의와 세속 사상의 압력에 밀려 하나님을 등한시하기 쉽습니다. 하나님께 속한 시간을 빼앗지 마십시오. 하나님께 시간과 마음을 드리고 하나님께서 인정하시는 일을 찾아 행하십시오. 물론 말이 쉽지 실천은 어렵습니다. 그러나 주님을 찾는 것 자체가 하나님의 복을 받는 첫걸음입니다. 주님은 진심으로 그를 찾는 자들에게 가까이하신다고 약속하셨습니다.

> "하나님을 가까이하라 그리하면 너희를 가까이하시리라
> 죄인들아 손을 깨끗이 하라 두 마음을 품은 자들아 마음
> 을 성결하게 하라…. 주 앞에서 낮추라 그리하면 주께서
> 너희를 높이시리라"(약 4:8-10).

하나님을 찾는 일은 결국 '두 마음'이 아닌 일편단심으로 주님께 마음을 집중하고 시간을 드리는 것입니다(욜 2:12). 하나님을 진심으로 찾는 자들은 주님이 가까이하시기에(잠 8:17; 시 20:11; 렘 29:13; 신 4:29; 히 11:6) "공의를 심고 인애를"(12절) 거둘 수 있습니다. 즉, 악을 미워하고 선을 따르는 사랑의 삶을 수확합니다(롬 12:9). 이렇게 하나님을 찾는 자들이 늘어갈수록 믿음의 공동체에 하나님께서 함께하신다는 확신이 생기고 하나님 나라의 능력과 생명이 이웃에까지 흘러나가게 됩니다. 그래서 하나님을 찾는 삶이 진정한 의미에서 안전과 번영과 행복의 길입니다.

우리는 이런저런 이유로 하나님 찾기에 무관심하거나 주저할 수 있습니다. 호세아 시대의 이스라엘 백성은 망국의 문턱에서 여호와를 찾으라는 부름을 받았습니다. 이것은 마지막 순간까지 자녀들을 무서운 심판에서 보호하시려는 하늘 아버지의 거룩한

사랑의 호소입니다. 그러나 이 지경까지 이르는 것은 위험천만한 일입니다. 주께로 돌아오라는 마지막 호소가 받아지지 않을 때는 더 이상의 기회가 없습니다.

우리는 어쩌면 이스라엘 백성과 같은 위기에 놓이지 않았을지 모릅니다. 그러나 우리나라 교회는 현재 위험 수위에 닿아 있습니다. 지금이야말로 하나님을 찾을 때입니다. 속히 죄를 고백하고 용서를 구해야 합니다. 그동안 우리는 너무도 비복음적인 방식으로 교회를 운영해왔습니다. 설교는 인본주의의 옷으로 치장되고 교회 경영은 세속적 방식을 도입하였습니다. 신자의 삶은 무기력하며 명성 있는 지도자들의 상당수가 타락하여 사회의 비웃거리가 되었습니다. 하나님을 찾지 않고 명예와 돈과 육욕을 따르면 사탄의 앞잡이 노릇을 하게 됩니다. 하나님에게 속해야 할 명예를 가로채고 자기 이름을 높이며 헌금을 착복하고 육신의 쾌락에 빠집니다. 세상이 기독교를 개독교라고 불러도 아무 할 말이 없습니다.

하나님의 이름에 오물을 부은 자가 누구입니까? 기독교를 무속 종교로 전락시킨 자가 누구입니까? 하나님을 바알 신으로 대한 자가 누구입니까? 우리 모두에게 직접 간접으로 책임이 있습니다. 그러니 어떻게 해야 하겠습니까? 하나님을 찾는 길밖에 없습니다. 여호와께서 의를 비처럼 내리실 때까지 쉬지 말고 주님을 찾아야 합니다.

어쩌면 하나님께서 우리에게도 마지막 단계의 경고를 내리셨는지 모릅니다. 더 이상의 기회가 없을지도 모릅니다. 우리를 패망시킬 수 있는 외적은 우리가 생각하는 것보다 훨씬 더 가까이 와 있을 것입니다. 언약에 적힌 저주가 우리에게 임하기 전에 "지금이 곧 여호와를 찾을 때"(12절)임을 알고 주의 이름을 부르며 엎드려야 하겠습니다.

37장
신비한 하나님의 사랑
호세아 11:1-4

"이스라엘이 어렸을 때에 내가 사랑하여 내 아들을 애굽
에서 불러냈거늘 선지자들이 그들을 부를수록 그들은 점
점 멀리하고 바알들에게 제사하며 아로새긴 우상 앞에서
분향하였느니라"(호 11:1-2).

본문은 자기 백성에 대한 하나님의 애타는 부정(父情)의 마음을
절절하게 묘사하였습니다. 우리는 본문에서 하나님과 이스라엘
사이의 관계가 어떤 것이며 이스라엘의 영적 상태가 어떠했는지
를 알 수 있습니다.

여호와는 인격적인 하나님입니다.

하나님의 형상을 닮은 인간은 인격체입니다. 인격체의 특징은

이성적인 상호 교제가 가능하고 서로 감정 표현을 통해 자기 뜻을 알릴 수 있는 것입니다. 이스라엘의 하나님은 자기 백성과 인격적인 관계를 갖습니다. 이것은 단순히 창조주로서의 관계를 넘어서는 것입니다. 하나님은 만물을 통제하시고 유지하십니다. 모든 피조물은 창조주 하나님의 돌봄과 다스림 속에서 움직입니다. 그러나 하나님과 이스라엘과의 관계는 창조주와 피조물로서의 관계만이 아니고 구속주와 언약 백성과의 관계입니다. 이러한 독특한 관계는 이스라엘의 역사에서 뚜렷한 특징을 보입니다.

첫째, 하나님께서는 이스라엘을 자기 백성으로 택하셨습니다.

이것은 하나님께서 이스라엘의 하나님이 되어 그들을 지켜 주시고 이스라엘은 여호와 하나님만 따르고 섬긴다는 뜻입니다. 그런데 궁극적인 목적은 이스라엘만 돌보시겠다는 것이 아니고 이스라엘을 통해서 다른 나라들에도 하나님의 복을 내리시려는 것이었습니다. 그래서 하나님은 아브라함을 부르시고 그와 그의 후손을 통해 열방이 복을 받게 될 것이라고 하셨습니다(창 12:3). 그러니까 이스라엘은 아브라함의 후손으로서 다른 나라들에 하나님의 구원의 빛을 비추는 통로가 되기 위해 선택된 백성이었습니다.

둘째, 하나님은 이스라엘을 항상 인격적으로 대하셨습니다.

이를 위해 하나님은 그의 백성에게 선지자들을 보내시고 자기 뜻을 알리시며 그들과 대화하시고 인격적인 반응을 보이셨습니다. 하나님은 이스라엘의 국민 생활과 국가 정책에까지 깊이 관여하셨습니다. 이것은 매우 중요한 사항입니다. 세상의 어떤 종교에서도 이스라엘의 하나님처럼 나라 전체를 상대로 처음부터 수천 년 동안 말씀으로 인도하시고 능력으로 보호하시며 때로는 징계도 하시면서 관계를 갖는 신이 없습니다. 자신의 인격을 말과 글과 행위로 역사 속에서 드러내면서 자기 백성과 관계를 갖는 신은 여호와 종교 이외에서는 찾아볼 수 없습니다(참조. 신 4:32-40).

여호와 하나님의 인격은 구체적이고 실제적입니다. 자기 백성에 대한 그의 교훈이나 예언의 말씀은 자신의 성품을 반영할 뿐만 아니라 구속의 역사가 진행됨에 따라 전적으로 옳고 완전하다는 것이 증명됩니다. 그래서 우리는 이스라엘의 하나님을 신뢰할 수 있고 그분이 세상의 주인이시며 구속주라는 사실을 확인할 수 있습니다. 더구나 여호와 하나님이 얼마나 자기 백성을 사랑하시는지를 이스라엘의 긴 역사를 통해서 충분히 깨달을 수 있습니다. 이러한 인격적인 하나님이 계시다는 것은 너무도 다행스럽고 감사한 일입니다. 이 하나님은 지금도 우리의 삶 속에서 자신을 나타내기를 기뻐하시며 우리와 인격적인 관계를 맺기를 원하십니다.

이스라엘은 여호와 하나님의 사랑하는 아들입니다.

하나님은 이스라엘을 '내 아들'이라고 불렀습니다. 하나님께서는 나라 전체를 자기 아들로 삼으셨습니다. 하나님은 이스라엘을 사랑하셨으므로 '내 아들'을 애굽에서 불러냈다고 하였습니다. 그런데 왜 많은 나라 중에서 유독 이스라엘을 사랑하셨는지에 대해서는 언급이 없습니다.

- 이스라엘이 다른 나라들보다 인구가 많고 국력이 더 강하기 때문일까요?

신명기는 이런 생각이 잘못되었음을 지적합니다.

"여호와께서 너희를 기뻐하시고 너희를 택하심은 너희가 다른 민족보다 수효가 많기 때문이 아니니라 너희는 오히려 모든 민족 중에서 가장 적으니라" (신 7:7).

- 이스라엘이 다른 나라보다 더 의롭기 때문은 아닐까요?

전혀 그렇지 않습니다. 호세아서 자체가 증명하듯이 이스라엘 백성은 의로운 사회를 이루고 공의를 행하는 나라가 아니었습니다. 호세아 때만 그랬던 것이 아닙니다. 건국 이후부터 나라가 망할 때까지 그들은 하나님을 순종하지 않는 목이 곧은 완고한 백성이었고 우상 숭배자들이었습니다(신 9:4-6; 10:14-16; 겔 16:48-52; 사 48:4; 렘 6:28). 그들은 하나님의 총애를 받을만한 어떤 일도 행하지 않았습니다.

- 여호와 하나님은 이스라엘의 수호신이기 때문에 그들에게 특별한 사랑을 부어 주셨을까요?

물론 수호신은 자기 백성을 보호합니다. 그러나 이것으로는 왜 하나님이 유별나게 이스라엘을 택하시고 사랑하시는지를 다 설명할 수 없습니다. 이스라엘의 하나님은 다른 민족의 하나님도 되십니다. 하나님은 피조계 전체를 사랑하시니까요. 하나님께서는 온 세상을 사랑하시기에 예수님을 보내셨다고 했습니다(요 3:16). 하나님은 이스라엘을 편애하시지 않았습니다.

그럼 무엇 때문에 이스라엘을 "내 아들"이라고 하셨을까요? 정확하게 그 이유를 알 수 없습니다. 성경에 나온 대로는 하나님께서 그들의 조상에게 한 맹세의 약속을 지키기 위해서였습니다.

"여호와께서 다만 너희를 사랑하심으로 말미암아, 또는 너희의 조상들에게 하신 맹세를 지키려 하심으로 말미암아…애굽 왕 바로의 손에서 속량하셨나니" (신 7:8).

그럼 정말 하나님께서 이스라엘에게 각별한 사랑을 쏟으시는 다른 어떤 이유가 아무것도 없단 말일까요? 굳이 있다면 하나님께서 자신만이 아시는 내적 동기에서 이스라엘을 사랑하신 것이라고밖에는 달리 설명할 수 없습니다. 이것은 하나님의 숨은 뜻과 거저 주는 은혜의 문제입니다(딤후 1:9).

하나님의 사랑은 신비입니다. 다윗은 그의 왕위와 후손이 영구할 것이라는 약속을 나단 선지자로부터 받고 너무도 감격하였습니다(삼하 7:12-13; 시 89:3-4). 그래서 그는 하나님의 사랑을 찬송하고 주의 신실하심을 대대에 전하겠다고 말했습니다(시 89:1-2). 그리고 그는 성막에 들어가서 무릎을 꿇고 "주 여호와여 나는 누구이오며 내 집은 무엇이기에 나를 여기까지 이르게 하셨나이까"(삼하 7:18)라고 기도했습니다.

우리가 과연 무엇이기에 하나님께서 자기 독생자를 십자가에 내어주시기까지 사랑하시는 것일까요? 하나님께서 우리를 사랑하시는 이유는 오직 하나님만 아십니다. 우리는 개인적으로 보아도 그렇지만 인류 전체로 보아도 하나님의 사랑을 받을 아무런 자격이 없습니다. 그런데도 하나님께서는 장구한 세월 동안 인류의 악행에도 불구하고 예수님을 우리 대신 십자가에 못 박히게 하셨고 지금도 오래 참으시며 죄인들을 기다리십니다. 이 같은 사랑을 하시는 신이 세상 어디에 있겠습니까?

"무릇 구름 위에서 능히 여호와와 비교할 자 누구며 신들 중에서 여호와와 같은 자 누구리이까"(시 89:6).

세상을 이처럼 사랑하여 자기 아들을 보내신 하나님의 사랑을 누가 어떻게 설명할 수 있겠습니까? 하나님은 사랑의 속성을 가지신 분입니다(요일 4:8). 그래도 하나님께서 죄인들을 그처럼 사랑하시는 까닭은 여전히 미지수입니다. 그런 사랑을 부으시는 하나님께 우리가 할 수 있는 것이 있다면 다윗처럼 깊은 고개를 숙이고 영원히 감사하며 그분을 찬양하는 일일 것입니다.

하나님은 자기 아들을 애굽에서 불러냈습니다.

하나님의 사랑이 신비하다면, 하나님께서 자기 아들을 다루시는 방법도 신비합니다. 하나님께서 자기 아들을 사랑하신다면 왜 이스라엘 백성이 애굽 땅에서 사백 년 동안 종살이를 해야 했을까요? 이스라엘이 애굽의 노예가 된 것은 자신들의 잘못이 아니고 하나님께서 작정하신 일이었습니다.

> "여호와께서 아브람에게 이르시되 너는 반드시 알라 네
> 자손이 이방에서 객이 되어 그들을 섬기겠고 그들은 사백
> 년 동안 네 자손을 괴롭히리니 그들이 섬기는 나라를 내
> 가 징벌할지며 그 후에 네 자손이 큰 재물을 이끌고 나오
> 리라"(창 15:13-14).

이스라엘 백성이 애굽에서 사대 만에 가나안으로 돌아오는 까닭은 "아모리 족속의 죄악이 아직 가득 차지 아니함이니라"(창 15:16)고 했습니다. 그러니까 출애굽은 하나님께서 애굽과 아모리 족속을 심판하는 시기와 맞물린 사건이었습니다. 가나안에서 살던 아브라함의 후손이 애초에 애굽으로 들어가게 된 사연도 매우 신기합니다. 처음에는 형제들 사이의 질투로 인해 요셉이 애굽으로 팔려갔고 그 후 요셉이 애굽의 총리가 되었습니다. 그런데 가나안에 기근이 오자 견디다 못해 야곱의 가족이 집단으로 모두 애굽으로 이주하게 되었습니다. 그러나 하나님께서는 아브라함에게 약속하신 대로 이스라엘 백성을 애굽에서 가나안으로 돌아

가게 하셨습니다. 출애굽 사건은 하나님께서 자기 백성을 당시의 절대권자였던 바로 왕의 속박으로부터 구출하는 크신 능력의 과시였고 동시에 이스라엘에 대한 큰 사랑의 시현(示現)이었습니다.

그런데 하나님께서 자기 아들을 어떻게 부르셨습니까? 여기서 '부른다'(1절)는 말은 단순히 아버지에게 나아오라는 초대가 아닙니다. 대 구원의 드라마를 전개하기 위해서 온 세상의 주권자이신 여호와 하나님이 전능하신 능력으로 이스라엘 백성을 자신의 양자로 삼고 강력하게 소집한다는 뜻입니다. 하나님은 애굽에 열 재앙을 내리셨습니다. 마지막 재앙은 양편의 장자들 사이의 대결이었습니다(출 4:22-23). 하나님은 애굽의 장자들은 모두 죽게 하시고 이스라엘의 장자들은 양의 피로써 죽음을 면하게 하셨습니다(출 11:1-12:51). 하나님의 장자인 이스라엘 백성은 한 명도 죽음의 심판을 받지 않고 애굽을 무사히 떠났습니다.

이스라엘의 출애굽 체험은 예수님의 스토리에서 완성되었습니다.

마태복음은 요셉이 하나님의 지시를 받고 마리아와 함께 아기 예수를 데리고 애굽으로 피신한 일을 기록하면서 호세아 11:1절을 인용하였습니다.

"헤롯이 죽기까지 거기 있었으니 이는 주께서 선지자를

통하여 말씀하신 바 애굽으로부터 내 아들을 불렀다 함을
이루려 하심이라"(마 2:15).

우리가 호세아 11장 1절을 마태복음의 조명이 없이 그냥 읽는
다면 하나님께서 자기 아들을 불렀다는 말이 예수님과 어떤 관계
가 있는지를 전혀 깨달을 수 없었을 것입니다. 마태는 가족과 함
께 애굽으로 피신 간 어린 예수의 장래 운명을 별도로 예언하지
않고 이미 지나간 출애굽 사건을 연상시키면서 이를 예수님에게
적용하였습니다. 이것은 퍽 흥미로운 일입니다. 그 의도가 무엇
일까요? 우리는 출애굽 사건을 흔히 하나님께서 우리를 죄의 속
박으로부터 해방한 구원의 예시로 사용합니다. 물론 출애굽은 이
스라엘 백성이 양의 피를 문에 바르고 죽음으로부터 보호를 받은
사건입니다. 그래서 유월절 양으로서 십자가에 달리신 예수님의
구원을 가리키는 예표입니다. 그러나 마태는 이를 보다 큰 문맥
에서 설명합니다.

첫째, 마태는 개인 차원의 구원이 아닌, 국가 차원에서 이스라
엘 백성이 기근을 피해 애굽에서 보호를 받았다는 사실을 주목합
니다. 그래서 예수님도 이스라엘을 대표하는 하나님의 참 아들로
서 헤롯의 위협을 피해 애굽에서 보호를 받다가 다시 가나안 땅
으로 귀국하는 것으로 보았습니다. 우리는 요셉이 애굽으로 오게
된 자기 형제들을 보고서 매우 의미심장한 말을 한 것을 기억할
것입니다.

"하나님이 큰 구원으로 당신들의 생명을 보존하고 당신
들의 후손을 세상에 두시려고 나를 당신들 보다 먼저 보
내셨나니 그런즉 나를 이리로 보낸 이는 당신들이 아니요
하나님이시라"(창 45:8)

"당신들은 나를 해하려 하였으나 하나님은 그것을 선으로
바꾸사 오늘과 같이 많은 백성의 생명을 구원하게 하시려
하셨나니"(창 50:20).

요셉의 말에서 알 수 있는 것은 애굽이 이스라엘 백성을 기근
으로부터 보호하고 총리가 된 요셉의 호의로 번창하게 하는 곳이
었다는 사실입니다. 이것은 모두 하나님의 기이한 섭리였습니다.

둘째, 애굽에서 내 아들을 불러내었다는 말은 이스라엘의 고
난의 세월을 상기시킵니다. 요셉이 죽은 후에 이스라엘 백성은
사백 년 동안 종살이를 하였습니다. 그래서 구약에서는 애굽을
풀무불로 비유하였습니다.

"여호와께서 너희를 택하시고 너희를 쇠 풀무 불 곧 애굽
에서 인도하여 내사 자기 기업의 백성을 삼으신 것이 오
늘과 같아도"(신 4:20).

"그들은 주께서 철 풀무 같은 애굽에서 인도하여 내신 주
의 백성, 주의 소유가 됨이니이다."(왕상 8:51).

"보라 내가 너를 연단하였으나 은처럼 하지 아니하고 너를 고난의 풀무 불에서 택하였노라"(사 48:10).

셋째, 이스라엘은 애굽에서 하나님께 부르짖었습니다. 그들은 애굽에서 인구가 크게 팽창하였습니다. 그러나 이것을 위협으로 여긴 바로 왕의 강제 노동 정책으로 혹독한 박해를 당하자 하나님께 탄원하였습니다(출 1:19-20). 그래서 이 시기는 여호와 하나님을 찾으며 그분의 구원을 갈망하는 영적 각성의 때였습니다(출 2:23-25).

이로써 이스라엘은 여호와 하나님을 의존하며 한 국가로서 새 출발을 하기 위해 가나안으로 돌아갈 수 있는 준비를 애굽에서 한 셈이었습니다. 그러므로 애굽은 언약 백성의 존속과 성장을 위해 보호를 받은 곳이었고 동시에 고난으로 인해 하나님께 부르짖는 영적 준비의 장소였습니다. 이런 의미에서 이스라엘 백성이 애굽에서 살게 된 것은 우연한 일이 아니라 출애굽과 약속의 땅에 대한 하나님의 언약이 성취되는 배경으로 엮어진 하나님의 계획이었습니다.

넷째, 출애굽은 일회의 이벤트로서 끝나는 것이 아니고 제2의 출애굽을 통해 완성되어야 할 구원 계획의 첫 단계였습니다. 이것은 출애굽의 핵심을 이루는 유월절 양에서 예표적으로 예시되었습니다. 이스라엘 백성이 출애굽을 할 때 유월절 양의 피를 문에 바르고 죽음으로부터 보호를 받았습니다. 이제 하나님이 애굽에서 피신하고 있던 아기 예수를 부르심으로써 시작되는 제2의 출애굽을 통해 주의 백성이 죄와 죽음으로부터 온전한 구원을 받게 될 것이었습니다.

　이스라엘 백성의 애굽에로의 이주와 출애굽은 예수님의 생애에서 완성될 구원에 대한 화살표였습니다. 이스라엘 백성의 지도자인 모세를 바로가 죽이려고 했듯이, 참 이스라엘을 대표하는 예수님을 헤롯이 죽이려 했습니다. 하나님이 모세를 바로 왕의 손에서 구출하셨듯이, 예수님도 헤롯 왕의 손에서 구출되었습니다. 이스라엘이 애굽에 머물다가 준비가 됐을 때 약속의 땅으로 귀환했듯이, 예수님도 애굽에서 새 이스라엘 국가를 대표하는 자로서 보호를 받다가 가나안으로 무사히 귀국하셨습니다(호 11:1; 출 4:22).

　이것은 예수님이 '새 이스라엘'이라는 말입니다. 그러나 예수님의 역할과 소명은 이스라엘의 출애굽 스토리를 단순히 반복하거나 재현하는 것이 아니고 그 참뜻을 드러내는 것이었습니다.

　반면, 이스라엘 백성은 하나님의 아들로서 부름을 받고 출애굽을 했음에도 계속해서 하나님의 인도를 배척하고 우상을 섬겼습니다. 하나님께서는 자기 아들인 이스라엘에게 직접 걸음을 가르치고 팔로 안으시며 사랑의 줄로 이끌며 그 목에서 애굽의 멍에를 벗기셨습니다. 그리고 그들에게 자유와 해방을 누리게 했으며 그들 앞에 먹을 것을 두었습니다(11:3-4). 하나님은 이스라엘 백성을 온순하게 인도하시며 부드러운 단련을 주셨습니다. 그러나 그들은 하나님의 사랑을 밀어내고 우상 숭배에 빠졌습니다

(11:3).

> "선지자들이 그들을 부를수록 그들은 점점 멀리하고 바
> 알들에게 제사하며 아로새긴 우상 앞에서 분향하였느니
> 라"(11:2).

이것은 친애하신 하늘 아버지에 대한 배신이었습니다. 배신자
는 감사할 줄을 모릅니다. 호세아는 감사하지 않는 죄가 어떤 것
인지를 잘 알았습니다. 죄는 고멜처럼 참 남편의 사랑을 멸시하
고 세속의 욕정을 따라가는 것입니다. 우리도 이스라엘 백성의
전철을 밟지 않으려면 우리가 과거에 어떤 처지에서 출애굽과 같
은 구원을 받았는지를 기억해야 합니다. 또한, 하나님께서 지금
까지 얼마나 많은 사랑을 부어주셨는지를 잊지 말아야 합니다.
우리의 최대의 남편이시며 구속주이신 주 하나님을 배반하는 일
처럼 어리석고 악한 죄가 없습니다.

한편, 예수님은 애굽 땅에서 주의 백성을 대표하는 아들로서
하나님의 부르심을 받았습니다. 그는 하나님의 장자였던 이스라
엘이 실패한 광야에서(출 4:22), 사탄의 시험을 물리치고 주의 백
성을 약속의 땅으로 인도하는 제2의 모세가 되셨습니다(마 4:1-11;
비교. 히 3:2-6). 그는 고난 중에서도 하나님께 죽기까지 순종하였
기에 하나님의 '참 아들'로서의 본분과 사명을 완수하였습니다(롬
8:29; 비교. 히 2:11-12; 5:8-9). 예수님은 진정한 의미에서 하나님의
아들로 임명되셨고 인류의 구원을 위해 보내심을 받았습니다(시

2:7; 요 6:29, 38-39; 갈 4:4). 그는 아브라함과 그의 후손에게 주셨던 하나님의 언약을 온전히 완성하는 하나님의 참 아들과 참 이스라엘로서 모든 축복의 근원이 되셨습니다. 그래서 '애굽에서 내 아들을 불렀다'는 말은 첫 번째 출애굽의 역사적인 사건이 내포했던 진정한 구원이 예수님의 소명과 사역으로 온전하게 완성될 것을 의미하였습니다.

하나님께서는 자기 백성을 자녀로 부르시고 깊은 사랑을 부어 주십니다. 그러나 그의 백성은 온전한 구원을 깨닫고 약속된 축복을 받기 이전에, 애굽에서 속박과 고통을 겪습니다. 그런데 하나님께서는 갑자기 놀라운 방법으로 택한 자녀들을 속박에서 해방하시고 자유와 풍요의 땅으로 인도하십니다. 이것이 이스라엘 백성의 체험이었습니다.

하나님께서 이스라엘 백성에게 고난을 허락하셨듯이 예수님에게도 애굽의 고난을 겪게 하셨습니다. 그러나 구원의 과정에서 보면 애굽에서의 삶은 출애굽을 위한 준비 과정이었습니다. 우리도 자신들의 애굽에서 하나님의 보호를 받습니다. 그러다가 애굽의 삶이 고난의 삶으로 바뀔 때 하나님의 이름을 간절히 부릅니다(참조. 시 78:34). 이스라엘 백성에게 애굽에서의 삶이 없었다면, 출애굽을 통해 드러난 하나님의 경이로운 구원의 행위와 하나님의 크신 사랑을 체험할 수 없었을 것입니다. 큰 구원을 체험하는 때일수록 바로의 채찍질과 헤롯의 살의가 더욱 가중됩니다. 그러나 요셉의 말처럼 하나님은 악을 선으로 바꾸시고 자기 백성을 구원하시는 분입니다(창 50:20).

우리는 짧은 인생을 살면서 긴 고통의 터널을 지나기도 합니다. 그럴 때 구원의 역사를 통해 뚜렷이 입증된 하나님의 보호와 구원의 능력을 기억한다면, 큰 격려를 받고 보다 담대하게 애굽의 쓰라린 체험들을 이겨나갈 것입니다.

38장

불타는 긍휼
호세아 11:5-11

"그들은 애굽 땅으로 되돌아 가지 못하겠거늘 내게 돌아
오기를 싫어하니 앗수르 사람이 그 임금이 될 것이라 칼
이 그들의 성읍들을 치며 빗장을 깨뜨려 없이 하리니 이
는 그들의 계책으로 말미암음이니라 내 백성이 끝끝내 내
게서 물러가나니 비록 그들을 불러 위에 계신 이에게로
돌아오라 할지라도 일어나는 자가 하나도 없도다"(11:5-
7).

11장은 이스라엘이 어렸을 때 하나님께서 그들을 애굽에서 불
러내었다는 말로 시작되었습니다. 이스라엘은 하나님의 아들이
었습니다(1절). 부자 관계는 부부 관계보다 훨씬 더 강한 의존 관
계입니다. 신부와는 달리 자식은 태어날 때부터, 아니 출생 이전
부터 부모에게 의존적입니다. 하나님은 이스라엘의 어린 시절을
회상하셨습니다.

하나님께서는 이스라엘에게 걸음을 가르치고 팔로 안으며 정다운 사랑의 줄로 이끌면서 인도하셨고 목의 멍에를 벗기고 자유를 누리게 하셨으며 항상 먹을 것을 주셨습니다. 하나님께서 이스라엘에 주신 가장 큰 은혜는 애굽에서의 종살이로부터 해방시킨 것이었습니다. 이스라엘은 막강하고 포악한 바로 왕의 손아귀에서 스스로 벗어날 수 없었습니다. 그들은 사백 년 동안 종살이를 했지만 한 번도 종의 멍에를 벗어버릴 수 없었습니다.

또한, 그들이 하나님의 능력으로 애굽을 나올 때 자기들이 한 일은 아무것도 없었습니다. 그들은 단순히 믿음으로 하나님의 명령에 따라 유월절 양을 잡아 그 피를 각자의 문에 바른 것밖에 없었습니다. 하나님은 이스라엘 백성을 죽음에서 보호하셨고 거저 주는 구원을 단순한 믿음으로 체험하게 하셨습니다.

그런데 그 목적이 무엇이었을까요?

"너는 바로에게 이르기를 여호와의 말씀에 이스라엘은 내 아들 내 장자라…내 아들을 보내 주어 나를 섬기게 하라"(출 4:22-23)고 했습니다. 여호와를 섬기게 하려는 것이 이스라엘 백성을 애굽에서 구출해 내는 첫째 목적이었습니다(출 12:31). 그런데 출애굽한 이스라엘 백성은 여호와 하나님을 섬기지 않고 우상을 섬겼습니다. 그들은 하나님께서 그들에게 베푼 크나큰 은혜를 내던진 배은의 죄를 지었습니다. 그들은 아들 됨의 부름을 성취하는 소명을 저버린 구약의 탕자들이었습니다. 그래서 호세아는 이제 그들이 당할 재난을 언급합니다. 그들은 지금까지는 여호와의 부드러운 손의 인도와 돌봄을 받았지만, 이제는 앗수르 왕의 거친 손에서 종살이를 할 것이었습니다.

이스라엘은 애굽으로 되돌아갈 것입니다(5-6절).

이스라엘이 애굽으로 돌아간다는 말은 문자적인 의미에서 그
들이 나왔던 애굽 땅으로 복귀한다는 말이 아닙니다. 앗수르가
쳐들어올 때 애굽에서 종살이를 하면서 당했던 것과 같은 체험을
할 것이라는 말입니다. 그들은 앗수르의 공격을 받을 때 많은 살
육을 당하고 성읍들은 황폐하게 되며 그들의 부패한 바알 선지자
들도 칼에 엎드러질 것입니다. 이러한 재앙은 하나님께서 출애굽
한 이스라엘 백성에게 누누이 경고하셨던 말씀이었습니다. 즉,
그들이 여호와 하나님의 계명을 순종하지 않고 다른 신을 섬기
면 저주를 받는다고 했습니다. 그들이 받을 저주는 나라가 망하
는 것이며 이방 나라에 잡혀가는 것이었습니다(신 4:27; 8:19; 11:28;
28:37).

여기서 하나님의 진노와 사랑에 대해서 생각해 볼 필요가 있
습니다. 하나님께서 자기 아들을 사랑하여 애굽에서 인도해 내
시고 그토록 짙은 애정으로 대하셨는데 어떻게 이방 나라의 손에
무참한 살육을 당하고 다시 포로로 잡혀가게 할 수 있단 말일까
요? 이런 하나님이시라면 무섭고 불안해서 어떻게 믿을 수 있겠
습니까?

그래서 구약의 하나님은 싫다는 신자들도 적지 않습니다. 하
지만 구약의 하나님과 신약의 하나님이 다르지 않습니다. 동일

한 창조주시며 구속주이십니다. 우리는 성경의 하나님을 많이 오해합니다. 신자들은 조금만 죄를 지어도 하나님의 심판이 내리지 않을까 두려워합니다. 하나님은 항상 회초리를 들고 우리를 감시하며 벌 줄 기회만 엿보고 계시는 분일까요?

• 하나님은 인격체이시므로 감정과 느낌이 있습니다.

하나님의 진노는 하나님의 속성이 아니고 인격체로서 표출하는 반응입니다. 인격체는 자극이나 도전을 받으면 반응을 보입니다. 아무런 인격적 반응을 하지 않는 하나님을 상상해 보십시오. 목석과 무엇이 다를까요? 우리는 그런 하나님과 의미 있는 교제를 할 수 없습니다. 우리는 하나님이 일방적으로 우리에게 사랑만 부어주시면 된다고 생각할지 모르지만 그런 기대는 전적으로 비현실적입니다. 무조건적이고 기계적인 사랑은 상대방의 인격을 무시한 일방통행입니다. 무분별한 부모의 사랑이 자녀를 버리듯이, 하나님의 사랑이 나의 환경이나 필요나 반응에 상관없이 부어지면 역효과를 냅니다. 사랑은 과정을 거쳐야 합니다. 사랑은 상호적인 인격적 관계 속에서 주고받는 역동적인 상황에서 일궈져야 참뜻이 피어납니다.

하나님은 아무렇게나 사랑하시는 분이 아닙니다. 타락한 인간들의 가장 큰 문제의 하나는 올바르고 참되며 지혜로운 사랑을 할 줄 모르는 것입니다. 우리는 모두 참사랑의 실패자들입니다. 그래서 성경은 참사랑의 의미를 여러 상황에서 가르치고 설명하면서 우리가 배우기를 기대합니다. 이 참사랑이 목표에 이르러 만개할 때까지의 과정 중에 우리 죄와 관련된 하나님의 진노가 포함되어 있습니다.

고대 그리스 철학자들은 하나님을 추상적이고 감정이 없는 냉담한 신으로 생각하였습니다. 그래서 프랑스의 수학자인 파스칼(Pascal, 1623-1662)은 '아브라함과 이삭과 야곱의 하나님은 철학자들의 하나님이 아니다.'라고 꼬집었습니다. 성경의 하나님은 감정이 없거나 세상일에 초연한 분이 아닙니다. 자기 백성이 어떻게 되든지 그냥 내버려 두는 신이 아닙니다. 그래서 성경에서 자주 하나님을 질투하시는 분으로 묘사했습니다. 자기 백성이 다른 신을 섬길 때 질투하시고(신 4:23-25; 6:14-15; 32:16) 죄를 짓거나 대적하는 자들에게 진노하십니다(수 24:19; 나훔 1:27; 히 12:29).

• 하나님의 진노는 공평합니다.

호세아서는 북이스라엘이 하나님의 진노를 받아 앗수르에 멸망될 것을 예언하고 예레미야애가는 남부 유다가 바벨론의 공격으로 패망한 것을 애도합니다. 이스라엘 백성은 남부 유다는 하나님이 임재하시는 예루살렘 성전이 있기 때문에 절대로 외적에 의해서 망한다고 믿지 않았습니다. 그러나 하나님께서는 백성이 아무리 아름다운 성전에서 날마다 제사를 올려도 우상 숭배에 젖어 있는 한, 마냥 그대로 둘 수는 없었습니다. 그래서 예루살렘도 망하게 하셨습니다. 예레미야애가를 보면 예루살렘을 "딸 시온"이라고 불렀습니다(애 1:6; 2:1, 13). 호세아서에는 이스라엘을 "내 아들"이라고 불렀지만, 예레미야애가에서는 이스라엘 백성을 사랑하는 "딸"이라고 했습니다. 그래서 그처럼 아름답고 고운 딸을 어떻게 그리도 잔인무도한 이방인의 손에 의해 참변을 당하게 할 수 있느냐고 한탄하였습니다. 하나님은 자기 백성을 마치 원수처럼 취급하신 것 같았습니다(애 2:4-4, 20-22).

그런데 이 같은 하나님의 진노는 순간적으로 일으키는 역정의 격노가 아니고 이미 자기 백성과의 언약에서 명시된 사항이었고 선지자들을 통해서 여러 번 경고했던 일이었습니다. 하나님께서는 언약을 지키십니다. 그래서 언약에서 약속한 모든 사항을, 우상 숭배에 대한 진노의 형벌을 포함해서 준수하십니다. 주의 백성이 무참한 살육을 당하고 패망한 것은 주께서 언약의 부정적인 약속들을 신실하게 이행하셨다는 증거입니다.

성경의 하나님은 죄를 배척하고 증오하시는 일에 열정적이십니다. 그러나 악을 즉석에서 처리하시지 않고 오래 참으십니다. 거룩하신 하나님의 속성을 생각한다면, 하나님께서 악과 죄를 단 일초라도 참고 견디신다는 것이 신비한 일입니다. 만약 즉석 해결을 하셨다면 이 세상에는 살아남을 자가 아무도 없었을 것입니다. 하나님은 이 세상의 죄와 사악을 오래 참으시고 진노를 자제하십니다(롬 9:22). 그러나 하나님께서는 결코 악을 영원히 방치하시지 않습니다. 십자가가 왜 있겠습니까? 악을 그대로 둘 수 없기 때문입니다. 하나님은 오래 참으시면서 죄인들이 회개하기를 기다리시다가 때가 지나면 자비를 거두십니다(애 2:2). 이스라엘 백성이 "끝끝내"(호 11:7) 주님을 배반하고 우상으로부터 돌아서지 않았을 때 하나님은 큰 진노로 임하셨습니다.

하나님은 자신과 언약을 맺은 나라라도 배반하면 멸망시키고, 안전과 자랑으로 삼는 일체의 견고한 성읍이나 성전까지도 무너지게 하십니다. 언약의 하나님은 자기 백성을 위해서 싸워주시기도 하지만 그들을 원수처럼 대항하여 싸우실 수 있습니다. 이것은 언약의 경고였습니다. 우리는 이런 하나님을 싫어합니다. 그럼 어떤 종류의 하나님을 믿기를 원하십니까? 약속해놓고 상관하지 않는 하나님과 좋든 싫든 모든 약속을 지키시는 하나님 중에서 어느 편이 더 신뢰할 수 있는 하나님입니까?

언약의 하나님은 전적으로 신뢰할 수 있습니다. 자기 백성으로부터 인기가 떨어지는 일이라도 약속하신 것은 반드시 지키시는 분입니다. 우리가 하나님의 약속을 믿는다고 할 때는 긍정적인 축복의 약속들만 골라서 믿는 경향이 있습니다. 그러나 부정적인 저주의 약속도 믿어야 합니다. 그렇지 않으면 하나님을 경외하며 사는 거룩한 삶을 제대로 실천할 수 없습니다. 죄에 대한 형벌을 기대하지 않거나 믿지 않는다면 죄짓는 일을 대수롭지 않게 여길 것입니다.

• 자기 백성에 대한 하나님의 진노는 영원하지 않습니다.

우리는 하나님의 진노에 대해서 거부 반응을 일으킵니다. 매를 좋아할 사람이 어디에 있겠습니까? 그러나 매를 아끼면 아이를 버립니다. 물론 현대인들이 반대하는 체형이 반드시 필요하다는 말이 아닙니다. 죄는 벌을 받아야 하는 것이 하나님의 공의의 개념입니다. 인본주의자들은 이 말을 좋아하지 않습니다. 그냥 용서하면 되지 않느냐고 말할지 모릅니다. 하나님도 용서를 기꺼이 하십니다. 그러나 무조건적인 용서는 하시지 않습니다. 하나님은 죄인을 용서해 주기를 심히 원하십니다. 십자가가 왜 있겠습니까? 죄인들을 용서하기 위해서 자기 아들을 희생시킨 사건이 아닙니까? 하나님께서 악을 보시고 왜 즉시 벌을 내리시지 않고 기다리십니까? 죄인이 회개하여 주께로 돌아오기를 바라시기 때문입니다(벤후 3:9).

하나님의 주권은 왕권적입니다. 하나님은 만물을 지배하시고 (시 103:19) 자신의 성품에 맞는 일은 무엇이든지 행하실 수 있습니다. 진노도 그러한 하나님의 한 행위입니다. 하나님의 진노는 소멸하는 불이라고 했습니다(히 12:29). 유다가 바벨론의 손에 망한 것을 예레미야애가 2:3절에서 "맹렬한 불이 사방으로 불사름 같이 야곱을 불사르셨도다" 라고 표현하였습니다. 그런데 자기 백성에 대한 하나님의 진노는 맹렬하여도 영구적인 것은 아닙니다.

아이는 부모가 화를 내면 끝이 없을 듯이 느낍니다. 그러나 부모의 화는 곧 누그러지고 자녀에 대한 사랑이 다시 드러납니다. 하나님께서도 자기 자녀들에 대한 진노를 거두실 때가 있습니다. 이것은 좋은 소식입니다. 하나님의 자비와 긍휼은 끈질긴 죄와 불순종으로 인해 보류될 수 있어도 영원히 사라지지는 않습니다. 그래서 바벨론이 유대 나라를 철저하게 파괴한 이후에도 예레미야애가의 저자는 이렇게 고백하였습니다.

"여호와의 인자와 긍휼이 무궁하시므로 우리가 진멸되지 아니함이니이다. 이것들이 아침마다 새로우니 주의 성실하심이 크시도소이다"(애 3:22-23).

하나님께서 자기 백성을 진노하심으로 심판하실 때는 진노가
멈출 날을 미리 바라보고 계십니다. 하나님의 진노는 맹렬합니다
(9절). 그러나 하나님의 사랑은 진노의 불길보다 더욱 강한 불꽃입
니다. 하나님께서는 "내 마음이 내 속에서 돌이키어 나의 긍휼이
온전히 불붙듯 하도다"(11:8)라고 고백하셨습니다. 이것은 참으로
놀라운 말씀입니다. 하나님의 사랑을 이처럼 강렬하게 표현한 것
은 하나님의 진노가 아무리 우리에게 맹렬하게 느껴져도 솟구치
는 하나님의 사랑의 불길을 제압할 수 없다는 뜻입니다. 언약을
맺은 하나님의 백성은 어떤 일이 있어도 하나님의 진노로 완전히
멸망되지 않습니다. 하나님의 진노가 반드시 그칠 날이 올 것이
기 때문입니다. 이것은 하나님이 세운 언약에서 미리 준 약속이
었습니다.

"이 모든 일이 네게 임하여 환난을 당하다가 끝날에 네가
네 하나님 여호와께로 돌아와서 그의 말씀을 청종하리니
네 하나님 여호와는 자비하신 하나님이심이라 그가 너를
버리지 아니하시며 너를 멸하지 아니하시며 네 조상들에
게 맹세하신 언약을 잊지 아니하시리라"(신 4:30-31).

하나님은 포로로 잡혀가는 자기 백성에게 은혜를 내리시고 그
들이 마침내 회개하며 주께로 마음을 돌리게 하실 것이었습니다
(신 4:29). 그래서 예레미야애가의 저자는 망국의 설움을 참고 "사

람이 여호와의 구원을 바라고 잠잠히 기다림이 좋도다"(애 3:26)라
고 교훈하였습니다.

이스라엘의 끈질긴 죄는 하나님에게도 큰 문제가 됩니다 (8-9절).

이스라엘은 끝까지 회개하기를 거부하였습니다(5절). 이스라엘
의 정치에는 하나님에 대한 고려나 의존이 없었고 이스라엘 종교
는 바알에 의해서 침식되었습니다. 이제 하나님께서는 자기 백성
을 징벌하기 위해 애굽의 고통을 재현시킬 것이었습니다. 이것은
역(逆) 구속이었습니다. 출애굽의 해방을 뒤집는 격이었고 속박에
서 풀려난 나라로 재입국을 하는 셈이었습니다. 이것은 하나님에
게 너무도 큰 고통이었습니다.

하나님은 자기 백성을 징계하실 때 기뻐하시지 않습니다. 더
구나 구속받은 백성을 원점으로 돌아가게 하는 일은 하나님에게
는 견딜 수 없는 고통입니다. 양의 피를 문에 바르고 죽음을 모
면한 후 애굽을 나왔던 이스라엘 백성은 십자가의 피로써 구속될
하나님의 모든 자녀를 내다본 사건이었습니다. 그렇다면 대속의
피로써 구속한 백성을 어떻게 잃을 수 있단 말입니까? 이것은 하
나님의 가슴을 찢는 일이었습니다. 그런데 하나님의 이러한 아픔
을 누가 표현할 수 있겠습니까? 여기서 우리는 호세아 선지자의
독특한 역할을 보게 됩니다.

호세아는 매우 깊은 애정을 가진 사람이었습니다. 그런데 그는 하나님께서 명령하신 고멜과의 결혼으로 가슴이 찢기는 고통을 수없이 당하였습니다. 고멜은 남편인 호세아의 간절한 사랑을 음행으로 밀어내고 자식들을 버려둔 채 가출을 일삼았습니다. 고멜은 호세아의 사랑의 권유와 용서를 뿌리치고 귀가하지 않았습니다. 고멜은 다른 남자들의 품에서 헤어나지 못하고 탈선의 내리막길을 치닫고 있었습니다.

호세아는 그녀의 비참한 결말을 생각할 때 가슴이 미어졌습니다. 드디어 다른 사람의 노예가 되어버린 사랑하는 자의 처참한 몰락 앞에서 호세아는 고멜에게 징계나 화를 품을 수 없었습니다. 고멜의 철저한 전락은 호세아의 심장에 비수를 찌르고, 그녀의 참혹한 몰골은 호세아의 가슴을 갈갈이 찢어지게 했습니다.

호세아는 이러한 뼈저린 고통의 체험으로 인해 우상 숭배에 빠진 이스라엘 백성에 대한 하나님의 고통을 이해할 수 있었습니다. 사랑하는 이의 배신으로 실제로 가슴이 찢어지고 심장이 파열된 자만이 언약 백성의 배신으로 인해 하나님께서 느끼시는 사랑의 고통을 조금이라도 헤아릴 수 있습니다.

"에브라임이여 내가 어찌 너를 놓겠느냐 이스라엘이여 내가 어찌 너를 버리겠느냐…내가 다시는 에브라임을 멸하지 아니하리니 이는 내가 하나님이요 사람이 아님이라 네 가운데 있는 거룩한 이는 진노함으로 네게 임하지 아니하리라"(11:8-9).

이 말씀은 무슨 뜻일까요? 이스라엘은 돌아가서는 안 될 애굽 땅으로 가서 그곳에서 받았던 과거의 무서운 고통을 다시 받게 될 것입니다. 다시 말해서 앗수르가 그들을 침략하고 나라를 뒤엎은 후 백성을 모두 포로로 이끌고 갈 것입니다. 그럼 이것이 언약 백성의 최후일까요? 하나님께서 그들을 영원히 버리신 것일까요? 그냥 두면 그것으로 이스라엘의 운명은 완전히 끝나고 말 것입니다. 그러나 하나님께서는 이스라엘을 완전히 버리는 최악의 진노가 퍼부어지려는 순간 형언할 수 없는 심장의 고통을 느끼셨습니다. 그것은 하늘보다 높이 치솟는 참사랑의 고통이었습니다.

"내가 어찌 너를 아드마 같이 놓겠느냐 어찌 너를 스보임 같이 두겠느냐 내 마음이 내 속에서 돌이키어 나의 긍휼 이 온전히 불붙듯 하도다" (11:8).

아드마와 스보임은 소돔과 고모라와 함께 파괴된 도시들이었습니다(창 10:19; 신 29:23). 구속받은 이스라엘을 이처럼 최악의 진노로 완전히 끝낼 수는 없다는 말씀입니다. 마치 구속을 뒤집는 것에 해당하는 애굽에서의 체험은 다시 지나게 할 수 있을지라도 하나님은 자기 백성의 구속 자체를 실제로 번복시킬 수는 없습니다. 왜 그런 것일까요? 하나님께서 최악의 진노를 자기 아들에게 퍼붓는 대속의 길을 이미 마련하셨기 때문입니다.
하나님께서는 아담과 하와가 범죄했을 때 그들의 수치를 가려주기 위해서 가죽옷을 입혔습니다. 가죽옷은 그 임자가 죽었음을 의미합니다. 아담과 하와가 죽었어야 할 때 다른 누군가의 생명의 피가 흘렀습니다. 그리고 그 피 묻은 가죽옷이 그들의 죄를 가리는 속죄와 대속의 방편이 되었습니다. 아담과 하와의 후손이 하나님께 바쳤던 희생제물은 이러한 대속의 원리를 의식으로 형상화한 것입니다. 나의 죗값을 다른 제삼자가 자신의 생명으로 지급하고 나는 용서를 받는다는 의미입니다. 아브라함이 모리아 산에서 이삭 대신 하나님께서 준비하신 숫양을 바쳤듯이, 예수 그리스도는 우리의 속죄양으로서 십자가의 죽음을 치르셨습니다. 이러한 하나님의 사랑을 믿고 하나님께로 돌아오는 자들은 구원을 받습니다. 그들은 자신의 죄를 용서받고 하나님의 자녀가 되어 죄와 사망에서 해방되는 출애굽을 체험합니다.

하나님은 이스라엘과 언약을 맺으셨습니다. 우상을 섬기지 않고 여호와 하나님을 섬기는 자들에게 그들의 하나님이 되어 주신다고 약속하셨습니다. 주 예수의 십자가 대속을 믿는 우리에게는 하나님의 가히 없는 불굴의 사랑이 부어집니다. 이 사랑은 세상의 어떤 것도 끄지 못합니다. 하나님의 불타는 사랑은 바울이 말했듯이 "환난이나 곤고나 박해나 기근이나 적신이나 위험이나 칼"(롬 8:36)도 끄지 못하고 "사망이나 생명이나 천사들이나 권세자들이나 현재 일이나 장래 일이나 능력이나 높음이나 깊음이나 다른 어떤 피조물이라도"(롬 8:38-39) 끊을 수 없습니다. 심지어 우리의 최악의 죄악까지도 하나님의 최선의 사랑으로부터 우리를 잘라낼 수 없습니다. 그 까닭은 하나님의 피로써 맺은 맹세의 언약 때문입니다(신 4:31). "내가 하나님이요 사람이 아님이라"(호 11:9)는 문구는 맹세와 관련된 표현입니다. 하나님은 사울의 왕권

이 상실되었다는 사실을 엄숙하게 확언하실 때 이와 유사한 문구
를 사용하셨습니다.

"이스라엘의 지존자는 거짓이나 변개함이 없으시니 그는
사람이 아니시므로 결코 변개하지 않으심이니이다"(삼상
15:29).

이스라엘 국가의 안전이 흔들릴 수 없다는 사실과 관련해서
발람도 유사한 문구를 사용했습니다.

"하나님은 사람이 아니시니 거짓말을 하지 않으시고 인생
이 아니시니 후회가 없으시도다"(민 23:19).

성경에는 하나님께서 마음을 바꾸신 사례가 있습니다. 그러나
하나님께서 일단 맹세를 하신 후에는 변경되지 않습니다(민 23:19;
시 89:33-35). 맹세 전에는 약속했더라도 효력이 상실될 수 있습니
다. 예를 들어 맹세 이전에는 하나님의 위협이 있어도 회개를 하
면 모면할 수 있습니다. 그러나 맹세는 최후 확정으로서 절대로
바뀔 수 없습니다(히 6:16). 하나님은 불순종하던 광야 세대가 가나
안에 들어가지 못할 것을 맹세하셨기 때문에 모두 광야에서 죽었
습니다(시 95:11; 히 4:3). 이스라엘 백성은 문자적으로 역(逆) 구속은
되지 않았지만 앗수르가 침략했을 때 황폐하게 되었고 포로로 잡
혀가서 구속받기 이전의 애굽에서의 삶을 체험하였습니다. 하나
님의 거룩은 이스라엘의 죄악을 심판하셔야 했지만 맹세한 언약

때문에 그들을 완전히 버릴 수는 없었습니다. 이스라엘은 무서운 벌을 받았습니다. 그러나 자비하신 하나님은 자신의 맹세를 기억하시고 이스라엘을 다시 고국 땅에 심으셨습니다(호 2:23; 렘 32:41).

이스라엘의 죄악에도 불구하고 하나님의 목적은 성취됩니다.

"그들은 사자처럼 소리를 내시는 여호와를 따를 것이라…
그들은 애굽에서부터 새 같이, 앗수르에서부터 비둘기 같
이 떨며 오리니 내가 그들을 그들의 집에 머물게 하리라
여호와의 말이니라"(호 11:10-11).

본 항목의 마지막은 미래의 회복과 안전의 소망으로 가득합니다. 하나님께서는 역(逆) 구속과 같은 애굽의 체험 속으로 들어간 자기 백성을 다시 부르실 때가 있다고 하셨습니다. 이스라엘은 하나님의 긍휼하심에 따라 영적 갱신을 하고 새가 보금자리로 찾아오듯이 본토로 귀향할 것입니다. 그들은 급히 날라오는 새가 떨면서 오는 것처럼 보이듯이, 하나님의 부름에 신속히 응답하고 회개와 겸비의 몸짓으로 돌아올 것입니다. 이스라엘은 다시 한번 하나님의 사랑의 보호와 공급을 받으며 축복의 땅에 정착할 것입니다.

이것은 그리스도 안에 있는 우리의 회복과 안전을 시사합니다. 우리도 하나님보다 우상 신들을 따라가고픈 유혹을 느낍니다. 때로는 깊은 죄에 빠져 하나님의 진노를 일으키기도 합니다. 그러나 하나님의 백성에게 내리는 진노의 불은 일시적입니다. 예

수 그리스도께서 우리 대신 하나님의 진노의 불길 속에 들어가서 자신의 피로써 모두 진화시켰습니다. 하나님께서 진노하시는 것은 하나님의 깊고 넓은 사랑 속으로 우리를 이끌어 들이고 참사랑을 알게 하기 위함입니다. 하나님께서 우리를 지극히 사랑하신다는 것을 체험하도록 하나님은 때때로 우리를 징계하십니다. 그때마다 그리스도의 속죄의 피를 통해 하나님의 용서와 회복의 의미를 깨달아 새로운 삶을 살게 하십니다.

우리는 하나님의 진노와 사랑을 분리시켜 생각하는 경향이 있습니다. 그렇게 되면 십자가를 이해하지 못합니다. 십자가는 하나님의 진노의 부음임과 동시에 하나님의 사랑의 부음입니다. 하나님께서는 죄에 대한 진노는 예수님에게 부으시고, 죽었어야 할 우리에게는 하나님의 사랑이 부어지게 하셨습니다. 시편 기자는 이것을 의와 화평이 서로 입맞추었다고 읊었습니다(시 85:10). 십자가에서 하나님의 진노와 사랑이 동시에 만족되었기 때문입니다.

하나님은 사랑이십니다(요일 4:8). 사랑은 하나님의 본질적인 속성입니다. 하나님은 자신이 만든 모든 창조계를 좋게 보시고 사랑하십니다. 그런데 하나님께서 좋게 보시지 않고 사랑하실 수 없는 것이 한 가지 있습니다. 그것은 곧 악입니다. 악이 왜 나쁠까요? 근본적으로 악은 하나님의 선하고 아름다운 창조계를 부패시키고 죄와 죽음을 일으켜 하나님께서 원래 의도하신 새 하늘과 새 땅의 재창조 사역을 방해하기 때문입니다. 그래서 하나님은 악의 구체적인 표현인 죄에 대해 진노하십니다. 만약 하나님에게 이런 진노가 없다면 세상이 어떻게 되겠습니까? 악이 항상 날뛰고 하나님의 모든 선한 계획들이 무산될 것입니다. 그러나 하나님이 이 세상을 지극히 사랑하시기에 악의 득세와 활동을 미워하시고 심판하십니다.

하나님의 진노는 배신과 좌절된 사랑에 대한 반작용입니다. 악을 노여워하지 않는 신의 사랑을 받고 싶은 자가 누구입니까? 불의와 부정에 대해 무관심하고 진노하지 않는 신이라면 사랑과 경배의 대상이 될 수 없을 것입니다. 그런 신이라면 부패한 인간들과 별로 다르지 않습니다.

요한복음 3장 16절에서 왜 멸망하지 않도록 한다는 말을 넣었을까요? 현 세상이 계속해서 악에 머물러 있으면 하나님의 진노가 임할 것이기 때문입니다. 회개하지 않고 믿음으로 예수 그리스도를 영접하지 않으면 기다리는 것은 멸망뿐입니다. 요한복음 3장 16절은 하나님의 진노를 제외한 말씀이 아님을 주목해야 합니다. 이것은 죄에 대한 하나님의 진노를 전제한 말씀입니다. 그러므로 하나님을 그저 사랑만 많이 부어주시는 분으로 기대하지 말아야 합니다. 그런 하나님은 존재하지 않습니다. 예수 그리스도의 죽음은 하나님의 진노와 분리할 수 없습니다. 하나님은 우리를 너무도 사랑하시기에 죄와 죽음으로부터 구출하기 위하여 자기 아들에게 우리 대신 무서운 진노를 부으셨습니다.

"보라 아버지께서 어떠한 사랑을 우리에게 베푸사 하나님
의 자녀라 일컬음을 받게 하셨는가!"(요일 3:1).

거룩하신 하나님은 거역하는 자녀들에게 벌을 내리십니다. 그러나 자녀에 대한 형벌은 그 자체로서 마지막이 아닙니다. 하나님의 형벌은 비록 엄하여도 일시적이며 회복을 위한 조치입니다. 하나님은 이스라엘이 앗수르의 공격으로 충분한 벌을 받았을 때 다시 그들을 불러 모으셨습니다(11절). 이러한 귀환과 재정착은 궁극적으로 예수 그리스도의 사역으로 완성됩니다. 주님은 지금도 제자들을 통해서 각국으로 흩어진 하나님의 자녀들을 부르십니다. 그들은 하나님의 나라에 정착하고 주님의 사랑과 보호를 받습니다.

여호와 하나님은 사람이 아니고 거룩하신 주님이십니다(9절). 하나님은 사람처럼 즉흥적인 감정이나 불의한 보복을 하시지 않습니다. 거룩하신 하나님은 자신의 거룩을 걸고 맹세의 언약을 맺으셨습니다. 그래서 비록 자녀들을 징계할지라도 절대로 영원히 버리지 않습니다.

주님으로부터 징계를 당할 때 낙심하지 마십시오(히 12:5). 주께서는 사랑하지 않는 자를 징계하시지 않습니다. 주님은 그를 믿지 않는 모든 악인은 영원히 심판하시고 그리스도의 피로써 구속한 자녀들에게는 교정을 위해 제한된 매를 드십니다. 이것은 자녀들을 위한 하나님의 선한 뜻과 사랑을 깨닫게 하는 방법입니다. 그래서 시편 저자는 "그의 노염은 잠깐이요 그의 은총은 평생이로다 저녁에는 울음이 깃들일지라도 아침에는 기쁨이 오리로다"(시 30:5)라고 읊었습니다.

사자가 새끼를 부르는 소리를 내듯이, 여호와께서 우리를 간절히 부르십니다(10절). 언약에서 약속된 회복의 축복을 위해서 우리를 부르십니다. 멀리 떠났던 탕자의 귀환을 축하하기 위해서 우리를 날마다 기다리십니다. 우리를 지으시고 구속하신 하늘 아버지께서 풍성한 잔치를 준비하셨습니다. 유다 지파의 사자이신 예수 그리스도는 불타는 긍휼의 가슴으로 우리를 다시 품기 위해서 우리의 회개를 기다리십니다. 하나님을 저버린 반역을 회개하고 돌아오는 모든 자를 하나님은 언제나 양팔로 맞이해 주십니다(8절; 계 5:5).

39장

포기하지 않는 사랑
호세아 11:12-12:14

 세상에서 가장 중요한 일이 있다면 무엇일까요? 자신이 처한 형편에 따라 중요성의 순위나 종류가 다를 것입니다. 그러나 누구에게나 예외 없이 공통적으로 가장 중요한 것이 있다면 하나님을 믿고 구원받는 것입니다. 구원받았다는 것은 하나님과의 영적 관계가 시작되었다는 뜻입니다. 즉, 영적으로 죽었던 자가 살아나서 자기를 지으신 창조주며 구속주이신 하나님과 생명의 관계를 갖는 것입니다.

 그런데 구원을 받기 전에는 자기 생각대로 살았지만, 하나님의 자녀가 된 이후로는 하나님의 뜻에 따라 살아야 합니다. 이러한 새 삶을 위해서 우리는 무엇보다도 하나님이 어떤 분이신지를 알아야 합니다. 우리에 대한 하나님의 계획과 목적, 하나님의 성품과 능력 등을 알아야 하나님께서 원하시는 삶을 살 수 있습니다. 그렇지 않으면 하나님을 우리 식으로 생각하기 때문에 하나님에 대해 오해가 생기고 어려움이 올 때 불필요한 고통을 받으며 하나님을 그릇된 방식으로 섬기는 일이 발생합니다.

성경을 공부해야 하는 이유의 하나는 하나님을 배우기 위한 것입니다. 특히 구약 성경은 하나님께서 이스라엘 백성에게 자신이 어떤 분이라는 것을 그들의 역사를 통해서 자세히 드러내셨으므로 우리에게 귀중한 교훈을 줍니다. 호세아서에서도 우리는 하나님께서 이스라엘을 어떻게 대하셨는지를 잘 드려다 볼 수 있습니다. 하나님께서는 반복해서 이스라엘 백성에게 자신의 선한 목적과 뜻을 알리셨습니다. 우상 숭배자가 된 자들에게 경고와 형벌을 내리셨으며, 사랑과 긍휼을 보이셨습니다. 우리는 이러한 하나님의 성품을 통해서 자신들을 돌아보고 회개도 하고 감사도 하며 장래에 대한 소망도 품어야 합니다. 이스라엘의 하나님은 우리 자신들의 하나님도 되시기 때문입니다.

이스라엘의 위선과 어리석음 (11:12-12:1)

"에브라임은 바람을 먹고 살며, 종일 열풍을 따라서 달리고, 거짓말만 하고 폭력을 일삼는다. 앗시리아와 동맹을 맺고 이집트에는 기름을 조공으로 바친다." (12:1, 새번역).

이스라엘과 유다는 말로만 언약 백성으로 자처했을 뿐, 실제로는 하나님께 충성하지 않고 우상숭배를 하였습니다. 이들은 여호와 하나님을 믿는다고 하면서도 이방 나라와 그들의 신을 더 신뢰하였습니다. 이스라엘은 하나님의 허락이 없이 앗수르와 애굽을 오가며 번갈아 조약을 맺었습니다(호 7:11; 왕하 17:3-4; 사 30:6-7). 이것은 '동풍/열풍'을 따라가는 짓이었습니다. 동풍은 더운 사막 바람입니다. 동풍을 잡으려고 따라가는 자는 정상적인 생각을 하는 자가 아닙니다. 그래서 그들은 바알과 아세라 우상들을 장식하면서도 여호와 종교를 위한다고 자처했습니다.

유다도 합법적인 왕정과 제사장 제도를 가졌지만, 하나님께 신실하지 않았으며 부패하기는 마찬가지였습니다. 하나님을 무시하고 살면 사회는 부정직, 탐욕, 사이비 종교, 살인, 갖가지 오용, 불의, 부패로 가득 채워집니다(12:1, 8, 11, 14). 언약 백성이 되어서 앞에서는 여호와를 섬기는 척하고, 뒤에서는 이방인들처럼 우상들에게 제물을 바치는 행위는 정신 나간 짓입니다. 유감스럽게도 교회사를 보면 교회가 가장 화려하게 교회당을 짓고 많은 교인 수를 자랑하며 막대한 헌금 실적을 올린 때가 가장 부패하였습니다. 겉으로 보면 교회가 하나님으로부터 복을 받고 활발하게 교세를 확장하며 발전한 듯이 보입니다. 그러나 탐욕과 명예욕과 위선과 이기심과 여러 부패한 행실들이 교회의 기초를 침식시켰습니다.

이스라엘은 왜 자신들이 형벌을 받는지를 알아야 했습니다.

"여호와께서 유다와 논쟁하시고 야곱을 그 행실대로 벌하시며 그의 행위대로 그에게 보응하시리라"(12:2).

본 절은 법정 이미지를 담은 표현입니다. 여호와가 고발자며 심판관입니다. 야곱의 과거 행위가 호세아 당시의 이스라엘 상태를 노출하고 고발하는 잣대입니다. 우선 야곱은 누구나 다 알듯이 기만자였습니다. 그는 아버지를 속였고 에서의 장자권을 가로챘습니다. 야곱이 모태에서 그의 형의 발뒤꿈치를 잡았다는 말은 그의 성품에 대한 예고였습니다(12:3). 기만과 가로채는 일은 야곱의 장기였습니다. 이스라엘은, 남부 유다를 포함하여 자신들의 모습이 야곱의 악한 성품을 닮았다는 것을 알아야 했습니다. 이스라엘은 여호와 하나님을 기만하고 이방 신들을 선호하며 당시의 강대국이었던 앗수르와 애굽을 반기며 조약을 맺었습니다. 그래서 그들은 모세법에서 경고했던 형벌을 받아야 했습니다. 하나님께서는 이들로부터 기만과 배신의 공격을 받고 심한 압박을 당하시는 것으로 묘사되었습니다(11:12). 그런데 조금 후에 이스라엘의 진상이 더 노골적으로 진술되었습니다.

> "그는 상인이라 손에 거짓 저울을 가지고 속이기를 좋아하는도다"(12:7).

이스라엘은 수단과 방법을 가리지 않는 장사꾼이었습니다. 그들은 착취와 부정한 저울로 속이는 사회를 만들었습니다. 이스라엘은 남북의 무역로를 장악하고 농산물로 번영을 누렸습니다. 그러나 상류층만 부를 누리고 가난한 자들은 무시되었습니다. 이들은 돈이 많다고 자랑했지만, 자신들의 부패를 인정하지 않았습니다(12:8).

이스라엘 사회의 부패는 오늘날 우리 사회와 별로 다르지 않습니다. 많은 돈을 번 개인이나 기업체 중에는 뇌물, 부당 경쟁, 착취, 정치적 이권을 사용한 부동산 투기, 주식 조작, 불법 합병 등과 같은 악한 방법으로 축재를 하고서도 전혀 반성하거나 자신들의 죄를 인정하지 않습니다. 재계만이 아니고 정계, 교육계, 법조계, 연예계, 스포츠계 할 것 없이 사회 전체에 죄악이 만연합니다. 누구나 행하는 죄라고 보면 어떤 죄도 정당화됩니다. 그 정도의 죄는 죄도 아니라거나 돈만 벌고 권력만 손에 잡으면 된다고 생각하는 사회 풍조가 퍼져 있으면, 양심적으로 살고 정직하게 일하는 자들은 바보 취급을 받습니다.

종교계는 나을까요? 기독교의 경우만 하여도 하나님의 말씀과 어긋난 행위들을 교회 안에서 얼마든지 볼 수 있습니다. 물론 사회와 교회에 맑은 물이 흐르는 곳이 있고 양심적이고 선한 시민으로서 살아가는 분들이 있습니다. 그러나 전체적인 풍조는 탐욕과 불의와 부도덕과 이기주의가 지배적입니다. 그래서 교회를 다녀도 주 예수와 복음을 믿기 보다는 우상 종교의 기복 사상이나 이기적인 소원 성취와 자기만족을 위한 종교 행위에 머무는 경우가 허다합니다. 일부 지도자들은 복음의 정신과 가르침을 외면하고 자기 왕국을 세우려고 교회를 주도합니다. 그런 지도자들은 세속적 가치관을 따르는 경영 기법과 소비자 우선주의의 엔터테인먼트 프로그램으로 불건전한 교회 성장을 이루기 위해 활약합니다. 이런 상황에서는 교회는 부패한 사회를 향해 아무런 설득력이 없고 빛과 소금의 역할은 빈말이 되고 맙니다.

하나님을 가장 괴롭게 하는 것은 인간들의 죄악입니다. 그중에서도 하나님과 언약을 맺은 백성의 죄가 하나님에게 극심한 고통을 줍니다. 사랑하는 자식이 부모를 항상 속이고 거역할 때 부모의 가슴에 깊은 못이 박히듯이, 하나님의 장자로 택함을 받은 이스라엘 백성의 죄악은 하나님의 찢겨진 가슴에 소금을 뿌리는 것과 같았습니다.

야곱은 아버지 이삭을 속임으로써 연로한 부친을 크게 근심케 하였고 에서의 장자권을 가로챈 죄로 긴 세월의 귀양살이를 자초하였습니다. 이스라엘은 이러한 죄의 결과가 무섭다는 것을 야곱의 전례로 깨달을 필요가 있었습니다. 이것이 야곱의 스토리가 언급된 일차적인 목적입니다.

이스라엘의 죄는 자기들을 구원하시고 언약을 맺으신 여호와 하나님의 사랑에 대한 변절입니다. 세상 사람들도 죄를 짓지만, 교회와 교인들이 짓는 죄는 같은 죄라도 다릅니다. 하나님의 백성이 짓는 죄는 그들을 구속하신 하나님에 대한 배신행위이기에 더 심각한 죄입니다. "언약의 피를 부정한 것으로 여기"(히 10:29)는 이런 죄는 하나님의 백성만이 저지르는 죄입니다

성경을 읽는 중요한 목적의 하나도 죄가 반드시 값을 치른다는 것과 신자들의 죄가 그들을 구속하신 거룩하신 구주 하나님에 대한 배반임을 깨닫게 하려는 것입니다. 이스라엘이 야곱의 악습을 닮았다는 사실을 인정해야 했듯이, 오늘날의 교회와 신자들도 야곱의 나쁜 습관이 있음을 자인하고 회개하지 않으면 반드시 뿌린 씨를 거두게 될 것입니다. 성경에 기록된 이스라엘의 악행과

그들이 받은 징계는 우리에게 해당되는 교훈입니다. 이러한 하나님의 경고를 받고도 돌아서지 않는다면 그들이 당했던 심판을 우리도 받지 않을 수 없습니다. 우리는 세상 죄를 한탄하기 전에 우리 자신들과 우리 교회들의 탈선에 대해 회개하고 자성해야 합니다. 이것이 부패한 교회 갱신을 위한 첫걸음입니다.

야곱의 스토리가 의도한 진정한 목적은 무엇일까요? (12:2-6).

야곱에 대한 언급은 단순히 이스라엘 백성이 야곱의 악습을 답습하고 있다는 것을 지적하는 것 이상입니다. 하나님께서는 야곱의 스토리를 통해 이스라엘이 격려를 받기를 원하셨습니다. 야곱의 스토리는 이스라엘의 죄악을 질책하는 것이 주된 목적이 아닙니다. 물론 야곱의 악행에 비추어 자신들을 바라보게 하는 것이 중요한 의도이긴 하지만 더 중요한 것은 야곱에 대한 하나님의 선한 뜻을 깨닫게 하는 것이었습니다. 우리는 야곱의 스토리가 본문에서 점차 긍정적으로 소개되고 있다는 점을 주목해야 합니다(12:3-6, 9).

첫째, 하나님께서는 야곱이 라반의 집을 떠나 가나안으로 돌아오는 중에 브니엘에서 그를 만나셨습니다. 그때 야곱은 "천사와 겨루어 이기고 울며 그에게 간구"(12:4)하였고 하나님께서 그에게 '이스라엘'이라는 새 이름을 주셨습니다(창 32:24-31). 하나님께서는 근 20년 만에 귀향하는 야곱을 벧엘에서 다시 만나주셨습니다(12:4; 창 35:1-10).

그때 하나님은 야곱에게 그의 후손을 통해서 열국과 왕들이 나올 것과 유업의 땅을 주신다고 약속하셨습니다(창 35:11-12). 야곱은 자신의 죄에 비교해서 하나님이 그에게 베푸시는 은혜가 얼마나 큰 것인지를 체험하였습니다. 사실상 하나님은 야곱이 처음에 에서를 두려워하여 외삼촌이 사는 밧단아람으로 도주했을 때에도 벧엘에서 꿈에 나타나셨습니다. 그때에도 하나님은 야곱을 질책하거나 벌을 내리시지 않고 가나안 땅을 유업으로 주실 것과 그를 끝까지 지켜주며 다시 가나안 땅으로 데리고 오실 것을 약속하셨습니다(창 28:10-15).

둘째, 하나님은 자신의 이름으로 이스라엘을 격려하셨습니다.

"여호와는 만군의 하나님이시라 여호와는 그를 기억하게 하는 이름이니라"(12:5).

하나님은 자신을 여호와 하나님으로 계시하셨습니다. 여호와(Yahweh, 야훼)는 일반적으로 '나는 스스로 있는 자다' 혹은 '나는 나다'라는 뜻으로 해석합니다. 그러나 이 이름은 자존(自存)의 속성을 가리키는 것이기보다는 이벤트를 염두에 둔 것입니다. 즉, 출애굽의 이벤트에서 자신의 이름을 떨치게 될 터인데 그 이름은 양의 피로써 자기 백성을 구속하시는 하나님이라는 것입니다. 야훼라는 이름이 속성보다는 이벤트와 관련된 의미라는 것은 느헤

미아 9:10절에서도 확인될 수 있습니다.

"이집트 사람들이 우리 조상을 업신여기는 것을 아시고, 이적과 기사를 베푸셔서 바로와 그의 모든 신하와 그 나라 온 백성을 치셨으며, 그 때에 떨치신 명성이 오늘까지 이릅니다."

그러니까 하나님께서 자신이 어떤 분임을 그의 구속 이벤트의 행위를 통해서 드러내셨다는 것입니다. 한마디로 야훼는 출애굽의 하나님이십니다. 그는 자기 백성을 양의 피로써 구속하시고 그의 이름이 맹위를 떨칠 것이기에 "여호와(야훼)는 그를 기억하게 하는 이름"(12:5)이라고 했습니다. 출애굽 당시에 야훼라는 이름을 하나님께서 계시하신 의도는 이스라엘 백성이 비록 바로의 속박에 붙잡혀 있지만 앞으로 여호와가 행하실 일을 기대하라는 것이었습니다. 이처럼 호세아 시대의 이스라엘도 우상 숭배로 나라가 망할 것이지만 출애굽 때부터 자신을 야훼 하나님으로 드러내시고 그들의 조상을 구출하셨던 하나님께서 아직도 살아 계신다는 것을 알리는 것이었습니다.

또한, 야훼 하나님은 "만군의 하나님"(12:5)이십니다. '만군의 하나님'은 무한한 능력과 자원들로 가득하신 분이라는 뜻입니다. 하나님은 자신 속에 온갖 가능성과 능력과 무한대의 용량을 지니신 분입니다. 그래서 하나님은 어떤 상황에서도 능력이 부족해서 당황하거나 두려워하시지 않고 문제를 거뜬히 해결할 수 있는 넘치는 자원을 소유하셨으므로 이스라엘에 희망이 있다는 것입니다. 하나님께서는 매우 간교하고 기만적인 야곱을 택하시고 이스라엘이 되게 하셨습니다. 하나님께서는 바로의 노예로 살던 야곱의 후손을 양의 피로써 구속하셨습니다. 호세아는 하나님의 능력과 은혜로우심을 가리키는 야훼(여호와) 하나님과 만군의 하나님이라는 두 개의 이름을 의도적으로 언급하였습니다. 그 목적은 이스라엘이 야곱의 하나님을 믿고 은혜로 구원하시는 능력의 하나님을 바라보아야 한다는 것이었습니다.

우리도 같은 하나님을 믿습니다. 그렇다면 때때로 곤경에 빠지고 혹은 죄로 넘어지는 일이 있으며 하나님의 징계를 받더라도 하나님께서 자신을 여호와 하나님과 만군의 여호와로 이스라엘 백성에게 다가가셨던 의도를 생각하고 힘을 내어야 합니다.

이스라엘은 하나님께로 돌아가야 합니다.

"그런즉 너의 하나님께로 돌아와서 인애와 정의를 지키며
항상 너의 하나님을 바랄지니라"(12:6).

여기서 '그런즉'은 지금까지 언급한 말들에 비추어 권고한다는 뜻입니다. '그런즉'의 내용이 이스라엘에 주는 도덕적 호소의 근거입니다. 이스라엘은 그들의 족장인 야곱과 출애굽의 구원을 상기해 볼 때 하나님의 택함을 받았고, 언약 백성의 소명을 은혜로 받은 자들이었습니다. 야곱은 사악한 성품에도 불구하고 택함

을 받았습니다. 하나님께서는 주권적으로 야곱에게 복을 내리시고 그를 쓰시려고 작정하셨습니다. 야곱이 어떤 선악을 행하기도 전에 하나님은 야곱에게서 한 국가가 나오게 하시고 그 나라를 통해서 세상에 축복이 오도록 작정하셨습니다.

호세아 시대의 이스라엘 백성은 이 사실을 기억할 필요가 있었습니다. 야곱이 은혜로 택함을 받았듯이, 호세아 시대의 이스라엘 백성이나 우리도 모두 하나님의 은혜로 택함을 받았습니다. 우리는 은혜로 택함을 받아 주님을 믿게 되었고 십자가의 용서를 체험하였습니다. '그런즉' 우리가 하나님을 떠나 딴 길로 간다면 돌아서야 합니다.

그런데 구체적으로 어떻게 하는 것이 하나님께로 돌아가는 것이며 하나님을 바라는 것일까요? 우리는 말로만 회개하라거나 주께로 돌아가라고 할 것이 아니고 실제로 어떻게 행동해야 하는지를 말해야 합니다. 주께로 돌아오는 것은 호세아서의 중요한 주제입니다(5:4; 6:1; 7:10; 11:5; 14:2).

• 다른 신들을 섬기지 않고, 이방 나라와 조약을 맺지 않으며, 국방력을 믿지 않는 것이 주께로 돌아가는 것입니다.
• 일시적인 번영이나 물질 때문에 영적 안일에 빠지지 않고 (10:1; 12:8), 언약에 충성하여 공의와 인애를 베푸는 것이 주께로 돌아가는 것입니다.
• 하나님께 진정으로 돌아온 자는 사회생활에서도 하나님의 의를 실천하고 이웃과의 관계에서도 사랑을 베풉니다. 이기적인

교인은 그리스도의 삶을 사는 것이 아닙니다.

• 주께로 돌아온 자는 항상 하나님을 바라고 살아야 합니다. "항상 너의 하나님을 바랄지니라"고 한 말은 엎드려 기다리며 기대한다는 뜻입니다(시 119:95; 사 64:3). 이것은 회개하고 하나님께로 돌아온다는 문맥에서 보면, 이스라엘이 이제부터 하나님의 뜻을 찾고 따르기 위해서 새로운 각오와 자세를 가져야 한다는 의미입니다. 복음의 진리를 늘 사모하며 주님의 인도와 가르침에 자신을 복종시키려는 의지와 노력이 없이 사는 것은 하나님께 온전히 돌아온 삶이 아닙니다.

> "주의 진리로 나를 지도하시고 교훈하소서 주는 내 구원의 하나님이시니 내가 종일 주를 기다리나이다…내가 주를 바라오니 성실과 정직으로 나를 보호하소서"(시 25:5, 21).

하나님은 이스라엘을 회복하시고 다시 그들에게 복을 내리실 것입니다.

호세아서를 통해 우리는 하나님이 긍휼에 풍성한 분임을 알 수 있습니다. 하나님은 자녀들을 극진히 사랑하십니다. 호세아서에는 처음부터 끝까지 이스라엘 백성의 죄악이 널려 있습니다. 그런데 같은 죄악이 쉬지 않고 반복되며 지적되기에 갈수록 읽기가 힘들어집니다. 그러나 하나님의 긍휼하심에 초점을 맞추고 읽으면 곳곳에서 하나님의 간절하고 뜨거운 사랑의 호소와 회복의 메시지를 들을 수 있습니다. 그래서 호세아서는 고멜의 전철을 밟는 주의 자녀들에게 크나큰 위로와 소망이 됩니다. 호세아의 사랑과 희생으로 고멜이 회복되었듯이, 우리도 여호와의 사랑과 희생으로 다시 회복될 수 있기 때문입니다.

가출했던 고멜은 방황과 탈선의 삶을 청산하고 자기를 진정으로 사랑하는 남편의 품으로 돌아와 갱신된 새 삶을 살았습니다. 하나님께서 야곱의 역사를 회상시키고 출애굽 사건을 되짚어 보게 하신 까닭도 이스라엘에 회복의 소망이 있다는 것을 알리려는 것이었습니다. 그래서 "네가 애굽 땅에 있을 때부터 나는 네 하나님 여호와"라고 하셨고 "내가 너로 다시 장막에 거주하게 하기를 명절날에 하던 것 같게 하리라"(12:9)고 약속하셨습니다.

하나님은 이스라엘에 구속의 하나님으로 나타나셨고, 출애굽 사건에서 이를 증명하셨으며, 그들을 가나안 땅으로 인도하셨습니다. 그때 광야의 장막에서 그들을 보호하셨는데 그 후 장막절은 출애굽의 구출을 기념하는 명절이 되었습니다. 우리는 어려운 일을 당하면 하나님께서 우리와 함께하시지 않는다고 생각하기 쉽습니다. 그래서 이스라엘 족장들의 역사와 출애굽 사건에서 하나님이 자기 백성을 택하신 사실과 그들을 포기하지 않고 줄곧 인도해 오신 사실을 상기해야 합니다. 새언약 백성인 우리는 출애굽의 실체인 십자가의 사랑을 기억하고 죄와 사망으로부터 우리를 해방시킨 주 예수의 부활 능력을 잊지 말아야 합니다. 아무리 큰 고난을 겪고 아무리 큰 죄를 지었어도 우리를 그리스도 안에서 택하시고 자기 아들을 내어주신 하나님의 사랑은 누구도 뗄

수 없습니다(롬 8:31-39).

여호와 하나님은 회복과 갱신의 주님이십니다. 이스라엘이 중죄를 범하고 이방 나라로 잡혀가는 운명에 처했을 때도 하나님은 그들에게 회개의 기회를 주시고 회복의 소망을 불어넣으셨습니다. 그런데 그 방법이 무엇이었습니까? 막연하게 '앞으로 잘 될 것이다' 라는 식으로 말씀하시지 않았습니다. 하나님께서는 자기 백성을 주먹구구식으로 인도하시지 않습니다. 자상하게 설명하시고 거듭하여 가르치십니다.

"내가 여러 선지자에게 말하였고 이상을 많이 보였으며
선지자들을 통하여 비유를 베풀었노라"(12:10).

여호와는 추상적인 하나님이 아니고 실제적이며 구체적인 하나님이십니다. 하나님께서는 선지자들을 통해서 하나님의 뜻과 계획을 알리시고 그들의 가르침을 통해서 하나님을 잘 이해하고 마음과 정신이 새로워져서 하나님의 백성으로서 사는 일에 부족함이 없게 하셨습니다. 하나님께서 자기 교회를 인도하시는 방법은 지금도 마찬가지입니다. 하나님은 위대한 교육가이십니다. 교육이란 시간이 걸립니다. 교육은 절대로 무계획적으로 될 수 없습니다. 우리가 자녀들을 학교에 보내는 까닭이 무엇입니까? 교육이 자녀들에게 가장 중요하다고 보기 때문입니다.

그런데 우리는 세상 교육의 중요성은 알면서도 교회 교육에 대한 인식은 낮은 편입니다. 교회를 오래 다닌 교인들인데도 하나님에 대해서 대체로 무지하고, 성경의 가치관이 잡혀있지 않으며, 복음 사상과 거리가 먼 생활 방식으로 사는 경우가 적지 않습니다. 이것은 심각한 문제입니다. 그 원인은 교회 교육이 제대로 이루어지지 않기 때문입니다. 설교나 성경 공부가 형식적으로 이루어지고 있지 않은지 반성해 보아야 합니다.

이스라엘 백성이 하나님을 따라 살지 못한 원인의 하나는 선지자들을 귀히 여길 줄 몰랐기 때문이었습니다. 구약 선지자들은 하나님의 말씀을 가감 없이 충실하게 전했습니다. 그러나 이스라엘 백성은 그들을 무시하고 박해하였습니다(호 9:7). 모세는 이스라엘 백성을 애굽에서 인도했던 선지자였습니다(12:13). 그러나 백성은 모세를 거역하였고 후속 세대들도 하나님이 보내신 선지자들을 냉대하며 우상 종교를 따랐습니다. 길갈과 길르앗은 우상의 센터였습니다. 그러나 "그 제단은 밭이랑에 쌓인 돌무더기"(12:11)같이 백해무익이었습니다. 하나님의 말씀을 받지 않으면 내가 아무리 공을 들여 쌓는 제단이라도 돌무더기가 됩니다.

하나님이 원하시는 것은 사역자들이 구원의 복음과 하나님이 어떤 분이라는 것을 온 힘을 다해 가르치고 성도들은 잘 배워서 "믿음에 거하고 터 위에 굳게 서서 너희 들은 바 복음의 소망에서 흔들리지 않는"(골 1:23) 것입니다. 이것이 교회가 사는 길입니다. 복음이 제쳐지고 우상이 들어서면 반드시 하나님의 징계를 받습니다. 이스라엘은 마침내 형벌을 받고 이방 나라로 잡혀갔습니다. 그렇지만 마음을 돌이켜 주께로 돌아오면 언약의 약속대로 다시 주님의 품에서 사랑을 받고 복을 누린다고 하였습니다(레 26:44; 신 30:1-10).

우리는 자주 하나님의 뜻을 벗어나고 때로는 큰 죄에 빠지기도 합니다. 새 언약 백성으로서 사랑의 계명을 어기고 주님을 온 마음으로 섬기지 못할 때가 잦습니다. 그럴지라도 여호와 하나님은 우리를 포기하시지 않습니다. 회개하고 그리스도께로 돌아가는 자들은 즉시 하나님의 환영을 받고 마지막 진노에서 피할 수 있습니다(살전 1:10). 호세아 시대의 이스라엘 백성들처럼 우리가 하나님을 기만과 불의로 에워싸도 회개하면 우리 죄는 우리에게 넘겨지지 않습니다. 그리스도의 피가 우리의 죄책을 모두 갚았기 때문입니다.

하나님은 죄인들에게 은혜 베풀기를 기뻐하십니다. 야곱은 야비한 꾀를 부리는 사람이었지만 하나님께서는 그를 여러 번 만나 주시고 그의 미래를 보장해 주셨습니다. 그가 울며 온 힘으로 주의 은혜를 간구했을 때 기꺼이 용서하시며 그의 도피 생활이 안전할 것을 약속하시면서 다시 가나안으로 돌아오게 하셨습니다(12:4). 야곱에 대한 이야기가 12:12절에서 재차 언급된 까닭도 하나님의 은혜를 강조하기 위해서입니다. 즉 하나님께서는 야곱의 도피 생활 중에도 정상적인 삶을 살도록 보호하시고 축복하셔서 열두 지파의 조상이 되게 하셨다는 것입니다.

하나님은 족장들뿐만 아니라 이스라엘 백성을 애굽에서부터 인도하셨고 선지자들을 통해 가르치셨습니다(11:1; 12:10). 이스라엘 백성은 가나안 백성처럼 속임과 우상 숭배를 일삼았지만, 하나님은 그들에게 여호와께로 돌아와서 새롭게 살 것을 선지자들의 입을 통해 호소하셨습니다(12:6-7). 다시 돌이키면 그들의 장래는 밝을 것이며 하나님의 축복과 보살핌을 받게 될 것이었습니다

(12:9).

이스라엘은 하나님을 배반한 벌을 받아 이방 나라로 쫓겨날 것입니다. 그러나 그런 무서운 형벌을 받을지라도 하나님은 여전히 그들을 영원히 버리지 않으시고 다시 은혜를 내리실 것이었습니다. 불의와 우상 숭배는 우리가 모두 나름대로 행하는 죄악들입니다. 하나님께서는 오래 참으신 후에 벌을 내리십니다. 그러나 벌로써 모든 것이 다 끝나지 않습니다. 여호와는 회복과 갱신의 하나님이십니다.

호세아 시대의 이스라엘은 야곱의 움켜잡기 성품을 지니고 있었습니다(12:3). 그들은 속임과 포학과 부정한 재물과 이방 나라와 우상을 움켜잡았습니다. 그러나 본문이 강조하는 것은 야곱의 악한 성품이 하나님의 축복을 간구하며 새롭게 살겠다고 회개하는 강한 일념으로 바뀌었다는 것입니다. 이것은 하나님의 은혜에 의한 것이었습니다.

호세아가 의미하는 것은 야곱을 벧엘에서 만나주셨던 하나님이 지금도 동일하시다는 것입니다. 그러므로 여호와께로 돌아가면 비록 야곱처럼 아버지 집을 떠난 난민이 될지라도 은혜의 하나님으로부터 복을 받는다는 것이었습니다.

하나님은 간교한 야곱에게 이스라엘이라는 명예로운 새 이름을 주셨습니다. 야곱은 새 사람이 되었고 하나님과 올바른 관계를 갖게 되었습니다. 야곱이 '이스라엘'로 개명된 것은 애굽에 있던 노예 공동체가 '이스라엘'이라는 국가로서 택함을 받고 하나님의 언약 백성이 될 것을 전제한 것이었습니다. 한 마디로 이스라엘이라는 이름이 붙었으면 여호와가 그들의 하나님이라는 것입니다. 그래서 여호와는 변치 않는 사랑으로 이스라엘을 지키실 것이었습니다.

"나 여호와는 변하지 아니하나니 그러므로 야곱의 자손들
아 너희가 소멸되지 아니하느니라"(말 3:6).

이스라엘 백성은 자신들이 누구에게 속한 백성인지를 알고 여호와께로 돌아갈 때 회복을 되찾고 살아남을 수 있다는 것이 본 메시지의 핵심입니다. 우리 모두에게 야곱의 그릇된 성품이 있습니다. 그러나 하나님께서 야곱의 불의에도 불구하고 그를 새롭게 하시고 믿음의 한 조상으로 그의 이름이 영원히 기억되게 하셨습니다(히 11:21). 회개는 회복을 가져옵니다. 야곱에게 가능했던 것은 그의 후손들에게도 가능합니다. "예수 그리스도는 어제나 오늘이나 영원토록 동일"(히 13:8)하시기 때문입니다.

40장

하나님이 사랑하신 사람들
호세아 13:1-16

하나님의 백성이 가진 가장 큰 문제는 우상 숭배입니다. 우상 숭배는 단순히 사람이 만든 우상 신의 조각물 앞에서 경배하고 제물을 바치는 것 이상의 의미가 있습니다. 우상 숭배는 그 자체로서 하나님과의 언약을 어기는 것이지만 그 해악은 이스라엘 백성의 도덕적 타락과 사회적 부패를 초래하였습니다. 그래서 호세아서 전체에서도 우상 숭배와 함께 음란, 거짓, 교만, 폭력과 같은 죄악들이 이스라엘 국가의 특징으로 기술되었습니다.

이스라엘의 우상 숭배는 살인을 조장하였습니다.

백성은 우상 신에게 인신 제물을 바쳤습니다(2절. NIV, ESV 영역 참조). 그래서 "그의 주께서 그의 피로 그의 위에 머물러 있게 하시며 그의 수치를 그에게 돌리시리라"(호 12:14)고 했습니다. 생명을 일으키는 것이 다산 종교여야 할 텐데 오히려 사람을 죽여 제물로 바치게 하였습니다. 우상을 섬기면 어리석게 됩니다. 우상 숭배는 분별력을 무디게 하여 거짓된 약속에 마음이 쏠리게 합니다. 이스라엘 백성은 송아지 우상이 "은장색이 만든 것"(2절) 이라는 너무도 뻔한 사실에 눈과 마음을 닫고 신뢰와 사랑의 입맞춤을 하였습니다. 여호와의 능력으로 출애굽의 구원을 체험하고 하나님과 언약을 맺은 백성이 이처럼 타락할 수 있다는 것은 믿기 어렵습니다.

그런데 그들의 우상 숭배는 호세아 시대에 와서 시작된 것이 아닙니다. 출애굽 세대부터 시내 산 밑에서 금송아지를 만들어 섬겼습니다. 그들은 가나안에 들어오기 전에도 모압 신들에게 가서 경배하고 모압 여자들과 음행하였습니다(민 25장). 이스라엘의 우상 숭배는 다윗 때는 억제되었지만 다윗의 사망 이후에 다시 고개를 들고 전국으로 퍼졌습니다. 백성은 우상들을 부지런히 제조하였고 자식들을 불살라 제물로 바치며 온갖 미신과 마술을 행하였습니다(왕하 21:5-7). 그 결과는 무엇입니까? 패망입니다(1절). 호세아는 네 가지 그림 언어로 이스라엘의 파멸을 표현하였습니다. 즉, 아침 구름, 이슬, 쭉정이, 연기입니다(3절). 이 중에서 어느 하나도 소망이 없습니다.

우상 숭배는 여호와 종교보다 훨씬 더 자유롭습니다. 우상 앞에서는 도덕도 양심도 필요 없습니다. 우상 종교는 축제 분위기에서 몸과 마음이 풀어지게 합니다. 다산 종교는 요즘 말로 하면 엔터테인의 기능이 높습니다. 우상 앞에서 마음대로 뛰고 놀면서 스트레스를 풀고 남녀가 원하는 대로 육욕을 만끽할 수 있습니다. 우상 종교는 감각 종교입니다. 느낌이 좋고 분위기가 부드럽습니다. 반면 여호와 종교는 제한이 많고 거룩해야 하며 제사를 지내도 효과가 잘 드러나지 않습니다.

우상 종교는 신의 모습도 형상으로 만들어 보여줍니다. 여호와 종교는 일체 그런 가시적인 신의 형상들을 만들지 못하게 합니다. 사람들은 자고로 기분 내는 것을 좋아합니다. 바알 종교는 기분 위주로 예배를 보았습니다. 누구나 와서 제사도 올리고 굿도 보고 또 함께 즐길 수 있는 종교였습니다. 하나님과의 인격적인 관계나 올바른 삶이 아니고 육적 요구를 충족시키고 일시적이나마 모든 사회적 제한을 벗어버린 채 즐기는 것이 바알 종교의 특색입니다.

바알 종교는 회개할 필요가 없고 구원도 운운하지 않습니다. 제사를 올렸으니까 앞으로 잘 되리라는 것을 일단 믿고 살면 됩니다. 그 이상은 생각할 필요가 없습니다. 전혀 부담을 주지 않는 종교입니다. 그러나 실상은 뜬구름이며 금방 사라지는 아침 이슬입니다. 바람에 쉽게 날리는 쭉정이며 연기에 불과합니다. 그런데도 세상에는 뜬구름을 잡겠다고 뛰어다니는 사람들이 많고 이슬과 연기와 알맹이 없는 쭉정이에 속아서 사는 자들이 적지 않습니다. 그런데 답답한 것은 교회 안에서도 그런 현상이 목격된다는 사실입니다. 구약에 나오는 우상 숭배에 대한 기사를 읽으면 우리와 아무 상관이 없어 보입니다. 오늘날 누가 교회에 우상을 조각해 놓거나 그 앞에 제사를 드리는 이가 있겠습니까? 아무도 없습니다. 그렇지만 내용으로 보면 교회 안에도 우상 숭배가 있습니다.

교인이라고 하면서 미신적인 사고방식으로 하나님을 대하거나, 신비주의 체험에 의존하여 성경을 가까이하지 않거나, 이기적인 목적 성취를 위해서만 하나님을 찾거나, 목회자를 숭배할 정도로 따르거나, 자녀들을 하나님보다 더 사랑하거나, 도덕적이고 사회적인 책임에 무관심한 것들이 우상 숭배입니다. 하나님이 아닌 것에 주력하여 종교 생활을 하는 것이 모두 우상 숭배이며 이것이 곧 신약 성경이 정의하는 탐심으로서의 우상 숭배에 해당합니다. 이 같은 우상 숭배에 대해서 하나님의 진노가 임한다고 하였습니다(골 3:5-6). 이스라엘은 실제로 앗수르의 공격을 받고 나라가 망하였는데 이것은 우상 숭배에 대한 하나님의 심판이었습니다(호 13:16).

우리는 이스라엘이 받은 형벌을 먼 과거의 일로 생각하고 우리와 상관이 없다고 여겨서는 안 됩니다. 회개하지 않는 교회, 갱신되지 않는 교회, 하나님이 아닌 것들에 온 정신을 쏟고 사는 신자들은 지금도 동일한 하나님의 심판 아래 있습니다.

하나님은 심판의 예고 속에서도 살길을 보여 주십니다.

"그러나 애굽 땅에 있을 때부터 나는 네 하나님 여호와라
나 밖에 네게 다른 신을 알지 말 것이라 나 외에는 구원자

가 없느니라"(13:4).

하나님께서는 이스라엘 백성에게 당장 심판을 내리시고 입을 닫지 않으셨습니다. 하나님은 자기 백성에 대한 미련이 강하신 분입니다. 마지막 순간까지 회복의 기회를 주십니다. 그래서 이스라엘이 돌이킬 수 있도록 먼저 하나님 자신이 이스라엘 백성에게 어떤 일을 행하셨는지를 상기시켰습니다. 그들이 바로의 학정 밑에서 종살이를 할 때 어떻게 구출해 주었습니까? 많은 기적과 양의 피로써 종살이와 죽음으로부터 구원하셨습니다.

이스라엘은 하나님이 그들을 위해서 행하신 많은 선행을 잊었습니다. 그들은 어제의 놀라운 구원을 잊고 오늘의 현실적 만족만을 위해서 살았습니다. 그들은 당장 돈을 벌게 해 주고 자식 잘 되게 해 주며 앞길이 열리게 해 주는 신(神)이라면 여호와 하나님이 아니라도 상관없이 따랐습니다. 그들은 현세 위주로 살았기에 하나님이 주시는 구원의 의미에 무관심하였습니다.

그들이 왜 바알 신 앞에서 굽실거렸습니까? 당장 잘 살게 해 준다고 약속했기 때문입니다. 그들과 바알과의 관계에는 역사적인 구원 사건이 없었습니다. 바알이 출애굽을 시켜 준 것도 아니고 광야에서 먹을 것을 공급하지도 않았습니다. 그런 일은 모두 여호와 하나님이 행하신 선행이었습니다(5-6절). 이스라엘 백성은 어쩌면 과거에 하나님이 행하신 일은 모두 조상들을 위한 것이었지 자기들과는 상관이 없다고 여겼을지 모릅니다. 과거는 과거고 현재는 현재라는 것입니다. 이것은 바알 신을 따르고 싶기 때문에 내세우는 억지 주장입니다. 하나님께서는 그들을 현재에도 끊임없이 돌보았음에도 바알 덕분에 먹고 산다고 생각하였습니다.

> "곡식과 새 포도주와 기름은 내가 그에게 준 것이요 그들
> 이 바알을 위하여 쓴 은과 금도 내가 그에게 준 것이거늘
> 그가 알지 못하도다"(호 3:8).

이스라엘 백성의 비극은 하나님이 그들의 조상에게 행하신 과거의 은혜도 잊었을 뿐만 아니라 현재 그들에게 행하시는 은혜도 깨닫지 못한 것이었습니다. 그들은 좋은 일이 생기면 모두 바알의 은덕이라고 보았습니다. 얼마나 마음이 뒤틀렸으면 이렇게까지 하나님을 오해하고 바알을 쫓았겠습니까? 그들은 바알을 구원자로 믿었습니다. 그래서 하나님은 그들에게 여호와가 그들의 신이며 다른 구원자가 없다고 지적하셨습니다(4절).

그런데 여호와 하나님이 다른 잡신들과 전혀 다른 독특성을 가진 유일한 구원자라는 사실을 무엇으로 증명할 수 있을까요? 하나님께서 그냥 그렇다고 선언하시면 될까요? 혹 맹목적으로 그런 신의 선포를 믿는 사람들이 있을지 몰라도 여호와 하나님은 그런 방법으로 자신을 증명하시지 않았습니다.

여호와 종교의 두드러진 특징은 역사성입니다. 하나님이 어떤 분이신지를 알려면 구원의 역사를 살피면 됩니다. 하나님께서 이스라엘 백성에게 족장들의 스토리나 출애굽을 자주 상기시키는 이유가 여기에 있습니다.

역사성이 없는 종교는 추상적이고 비현실적입니다. 역사는 인간의 삶에서 이루어집니다. 역사로서 증명되지 않은 종교는 신뢰할 수 없습니다. 우리에게 성경책이 있는 이유의 하나는 인간의 역사 속에서 하나님이 자신을 어떻게 드러내셨는지를 알리기 위한 것입니다. 성경은 인류의 긴 역사를 다룹니다. 창세기 때부터 인류의 역사 속에서 활동하시는 하나님과 인간 사이의 관계를 자세하게 진술합니다. 그런데 세상 역사책과는 진술 방법과 범위가 많이 다르기도 합니다. 성경의 역사는 하나님이 세상을 구원하기 위해서 어떤 방법을 사용하셨는지에 초점을 두기 때문에 구속사라고 부릅니다. 구속의 역사는 이스라엘 국가의 역사를 중심으로 전개됩니다. 구약은 이스라엘 역사를 주로 다루고 신약은 예수 그리스도를 구주로 믿는 전 세계적인 새로운 이스라엘 백성을 대상으로 삼습니다.

기독교를 믿는 신자들이 왜 구약을 읽어야 합니까? 구약은 하나님께서 예수 그리스도를 구원자로 보내시기 전에 아브라함과 그의 후손인 이스라엘 백성을 통하여 메시아의 오심을 준비시킨 역사적 과정에 대한 진술이기 때문입니다. 또한, 현재의 삶 속에서 하나님을 잘 이해하려면 과거의 많은 역사적 사건과 여러 인간관계 속에서 하나님이 행하셨던 일들을 살펴야 합니다. 우리는 구원의 역사를 통해 하나님이 유일한 구원자이심을 확인할 수 있습니다.

그냥 예수만 믿으면 다 되는 것이 아닙니다. 예수님에 대한 과거의 역사를 아는 것이 중요합니다. 하나님의 행적을 돌이켜볼 때 우리는 그분께 더 확실한 소망을 둘 수 있습니다. 호세아 시대의 이스라엘 백성은 현재의 삶 속으로 침투하는 바알 신의 유혹을 막지 못하였습니다. 그 원인의 하나는 하나님께서 출애굽의 구원자시며 광야의 양식이신 것을 잊고 여호와를 신뢰하지 않았기 때문입니다. 그래서 성경에는 여호와의 인사하심과 선하심과 능하심을 잊지 말라는 교훈이 자주 나옵니다. 삶이 어려울 때나 여유가 있을 때나 출애굽과 광야의 여호와를 기억하는 것이 우상에게 걸리지 않는 가장 안전한 길입니다.

하나님은 이스라엘 백성을 특별히 사랑하셨다고 고백하십니다.

"내가 광야 마른 땅에서 너를 알았거늘"(13:5).

하나님은 바로 왕의 노예살이를 하던 이스라엘 백성을 구출하시고 광야로 인도하셨습니다. 하나님은 거친 광야에서 주야로 그들을 돌보셨습니다. 호세아 시대에 이르기까지 하나님은 그들을 버리시지 않았습니다. 메마른 황무지에서도 살게 하셨다면, 가나안 복지에서 그들을 돌보는 일은 너무도 쉬운 일일 것입니다. 하나님은 그들에게 언제나 신실하셨습니다. 그런데도 그들이 우상 숭배에 빠지자 그들에 대한 하나님의 특별한 사랑을 언급하셨습니다. 본 절에서 '너를 알았다'는 말은 사랑했다는 말과 동의어입니다.

하나님은 출애굽을 "이스라엘이 어렸을 때에 내가 사랑하여 내 아들을 애굽에서 불러내었다"(호 11:1)라고 표현하였습니다. 하나님이 이스라엘 백성을 출애굽 때 사랑한 것과 광야에서 그들을 아신 것은 같은 의미입니다. 또 예레미야서에서 "내가 영원한 사랑으로 너를 사랑하기에 인자함으로 너를 이끌었다"(렘 31:3)라고 했습니다. 아모스서에서도 이스라엘에 대해서 "내가 땅의 모든 족속 가운데 너희만 알았다"라고 하였습니다(암 3:2). 하나님은 아브라함에 대하여 "참으로 내가 그를 알았다"(창 18:19 직역성경)라고 했습니다. 개역과 새번역은 택했다고 번역했는데 하나님이 아시는 것과 택하신 것은 유사한 의미입니다.

하나님이 아시고, 택하시고, 사랑하시는 것은 동일한 범주의 개념입니다. 그래서 흔히 예정을 하나님이 특별히 사랑하셔서 택하신 것으로 설명합니다. 그러나 임의로 정하거나 보편적인 사랑의 대상으로 택했다는 의미는 아닙니다. 하나님은 모든 피조물을 사랑하시고 돌보신다고 할 수 있습니다. 그러나 여러 민족 중에서 이스라엘만 아셨다는 것은 그들을 특별히 사랑하셨다는 말입니다. 하나님께서는 선택한 백성을 각별한 사랑으로 돌보십니다.

우리는 내 믿음으로 복음을 받아드렸다고 생각합니다. 그러나 나의 구원 뒤에는 하나님의 특별한 사랑이 먼저 있었습니다. 하나님께서 나를 미리 아시고 택하셨습니다. 나는 하나님의 선한 목적에 이바지하기 위해서 부름을 받았습니다. 하나님은 내가 예수님을 구주로 믿게 하시고 영원한 사랑으로 돌보시기로 예정하셨습니다.

하나님께서는 이스라엘을 메마른 광야에서도 먹이셨습니다. 그러나 하나님의 선하심이 오히려 타락의 계기가 되었습니다.

"그들이 먹여 준 대로 배가 불렀고, 배가 부르니 그들의 마음이 교만하여 이로 말미암아 나를 잊었느니라"(13: 6).

잘 되면 처음에는 하나님께 감사하면서도 은근히 자신의 잘남을 드러내고 싶어 하고 금방 자만에 빠져 교만해지기 쉽습니다. 그래서 하나님께서는 일찍이 이스라엘 백성에게 가나안에 들어가서 배가 부르게 될 때 여호와 하나님을 잊지 말고 다른 신들을 따르지 말라고 당부하셨습니다(신 6:10-15). 그러나 이스라엘 백성은 이 말씀을 마음에 두지 않고 살다가 하나님의 진노를 받았습니다(13:7-11; 신 6:16).

이스라엘 백성은 출애굽 이후에 시내 산으로 인도되었습니다. 출애굽은 그 자체로서 목적이 아니고, 시내 산에서 하나님을 경배하고 언약 백성으로서의 삶의 지침을 받기 위한 출발점이었습니다. 구원의 더욱 큰 목적은 어둠의 세력으로부터 구출되어 빛의 나라로 들어가서 하나님의 자녀들로서의 모습을 드러내며 사는 것입니다. 주의 백성은 세상에 하나님의 구원이 어떤 것인지를 보여주고 여호와 이외에 참 구원자가 없다는 것을 증시함으로써 하나님께 영광을 돌리는 소명을 받았습니다. 이스라엘 백성은 이 중요한 소명을 저버리고 우상 숭배자가 되었습니다.

오늘날 새 언약 백성에게도 같은 소명이 있습니다. 우리는 빛의 자녀들입니다. 어둠과 거짓에 속한 것들과 공존할 수 없습니다. 어둠과 거짓의 대명사는 우상입니다. 그래서 사도요한은 "자녀들아 너희 자신을 지켜 우상에게서 멀리하라"(요일 5:21)고 교훈하였습니다.

하나님은 자비하십니다. 그래서 이스라엘을 당장 죽이시지 않고 갱신의 기회를 주셨습니다. 하나님께서 주신 기회는 얼른 알아보고 붙잡아야 합니다. 어떻게 붙잡아야 할까요? 우상을 버리는 회개를 하면 됩니다. 자신의 잘못을 깨닫고 하나님께 용서를 구하면 됩니다. 유감스럽게도 이스라엘은 마치 출산을 앞둔 아이가 나오지 않고 버티는 것과 같았습니다(13절). 그들은 야곱의 아내인 라헬이 난산으로 생명을 잃었다는 사실에서 교훈을 받지 못하였습니다(창 35:16-19).

변화의 기회가 주어졌음에도 고집을 부리고 내일로 미루면 내일은 영원히 오지 않습니다. 오늘 주께로 돌아서야 내일이 있습니다. 오늘의 회개가 없으면 내일은 앗수르가 와서 생명을 잃게 됩니다. 살길은 있습니다. 산고가 있을 때 새 삶을 위해 세상 밖으로 나오는 것입니다. 손에 잡은 우상을 내던지고 빛과 생명의 세계로 나오는 것입니다. 주 예수는 빛이요 생명이십니다. 주님은 우상 신들을 버리고 돌아오는 모든 죄인을 양팔로 안으십니다.

호세아서의 예언은 이중적입니다.

지금까지 호세아는 이스라엘의 장래에 대한 예언을 양 측면에서 계속해 왔습니다. 일면으로는 이스라엘이 형벌을 받는다는 것이고, 다른 일면은 이스라엘의 미래가 영광스럽다는 것입니다. 이스라엘의 형벌은 앗수르에 의해서 나라가 망한다는 것이고, 영광스러운 미래는 그들의 수효가 바닷모래 같을 것이며(1:10) 그들이 하나님을 찾고(5:15) 회생되며(6:2) 포로에서 귀향한다는 것입니다(11:10-11). 그런데 이스라엘의 미래에 대한 예언은 사뭇 이해하기 어렵습니다. 이스라엘은 다른 나라로 잡혀가고 나라가 망한다고 했는데 어떻게 인구가 팽창하고 다시 돌아온다는 것일까요? 이스라엘이 안개나 연기처럼 사라질 운명인데 어떻게 다시 하나님의 은혜를 입을 수 있단 말입니까?

호세아는 분명 이스라엘의 죽음을 언급하였습니다(13:1, 9, 16). 이스라엘 백성은 죄의 값인 죽음을 피할 수 없습니다. 죄는 청산되기 전에는 하나님의 마음에 죄인의 채무로 적혀 있습니다. "에브라임의 불의가 봉함되었고 그 죄가 저장"(12절)되었다고 했습니다. 이 말은 신명기 32:34-35절에 기반을 둔 것입니다.

"이것이 내게 쌓여 있고 내 곳간에 봉하여 있지 아니한가…내가 보복하리라"(신32:34-35). 모든 죄는 그에 대한 결정이 내릴 때까지 하나님의 뇌리에 봉함되어 있습니다. 하나님은 심판을 늦추십니다. 그러나 죄가 잊힌 것은 아닙니다. 하나님께서는 언제라도 죄의 목록을 펼치시고 심판하실 수 있습니다. 이스라엘은 이제 우상 숭배의 죗값을 죽음으로 갚아야 했습니다. 그렇다면 이스라엘에 무슨 소망이 있습니까? 하나님의 심판은 철저할 것이라고 예고했습니다.

> "그러므로 내가 그들에게 사자 같고 길 가에서 기다리는 표범 같으리라 내가 새끼 잃은 곰 같이 그들을 만나 그의 염통 꺼풀을 찢고 거기서 암사자 같이 저희를 삼키리라 들짐승이 그들을 찢으리라"(7-8절).

16절에서도 무서운 심판이 예고되었습니다.

> "사마리아가 그들의 하나님을 배반하였으므로 형벌을 당하여 칼에 엎드러질 것이요 그 어린 아이는 부서뜨려지며 아이 밴 여인은 배가 갈라지리라"(13:16).

호세아는 '사랑의 선지자'인데 본 절은 격렬한 하나님의 진노를 표출합니다. 하나님은 "내가 어찌 너를 버리겠느냐"(호 11:8)고 하셨습니다. 그러나 하나님의 사랑은 때로는 진노로 표현됩니다. 참사랑은 무엇이든지 허용하며 무조건 좋다는 것이 아닙니다. 참사랑은 자신의 연인이 다른 임을 쫓을 때 질투하며 징계합니다(호 2:6, 10; 신 32:21). 이스라엘 백성에 대한 심판은 가혹합니다. 이것은 하나님께서 자기 백성을 거짓된 우상으로부터 구출하시겠다는 참사랑의 결의입니다.

이제 우리는 이러한 하나님의 혹심한 심판의 결단 앞에서 호세아가 가졌던 선지자로서의 비전을 봅니다. 호세아는 현재의 이스라엘의 임박한 멸망을 놓고 절망하지 않았습니다. 그의 비전은 너무도 부패하여 회복의 가능성이 전혀 없어 보이는 이스라엘의 막막한 현실에 비추어 볼 때 놀라지 않을 수 없습니다. 그는 앞이 캄캄한 현실에서 눈을 돌려 사망이 폐기되는 먼 장래의 경이로운 한 이벤트를 응시하였습니다. 이것은 위대한 선지자의 통찰이었습니다.

> "내가 그들을 스올의 권세에서 속량하며 사망에서 구속하리니 사망아 네 재앙이 어디 있느냐 스올아 네 멸망이 어디 있느냐"(14절).

호세아는 지금까지 이스라엘에게 닥칠 무서운 파멸과 죽음을 예고해 왔습니다. 하나님께서는 이스라엘의 활을 꺾으실 것이며(1:5), 그들을 구출하지 않으실 것입니다(1:6). 그들을 방치하시고(4:17) 그들의 행위가 하나님께로 돌아가지 못하게 하실 것입니다(5:4). 하나님은 그들로부터 철수하십니다(5:7). 산성과 성읍들이 무너질 것이며(10:14) 백성은 사라지고(13:3) 나라는 적국에 삼켜질 것입니다(13:8). 이스라엘의 파멸과 죽음은 여러 번 반복되며 확인되었습니다. 이스라엘의 상태가 이런 것이라면 하나님이 어떻게 이스라엘을 죽음에서 일으키신단 말입니까? 이 질문에 대한 해답을 찾기 위해 우리는 14절에 나오는 '속량'과 '구속'이라는 어휘를 살펴보아야 합니다.

하나님은 이스라엘을 스올의 권세에서 속량한다고 하셨습니다. 스올은 죽음을 가리킵니다. 특히 정죄를 받은 악인들이 사후에 가는 파멸의 장소입니다(시 49:14). 그럼 스올에서 벗어나는 길은 어떤 것일까요? 정죄 받은 죄인이 영원히 머물러야 하는 파멸의 장소라면 어떻게 이곳에서 구출될 수 있을까요? '속량'(ransom)과 '구속'(redemption)을 통해서 이루어진다고 했습니다.

'속량'은 사형 선고를 받았거나 속박된 자를 몸값을 지불하고 구해낸다는 뜻입니다. 한동안 유행하던 소말리아 해적들의 피랍 사건에서처럼 인질 석방을 위해 엄청난 몸값을 지불하고 풀려나는 것과 같습니다. 속량의 아이디어는 하나님께서 어떤 대가를 치르고도 자기 백성을 스올에서 구출해 내실 것을 가리킵니다(삼하 7:23; 시 78:42). 그래서 시편 49:15절에서는 하나님께서 "내 영혼을 스올의 권세에서 건져내시리로다"라고 했습니다.

'구속'은 속량과 유사한 개념으로서 특별히 친족이 어려움에 빠졌을 때 값을 내고 구해 주는 것을 말합니다. 문자적으로 구속은 '되사는 것'입니다. 구약 성경의 최대 구속 사건은 출애굽입니다. 여호와 하나님이 자기 백성을 애굽의 종살이에서 해방시켜 약속의 땅에서 살도록 되산 사건입니다(삼하 7:23).

한편, 구속에는 구속주의 개념이 부착되었는데 룻기에 나오는 친족 구속자(kinsman-redeemer)와 연결된 말입니다. 보아스는 룻의 사별한 남편과 친족 관계였는데 가난한 이방 여자인 룻과 결혼하여 그녀에게 가난을 벗게 하고 안전을 확보해 줌으로써 친족 구속자가 되었습니다.

이제 이러한 속량과 구속의 의미를 염두에 둘 때 "사망아 네 재앙이 어디 있느냐 스올아 네 멸망이 어디 있느냐"(14절)라는 말은 의미심장합니다. 이스라엘은 사망 선고를 받은 자였고 영적으로는 이미 죽은 상태였습니다. 그런데 그들의 운명을 바꿀 수 있는 자가 누구입니까? 하나님께서는 이미 "나 외에는 구원자가 없느니라"(13:4)고 선포하셨습니다. 여호와 하나님은 애굽 땅에 있을 때부터 그들의 하나님이셨습니다. 여호와는 이스라엘 백성을 막강한 바로의 압제로부터 구출하셨고 40년 동안 광야에서 그들을 먹이고 보호하셨으며 가나안 땅 전체를 그들에게 유업으로 주셨습니다.

그런데 무엇보다도 이스라엘 백성이 애굽에서 풀려난 대 구원 사건의 결정적인 열쇠는 속죄양의 피였습니다. 그래서 신약의 저자들은 출애굽 사건을 하나님께서 앞으로 보내실 세상 죄를 지고 가는 하나님의 어린 양에 대한 예시로 보았습니다. 즉, 속죄양으로 오신 예수님의 십자가 희생을 통해서 사형 선고를 받은 죄인들을 죽음으로부터 건져낼 구속 사건을 가리키는 것으로 간주하였습니다. 다시 말해서 예수님의 피가 우리 죄를 위한 속량이라는 것입니다(마 20:28; 엡1:7; 히9:12; 벧전1:18, 19). 예수님의 구속은 죄의 종살이를 하는 우리를 죄의 삯인 죽음으로부터 속량하는 행위입니다(롬 3:24; 6:23). 그래서 바울은 호세아서 14:4절을 인용할 때 이 말을 성도의 부활에다 적용하였습니다(고전 15:55).

호세아는 놀라운 선지자의 통찰로 하나님께서 속량과 구속의 방법으로 이스라엘이 영적으로 부활하여 하나님과 행복한 관계를 지니고 다시 하나님의 생명을 누릴 날을 바라보았습니다. 그런데 현재 이스라엘에게 당장 필요한 것은 회개하는 것이었습니다. 장기적인 선지자의 비전 속에서는 이스라엘의 회복이 확실합니다. 그러나 현재의 시점에서 보면 그들은 심판에 직면했기 때문에 속히 회개하고 주께로 돌아와야 했습니다.

유감스럽게도 이스라엘은 회개하지 않았습니다. 그래서 "뉘우침이 내 눈 앞에서 숨으리라"(14절)고 했습니다. 이 부분은 14절 하반절에 들어갈 것이 아니고, 내용상 15절에 들어가야 의미가 자연스럽습니다. 14절에 포함된 것으로 보면 "사망아 네 재앙이 어디 있느냐 스올아 네 멸망이 어디 있느냐"라는 말은 이스라엘이 언약을 어긴 데 대한 심판을 집행하기 위해 스올의 재앙과 멸망을 부른다는 의미로 해석될 수 있습니다. 이 경우에는 하나님께서 그러한 언약의 저주를 내리는 일에서 자기 백성을 동정하시지 않겠다는 의미가 됩니다.

그러나 이 부분을 15절의 시작으로 보면 스올의 죽음을 부른다는 대목과 연결 짓지 않고서, 이스라엘이 회개하지 않기 때문에 받을 심판에 대한 선포로 볼 수 있습니다. 즉, 앞으로 여호와의 심판의 바람이 불 것인데(15-16절) 하나님께서 회개하지 않는 이스라엘 백성을 더는 참지 않으신다는 의미가 됩니다.

그러니까 스올의 재앙과 멸망이 어디 있느냐는 말은 호세아 선지자가 장기적인 비전으로 바라본 그리스도 안에서의 구원 곧, 부활로 죽음이 패배하는 것을 가리킨 예언적 통찰이었다는 것입니다. 다시 말해서 당시의 이스라엘 백성에 대한 최종 심판의 운명과 관련된 말씀이 아니라는 것입니다. 이것은 호세아서 전체가 심판 이후에 회복의 메시지로 연결된 점에 비추어 볼 때 더 자연스러운 해석으로 보입니다(참조. 1:10-2:1, 14-23; 3:5; 6:1-3; 10:12; 11:8-11; 14:1-8).

또한, 바울이 고린도전서 15:55절에서 스올에 대한 부분(호 13:14)을 부활의 승리와 관련해서 긍정적으로 인용한 것과도 일치합니다. 호세아의 비전은 장기적인 것이었습니다. 그는 마지막 원수인 사망이 멸망될 날을 내다보았습니다. 이 구출의 날을 준비하기 위해서 이스라엘은 회개하여야 했습니다. 그렇게 할 때만 이스라엘은 스올에서 구출되어 참 백성을 가리키는 남은 자로서의 '이스라엘'(롬 9:6; 11:5)에 포함될 것이었습니다.

호세아 선지자는 타락하여 노예가 된 자기 아내를 되사오는 속량의 체험을 통해서 이스라엘도 하나님의 대속적인 희생으로 회복될 것을 깨달았습니다(호 3:1-2). 그는 이스라엘이 저주의 심판을 받을지라도 마침내 스올의 권세에서 온전히 풀려날 것을 예견하고 '사망아 네 재앙이 어디 있느냐 스올아 네 멸망이 어디 있느냐'라고 외쳤습니다.

우리는 호세아의 이 외침의 깊은 의미를 그리스도의 십자가와 부활에서 발견합니다. 주 예수는 우리 죄를 위해 속량이 되셨고 그의 대속을 믿는 모든 자의 구속주가 되셨습니다. 주 예수를 믿는 자들은 바울처럼 "사망아 너의 승리가 어디 있느냐 사망아 네가 쏘는 것이 어디 있느냐"(고전 15:55)라고 외칠 수 있습니다. 하나님께로 돌아온 우리는 그리스도 안에서 이미 사망에서 생명으로 옮겨졌기 때문입니다(요 5:24).

하나님께서는 이스라엘의 역사가 보여주듯이 모든 죄인을 심판하십니다. 그러나 예수 그리스도를 통한 하나님의 속량과 구속을 믿고 회개한 자들은 사망의 재앙과 스올의 멸망으로부터 해방됩니다. "우리 주 예수 그리스도로 말미암아 우리에게 승리를 주시는 하나님께 감사"(고전 15:57)합시다.

41장

우상을 버린 사람들
호세아 14:1-9

성경의 전체 스토리는 창조 → 타락 → 새 창조 라는 간단한 구도로 볼 수 있습니다. 호세아서도 이 구도에 해당합니다. 이스라엘 백성은 처음에는 하나님의 백성으로 시작되었습니다. 그러나 우상 숭배로 타락하였고, 그다음 새롭게 회복되었습니다. 본장은 호세아서의 마지막으로서 이스라엘이 재창조되는 회복에 대한 메시지입니다. 호세아 메시지의 특징은 형벌의 예고와 함께 회복의 약속을 틈틈이 미래의 소망으로 곁들인 것입니다(참조. 1:10-2:1, 14-23; 3:5; 6:1-3; 10:12; 11:8-11; 14:1-8). 특히 마지막 장은 호세아서의 꽃이라고 할 수 있습니다.

호세아는 여러 번 이스라엘을 거의 구속할 수 없는 상태로 서술하였습니다. 그런데도 그는 이스라엘의 회복을 소망할 수 있었습니다. 그 근거는 무엇입니까? 하나님께서 이스라엘을 "스올의 권세에서 속량하며 사망에서 구속"(13:14)하신다는 약속을 하셨기 때문입니다. 이것은 자신과 고멜과의 관계에서도 체험된 일이었습니다. 호세아와 고멜의 관계는 하나님과 이스라엘의 관계를 대변합니다. 그렇다면 하나님께서 호세아에게 타락한 고멜의 몸값을 지불하고 다시 데려와서 살라고 지시하신 것은 이스라엘을 속량하시겠다는 뜻이었습니다. 호세아는 고멜의 불행한 처지가 자신과의 정상적인 관계로 회복된 체험에 비추어 이스라엘에 대한 하나님의 구속의 날을 대망할 수 있었습니다. 그런데 어떻게 이스라엘이 회복될 수 있을까요? 하나님은 호세아 선지자를 통해 이스라엘이 하나님께로 돌아올 수 있는 길을 자세하게 알려 주셨습니다.

이스라엘은 말씀을 가지고 여호와께로 돌아와야 합니다.

"너는 말씀을 가지고 여호와께로 돌아와서 아뢰기를 모든 불의를 제거하시고 선한 바를 받으소서 우리가 수송아지를 대신하여 입술의 열매를 주께 드리리이다"(2절).

여기 나온 '말씀'은 하나님의 말씀 혹은 성경 말씀으로 오해하기 쉽습니다. 이 '말씀'은 이스라엘 백성이 하나님 앞에서 고백해야 할 기도로서의 '말'을 가리킵니다. 이 기도의 내용이 2절부터 3절까지의 회개와 참회의 고백입니다. "모든 불의를 제거하시고"(2절). 이것은 용서를 비는 기도입니다(시 32:5). 이들은 앗수르의 구원을 의지하고, 군마를 믿으며(3절; 10:13), 우상을 섬긴 죄에서 돌아서겠다고 말해야 했습니다(3절).

이스라엘은 장기간 하나님께 큰 죄를 지었습니다. 그래서 "네가 불의함으로 말미암아 엎드러졌느니라"(1절)고 했습니다. 엎드러졌다는 것은 스스로 일어날 수 없는 상황이라는 말입니다. 이스라엘은 자기를 스스로 고칠 수 없습니다. 그들의 반역을 고칠 수 있는 분은 여호와 하나님이십니다(4절; 6:1). 그래서 이스라엘은 비록 자신을 고칠 능력은 없지만 하나님의 치유를 받아야만 살 수 있다는 것을 통감하며 회개하는 마음을 안고 주께로 나가야 했습니다. 이것이 '말씀'을 가지고 여호와께로 돌아오라는 뜻입니다.

이스라엘의 문제는 성전이나 제사장들이나 기타 종교 축제가 없어서가 아니라 하나님의 긍휼과 치유를 믿는 회개의 기도가 없는 것이었습니다. 이스라엘은 회개가 필요하지 않은 우상 숭배에 너무도 익숙해서 여호와 하나님께 자신들의 죄를 회개할 마음이 없었습니다. 죄에 빠져 살면 회개의 기도가 없는 것이 특징입니다. 나는 언제 회개의 기도를 드렸습니까? 회개의 기도가 없다면 내가 죄를 짓지 않았기 때문일까요? 아니면 하나님이 아닌 다른 무엇을 의존하며 살았기 때문일까요? 혹은 하나님을 두려워하여 그분의 용서와 자비하심을 믿지 못하기 때문입니까? 하나님께서는 진정으로 회개하는 자들에게 후한 용서를 즉시 베푸십니다. 그리고 그들에 대한 진노를 돌이키시고 치유와 회복의 축복을 내리십니다.

"내가 그들의 반역을 고치고 기쁘게 그들을 사랑하리니
나의 진노가 그에게서 떠났음이니라"(4절).

지금 나의 삶이 주 예수를 믿는 신자로서 떳떳하지 못한 데가
있다고 해서 주께 나아가기를 주저하지 마십시오. 나는 자신을
온전히 고칠 수 없습니다. 자력으로 나의 죄 문제를 해결하고 나
서 주께로 돌아가려고 하면 너무 늦고 말 것입니다. 사실상 행위
로써 하나님의 전적인 용서를 받을 자격이 있는 자는 아무도 없
습니다. 죄의 문제는 하나님이 해결해 주셔야 합니다.

여호와는 고아처럼 긍휼히 여김을 받지 못하던 이스라엘을 긍
휼히 여기시는 분이라고 했습니다(3절; 2:23). 먼저 죄를 고백하고
주님의 긍휼하심에 자신을 맡기십시오. 이것이 자신의 죄를 용서
받고 새 삶을 살게 되는 유일한 길입니다. 물론 진정한 회개의 증
거는 옛 삶이 새로운 삶으로 변화되는 것입니다. 그런데 그러한
변화는 어떻게 오는 것입니까? 먼저 주께로 돌아가서 죄를 고백
하며 하나님이 아닌 것에 더 이상 의존하지 않겠다는 자신의 간
절한 마음을 알림으로써 시작됩니다.

하나님께서는 우리의 행위로 증명될 때까지 기다리셨다가 비
로소 용서를 결정하시지 않습니다. 죄를 이길 수 있는 능력은 주
님의 용서를 먼저 받는 일부터 시작되어야 합니다. 주님의 용서
가 얼마나 큰 은혜인지를 알 때 자신의 죄를 더욱 혐오하게 됩니
다. 돌아오는 자녀들을 기뻐하시고 황송할 정도로 환영하시는 주

님의 사랑을 체험할 때 더 이상 죄를 지을 수 없다는 결의가 굳어집니다.

그런데 용서를 받은 자는 회개의 열매를 맺어야만 하나님과의 정상적인 관계를 유지할 수 있습니다. 그래서 "우리가 수송아지를 대신하여 입술의 열매를 주께 드리리이다"(2절)라고 했습니다. 입술의 열매는 기도의 내용과 일치하는 변화의 열매입니다. 그러나 하나님께서 용서해 주시는 근거는 나의 선행의 증거가 아니고 십자가를 믿고 주께로 나아가 "열매를 주께 드리겠습니다"라는 거짓 없는 마음입니다. 이것은 자신의 잘못을 인정하고 뉘우치는 것이며 앞으로 주님만을 의지하고 순종하겠다는 결단이기에 하나님의 용서를 받습니다. 그때부터 변화의 열매가 하나님과의 정상화된 관계 속에서 달리기 시작합니다.

우리가 예수님의 십자가 피를 통하여 하나님께로 돌아가면 하나님께서 우리의 죄악 된 악습을 고치십니다. 하나님은 단순히 용서만 하시고 끝내시지 않습니다. 하나님께서는 우리의 삶 속에서 강력하게 역사하시면서 죄의 능력이 점차로 깨어지게 하시고 주님의 자녀로서 재창조되는 은혜를 입게 하십니다.

재창조의 축복들

하나님께서는 이스라엘 백성에게 돌아오라고 호소하시면서 구체적으로 돌아오는 방법을 알려 주셨습니다. 그것은 회개의 길이었습니다. 그다음 돌아오는 백성이 어떻게 회복되는지를 알리는 내용이 4-8절에 나옵니다. 한 마디로 하나님께서 자기 백성에 대한 진노를 거두시고 그들의 반역을 치유하시며 넘치는 사랑을 부으신다는 것입니다(4절). 그 결과 이스라엘은 최상의 모습으로 일신됩니다.

첫째, 하나님이 이스라엘에 이슬과 백합화와 백향목같이 됩니다(5절).

'이슬'은 식물을 자라게 하고 신선하게 해 줍니다. 이슬은 구약에서 주로 번영과 하나님의 생명력을 상징하는 복입니다(신 32:2; 33:13, 28; 사 26:19). '백합화'는 봄에 속히 자라고 많이 퍼집니다. 이사야 선지자는 "사막이 백합화 같이 피어 즐거워하며 무성하게 핀다"(사 35:1-2)고 표현하였습니다. 메마른 땅에 꽃이 피는 것은 하나님의 치유와 회복을 상징하는 새 시대의 주제입니다(7절). '백향목'은 뿌리가 단단하여 안전과 힘을 상징합니다. 이스라엘은 옛날처럼 뿌리가 말라 열매를 맺지 못 하는 일이 없게 될 것입니다(호 9:16).

둘째, 이스라엘은 풍성한 곡식을 거두고 포도나무처럼 꽃이 피고 레바논의 포도주처럼 향기롭게 될 것입니다(7절).

향기가 사람들에게 호감을 주듯이 이스라엘은 멸시받는 나라가 아니고 평이 좋은 나라가 될 것입니다. 이스라엘의 미래는 여러 가지 특징을 갖게 될 것입니다. 즉, 풍요, 안정, 아름다움, 향기로움 등입니다. 이것들은 모두 언약에서 약속된 농경 축복들입니다(신 33:13-16; 30:9-10; 렘 33:12-13; 암 9:13-15; 욜 3:18). 이러한 축복들은 "그 날"(호 2:18, 21)에 있을 하나님과의 화해와 자연과의 조화로 얻는 풍요와 하나님의 자비와 사랑의 혜택을 포함합니다(호 2:18-23).

풍성한 수확을 위해 바알에게 제사를 지냈던 지난날의 어리석음을 회개하고 주께로 돌아오는 자들은 여호와의 풍성한 은혜로 삶이 전혀 새로워지는 복을 받습니다. 그들은 자신들의 삶 속에 촉촉한 이슬이 내리고 수림이 우거지며 곳곳에 백합화가 만발하고 감람나무와 포도나무에서 수확이 넘치며 레바논의 포도주처럼 좋은 평판을 받게 될 것입니다. 회개한 이스라엘은 열국 가운데 풍요의 센터가 되고 진정한 의미에서 젖과 꿀이 흐르는 땅에서 복락을 누리게 될 것입니다.

이러한 축복은 바알 숭배로 망했던 나라가(호 13:1, 9) 다시 살아나는 것과 같습니다. 우상 숭배로 더럽혀졌던 땅은 신천지로 회복될 것입니다. 우리에게도 이러한 소망이 있습니다. 이것은 추상적인 이상이 아니고 현실적인 약속입니다. 우상을 버리고 주께로 돌아서는 자들의 삶은 과거의 일그러진 모습이 몰라보게 아름다운 새 모습으로 일신된다는 것은 거짓말을 하지 않으시는 하나님의 약속입니다.

하나님은 자기 백성을 반드시 회생시키십니다. 여호와의 이름을 위하여 그들을 의의 길로 인도하시고 푸른 초장의 풍요를 누리게 하십니다. 비록 사망의 골짜기를 지날지라도 선한 목자는 자신의 양 떼를 포기하지 않고 안전한 곳으로 데리고 가십니다. 이스라엘은 앗수르로 잡혀갈 테지만 그들이 죽음의 계곡에서 목자의 지시를 기억한다면 결코 영원히 망하지 않을 것입니다.

이스라엘의 목자가 그의 양 떼들에게 작성해 준 회개의 문안(文案)은 죽음의 나라에서 다시 살아 돌아올 수 있는 생명의 메시지였습니다(14:2-3). 이것은 자신들뿐만 아니라 자손들에게도 전해 주어야 할 여호와의 마지막 당부였습니다(신 30:1-4). 이것은 그들이 비록 이방 나라에 포로로 잡혀갈지라도 하나님께서 그들을 영원히 버리지 않으셨음을 기억하게 하고(레 26:44) 다시 여호와 하나님께로 돌아오는 길을 보여 주려는 것이었습니다. 그러므로 그들이 어디에 있든지 회개의 서한을 가슴에 지니고 주께로 나아가면 죽음에서 생명으로 옮겨질 것이었습니다. 그런데 이 약속은 조건 없는 축복은 아닙니다. 이스라엘 백성이라고 해서 모두 회생하지는 않습니다. 이것은 죄에 대한 징계를 받고 회개하는 참 이스라엘, 곧 '남은 자들'에게 주는 하나님의 보증이었습니다(신 4:29-31; 호 3:1-5).

이스라엘의 고백과 하나님의 응답

"에브라임의 말이 내가 다시 우상과 무슨 상관이 있으리요 할지라"(8절).

하나님은 이스라엘의 돌이킴을 호소하실 때 말씀을 가지고 돌아오라고 하였습니다(2절). 이제 에브라임(이스라엘)은 "내가 다시 우상과 무슨 상관이 있으리오"라고 말합니다. 이것은 2-3절에서 나왔던 회개의 첫 내용에 대한 결론적 고백입니다. 이 고백은 이스라엘이 마침내 우상을 버리고 하나님께로 돌아왔다는 증거입니다. 그런데 이 고백이 나오기까지 이스라엘은 먼 길을 걸었습니다. 그들은 고멜이 다른 연인들을 따랐듯이, 이방 신들을 섬기며 음란의 길을 걸었고 하나님을 아는 참 지식을 버렸으며 방탕과 사회적 불의를 일삼았습니다. 그들은 이방 나라를 의지하였고 여호와 종교를 부패시켰으며 여러 선지자의 간곡한 회개의 메시지에 귀를 막았습니다. 드디어 그들은 하나님의 진노를 일으켜 이방 나라의 포로가 되었습니다.

그들은 망국의 설움과 이방 나라의 압제 속에서 자신들의 어리석음을 깨닫고 우상 숭배가 패망의 원인이었음을 뼈저리게 느꼈습니다. 그들은 다시는 우상과 상관하지 않겠다고 작심하였습니다. '내가 다시 우상과 무슨 상관이 있으리요'라는 고백은 과거의 음란했던 우상 숭배를 회상하며 현재는 우상과 인연을 끊은 상태임을 자신에게 확인시키면서 미래에도 우상이 없는 삶을 지속할 것을 결심하는 말입니다. 이것은 남편에게로 돌아온 고멜이 호세아 앞에서 참회의 심정으로 토로했을 말인지도 모릅니다.

여호와께로 돌아오는 자들은 모두 그렇게 하나님께 고백하니다. 이것은 또한 자신의 독백이기도 합니다. 자신을 향해 다시는 우상과 상관하지 않겠다는 양심의 결단입니다. 사실상 호세아서 전체의 두드러진 주제는 우상 숭배를 단절하라는 것이었습니다. 그래서 '내가 다시 우상과 무슨 상관이 있으리요'라는 말을 일부 다른 영역 성경에서처럼(NIV, ESV, NASB) 하나님이 에브라임을 향해 하시는 말씀으로 본다고 하여도 크게 차이가 없습니다. 결국은 이 고백이 하나님의 은혜로 에브라임의 입에서 나올 것이기 때문입니다.

하나님께서는 이미 고멜이 호세아에게 돌아왔듯이, 이스라엘도 여호와께로 돌아올 것을 아셨습니다. 그래서 에브라임이 자기 입으로 언젠가는 "내가 다시 우상과 무슨 상관이 있으리요"라고 고백할 날이 올 것이라고 전제하셨다고 보아야 합니다. 하나님은 이스라엘을 앗수르로 떠나 보내실 때 회개의 문안(文案)을 손에 쥐어 주셨습니다. 그리고 그 보다 훨씬 더 앞서 그들을 "스올의 권세에서 속량하며 사망에서 구속"(13:14)하실 뜻을 세우셨습니다. 그러므로 그들은 회개하며 돌아올 것입니다.

그들은 우상들을 버리고 여호와께로 돌아올 것입니다. "그 그늘 아래에 거주하는 자가 돌아올 것이라"(7절)고 했습니다. '그 그늘'은 이중적인 의미를 지녔습니다. 하나는 바알의 그늘이고(4:13), 다른 하나는 여호와의 그늘입니다(호 14:8; 시 17:8; 36:7; 91:1). 이스라엘 백성은 산당에서 바알 신을 섬기면서 말했습니다.

"나는 나를 사랑하는 자들을 따르리니 그들이 내 떡과 내 물과 내 양털과 내 삼과 내 기름과 내 술들을 내게 준다 하였음이라"(호 2:5).

그래서 "그들이 산 꼭대기에서 제사를 드리며 작은 산 위에서 분향하되 참나무와 버드나무와 상수리나무 아래에서 하니 이는 그 나무 그늘이 좋음이라"(4:13)고 했습니다. 이에 대해 하나님은 "곡식과 새 포도주와 기름은 내가 그에게 준 것이요 그들이 바알을 위하여 쓴 은과 금도 내가 그에게 더하여 준 것이거늘 그가 알지 못하도다"(호 2:8)라고 하셨습니다. 그러니까 이스라엘 백성은 하나님이 주신 복을 놓고 엉뚱하게 바알 신에게 감사하며 그 그늘이 좋다고 찬양했습니다. 바알이 보호자며 공급자라고 믿었던 것입니다.

그러나 그들이 믿었던 풍요와 보호의 그늘은 그들과 언약을 맺은 여호와 하나님의 그늘이었습니다. 진정한 의미에서 여호와 하나님만이 참된 그늘입니다. 오직 그분만이 영원한 상록수의 그늘을 제공합니다. 바알의 그늘은 실체가 없는 허상입니다. 그래서 허상의 그늘이 좋다고 계속 그 밑에 머무는 자들은 멸망하고 여호와께로 돌아오지 못합니다. 반면, 언약의 그늘 아래에서 여호와 하나님의 보호와 공급을 믿고 주께로 돌아가는 자들은 바알이 줄 수 없는 다산의 축복을 받습니다. 그래서 "네가 나로 말미암아 열매를 맺으리라"(8절)고 했습니다.

하나님은 이스라엘이 회복될 "그 날"(2:18, 21)을 정하시고 그들을 긍휼히 여기시며 그의 진노를 거두실 것이기에(2:23; 11:9; 14:4) 이스라엘과의 재회의 새날을 확신하셨습니다. 그래서 하나님께서는 이스라엘의 참회의 고백을 들으실 때 어떻게 응답하실 것을 미리 알리셨습니다.

"내가 그를 돌아보아 대답하기를 나는 푸른 잣나무 같으
니 네가 나로 말미암아 열매를 얻으리라 하리라"(8절).

하나님은 우리에게 생명과 열매를 위해 필요한 모든 것들을 공급해 주십니다. 우상 숭배는 마약처럼 경배자의 삶을 황폐하게 만듭니다. 생명을 말리고 에너지를 앗아가며 마침내 죽음에 이르게 합니다. 그러나 우상을 버리고 주께로 나아가는 자들은 하나님으로부터 복음의 응답을 받습니다. 메마른 삶에 생기가 들어오고 죽음의 냉기가 생명의 훈기로 대치됩니다. 하나님께로 돌아가는 자들은 우상 숭배 시절에 황량한 광야에서 불어왔던 죽음의 뜨거운 동풍 대신에(13:15) 하나님의 사랑의 바다에서 불어오는 소생의 바람을 맞습니다. 그래서 바알이 주었던 다산의 악취를 말끔히 거두어 가는 여호와의 신선한 청풍을 받으며 탐스러운 열매를 맺고 새 삶을 향유합니다.

우상 숭배의 옛 시대가 새 시대의 "그 날"(3:18, 21)을 맞으면 삶의 온 지평이 충만한 생명의 삶으로 덮입니다(요 10:10). 하나님 자신이 이스라엘의 그늘이 되고 양식이 됩니다(7절). 여호와께로

돌아온 이후에는 생명 나무가 항상 만발하고 하나님의 백성을 위해 사시사철 열매를 맺습니다. 그때에는 이사야의 표현대로 "내 거룩한 산 모든 곳에서 해 됨도 없고 상함도 없을 것이니 이는 물이 바다를 덮음 같이 여호와를 아는 지식이 세상에 충만할 것"(사 11:9)입니다. 바알을 섬겼던 언덕 산마다 여호와의 영광이 가득하고(호 4:13; 합 2:14), "내가 다시 우상과 무슨 상관이 있으리요"라는 고백의 찬송이 온 땅에 울려 퍼질 것입니다. 이것이 회복이고 갱신이며 새 창조의 모습입니다.

이스라엘 백성은 회개하고 우상을 던졌습니다. 그들은 하나님께로 영영 돌아왔을 때 풍성한 생명을 넘치게 즐길 수 있었습니다. 이 생명은 여호와께로 마음을 돌리는 그의 자녀들에게 주는 은혜의 선물입니다. 이 생명을 받아 누리는 것이 신약적인 용어로 말하면 영생이며 하나님 나라의 체험입니다. 새 창조는 첫 창조의 회복이며 죄로 인해 갈라진 하늘과 땅을 하나로 연합시키고 첫 창조 때에 하나님이 의도하셨던 모든 선하고 아름답고 능력 있는 것들을 완성하는 구원의 거보입니다.

하나님은 우리를 죄와 사망으로부터 구출하기 위해 자기 아들을 세상에 보내시고 그의 십자가와 부활을 통해 사탄의 권세와 죄를 정복하셨습니다. 이제 하나님께서는 우리를 우상이 아닌, 주 예수의 형상으로 비져가십니다. 우리를 사랑하시는 하나님은 우리의 구원자이십니다(13:4; 14:4).

지혜로운 선택을 하십시오.

"누가 지혜가 있어 이런 일을 깨달으며 누가 총명이 있어 이런 일을 알겠느냐 여호와의 도는 정직하니 의인은 그 길로 다니거니와 그러나 죄인은 그 길에 걸려 넘어지리라"(9절).

이제 호세아는 자신의 메시지를 마치며 마지막 호소를 합니다. 이 호소는 신명기 30장에 나오는 복과 저주의 양자택일에 대한 도전을 반향합니다. 신명기 30장은 이스라엘 백성이 이방 나라로 쫓겨난 때 다시 회복될 수 있는 길을 미리 알려준 내용입니다. 그 길은 여호와께로 돌아오라는 것인데 돌아오면 그들은 조상들보다 더 번성하게 될 것이라고 했습니다(신 30:4-5). 그들은 하나님의 모아주시는 은혜로 귀향하게 될 것입니다(신 30:3-4). 그들은 새 뜻과 새 마음으로 주를 섬기며 생명을 얻게 될 것입니다 (신 30:6). 그래서 "내가 생명과 사망과 복과 저주를 네 앞에 두었은즉 너와 네 자손이 살기 위하여 생명을 택하고 네 하나님 여호와를 사랑하고 그의 말씀을 청종하며 또 그를 의지하라"(신 30:19-20)고 하였습니다. 호세아서에서 주는 마지막 호소의 골자도 바로 이 내용입니다.

이스라엘 백성은 복이 아닌 것을 복으로 알고 평생을 허송하였습니다. 이제 하나님께서는 호세아를 통해 그런 어리석은 자가 되지 말고 지혜로운 자가 되어 바알의 구부러진 길을 단념하고,

올바른 "여호와의 도"(9절)를 택하라고 하였습니다.

호세아서의 메시지는 모든 세대에게 적용됩니다. '여호와의 도'는 의로운 자들의 가이드며 구원과 생명의 길입니다. 호세아는 '여호와의 도'를 충실히 전한 후에, 죽음과 저주 대신에 생명과 복을 택하라고 호소함으로써 자신의 메시지를 마쳤습니다. 호세아 선지자는 장기간을 하나님의 종으로서 신실하게 말씀을 전하였습니다. 그는 망국의 문턱에서 임박한 심판을 외치며 우상숭배를 지탄하고 여호와께로 돌아서기를 탄원하였습니다. 그러나 그의 시대에 이 일은 일어나지 않았습니다. 완고한 이스라엘은 결국 앗수르의 무서운 공격을 받고 포로로 잡혀갔습니다. 그런데도 호세아는 자신의 메시지에서 하나님이 주신 소망의 끈을 놓지 않고 이스라엘의 회복을 예언하였습니다.

여호와 종교는 궁극적인 승리를 믿는 낙관적 미래를 제시합니다. 기독교는 화가 복이 될 것을 믿습니다. 저주가 변하여 복이 되고(신 23:5), 슬픔이 변하여 춤이 되며(시 30:11) 고난이 영광으로 변할 것(롬 8:18)을 믿습니다. 기독교 긍정주의는 현재의 고통과 눈물과 실패와 죄악에 눈을 감고 미래를 막연하게 낙관하지 않습니다. 기독교는 죄로 인한 부정적인 영향과 결과를 현실로 받아들입니다. 여호와의 길을 따르는 지혜롭고 의로운 자들은 자신의 생애에서 모든 것을 해결 받을 것이라고 기대하지 않습니다. 그러나 자기 백성을 마침내 회복시킨다는 하나님의 약속을 붙잡고 삽니다.

호세아서는 깨어진 사랑의 이야기입니다. 그러나 호세아서의 러브 스토리의 마지막은 먼 지평선 너머에서 서서히 그러나 확실하게 솟아오르는 치유의 회복과 소망의 햇살로 가득합니다. 호세아의 아내는 다시는 집을 나가지 않았습니다. 비싼 값을 주고 되사온 고멜은 남편에게 영원히 속한 자입니다. 우리는 십자가의 무한한 희생으로 죄의 노예로부터 풀려나 주님께 소속되었습니다. 이제 우리는 고멜처럼 거짓된 우상을 섬길 필요가 없습니다. 하나님의 품에서 영원한 참사랑을 받고 살 수 있기 때문입니다. 그래서 돌아온 고멜은 '내가 다시 우상과 무슨 상관이 있으리요'라고 독백처럼 자신에게, 그리고 비로소 사랑하는 남편에게 고백합니다.

하나님은 이스라엘 백성의 죄악을 무섭게 징계하셨습니다. 호세아서는 하나님의 공의의 심판을 역사의 교훈으로 기록하면서 바알의 길과 여호와의 길 중에서 어느 편을 택해야 할 것인지를 도전합니다. 마지막 절에서 "누가 지혜가 있어 이런 일을 깨달으며 누가 총명이 있어 이런 일을 알겠느냐"(9절)고 했을 때의 '누가'는 과연 누구이어야 하겠습니까? 나 자신이어야 합니다. 내가 지혜가 있고 총명이 있어 하나님의 기이한 사랑을 깨닫고 고멜처럼 돌아와야 합니다.

고멜은 더 이상 자신의 죄 많은 과거로 괴로워할 필요가 없었습니다. 고멜은 과거의 방탕했던 생활로 고개를 들지 못하고 다시 거리로 나갈 필요가 없었습니다. 고멜은 호세아의 참사랑 속으로 들어왔기 때문입니다. 호세아는 고멜을 탓하지 않았습니다. 고멜이 호세아의 사랑과 용서를 자신의 열린 가슴으로 받아들이는 한, 고멜의 어두운 과거는 아무런 문제가 되지 않습니다. 우리 모두 '여호와의 도'를 택하는 지혜로운 자가 되도록 합시다.

의인은 여호와의 길로 다닌다고 했습니다. 9절에 나오는 '의인'은 '죄인'과 대조되는 말입니다. '죄인'은 여호와의 도를 따르지 않으므로 넘어집니다. 은혜와 축복으로 준 여호와의 언약이 악한 죄인들에게는 걸려서 넘어지는 걸림돌이 됩니다(9절, 4:5; 5:5; 14:2).

우리는 지금까지 호세아서를 통해서 '여호와의 도'가 옳고 생명에 이르는 길임을 배웠습니다. 또한 여호와께서 자기 백성을 얼마나 사랑하시며 오래 참으시는지도 배웠습니다. 애정의 줄로 우리를 이끄시며 내가 어찌 너를 포기하겠느냐고 호소하시는 하나님의 뜨거운 사랑에 자신을 던지도록 합시다.

"내가 이스라엘에게 이슬과 같으리니 그가 백합화 같이 피겠고 레바논 백향목 같이 뿌리가 박힐 것이라 그의 가지는 퍼지며 그의 아름다움은 감람나무와 같고 그의 향기는 레바논 백향목 같으리니 그 그늘 아래에 거주하는 자가 돌아올지라 그들은 곡식 같이 풍성할 것이며 그 향기는 레바논의 포도주 같이 되리라 에브라임의 말이 내가 다시 우상과 무슨 상관이 있으리요 할지라 내가 그들 돌

아보아 대답하기를 나는 푸른 잣나무 같으니 네가 나로
말미암아 열매를 얻으리라 하리라"(호 14:5-8).

하나님은 우리의 '상록수'입니다. 상록수는 늘 푸르고 힘과 생
명으로 가득합니다. 상록수는 추운 겨울에도 시들지 않습니다.
잣나무는 사철나무이기에 새 하늘과 새 땅에서의 생명 나무의 이
미지를 안고 있습니다(계 22:2). 하나님은 타락한 인간들을 '여호와
의 도(道)'로 인도하시고 생명을 주십니다. 길과 진리와 생명은 모
두 예수 그리스도 안에 있습니다(요 14:6). 주님은 우리의 길이며
생명수며 상록수입니다.

우리는 주님 안에서 새로운 피조물로 다시 태어납니다. 그리
고 날마다 새롭게 지어져 갑니다. 하나님의 영원한 사랑과 능력
의 걸작품이 되기 위해서 우리는 새로운 인류의 머리가 되신 그
리스도의 지체로서 자라는 중입니다. 우리는 부활 생명을 받은
자며 하나님 나라의 새 백성입니다. 주 예수 그리스도의 대속을
믿는 우리는 호세아가 그토록 간절히 외쳤던 여호와의 도를 택하
고 주께로 돌아온 자들입니다.

나는 어떻습니까? 나는 그리스도의 십자가 사역을 믿고 주 예
수가 길이요 진리요 생명임을 확신하고 하나님께로 돌아왔습니
까? 하나님이 나의 상록수입니까? 나는 날마다 그분의 사랑을 느
끼고 그분이 약속하신 축복들을 누리고 있습니까? 나는 진정으로
'내가 다시 우상과 무슨 상관이 있으리요'라고 고백합니까?

나의 삶 속에 어느 한 군데라도 우상이 자리 잡은 곳이 있다면 어떻게 하시렵니까? 지금 그 길을 버리고 여호와의 길을 택하십시오. 하나님께서는 우리를 그리스도 안에서 재창조하시고 새 생명을 부으시며 큰 사랑으로 임하기를 원하십니다. 고멜의 길을 버리고, 바알의 속임수에 더는 넘어가지 마십시오. 회개하고 돌아와서 주님이 손수 활짝 피우시는 백합화가 되고(5절), 백향목의 뿌리가 되며(4절), 레바논의 포도주(7절)와 같은 아름다운 향기가 되십시오. 주께로 돌아오면 이 모든 은혜를 실제로 체험할 것입니다.